智慧财经创新型人才培养系列教材

主审：张晓燕

ZHIHUI CAIJING SUYANG

智慧财经素养

苏 飔 黄 珍 主编

聂滟苏 董 蕊 魏红丽 副主编

东北财经大学出版社 大连
Dongbei University of Finance & Economics Press

图书在版编目（CIP）数据

智慧财经素养 / 苏飏，黄珍主编．—大连：东北财经大学出版社，2023.8
（2024.1重印）
（智慧财经创新型人才培养系列教材）
ISBN 978-7-5654-4909-3

Ⅰ．智⋯　Ⅱ．①苏⋯ ②黄⋯　Ⅲ．财政经济–素质教育–中国–高等学
校–教材　Ⅳ．F812

中国国家版本馆 CIP 数据核字（2023）第 140649 号

东北财经大学出版社出版
（大连市黑石礁尖山街 217 号　邮政编码　116025）
网　　址：http://www.dufep.cn
读者信箱：dufep@dufe.edu.cn
大连日升彩色印刷有限公司印刷　　东北财经大学出版社发行
幅面尺寸：185mm×260mm　字数：379千字　印张：17.25　插页：1
2023 年 8 月第 1 版　　　　　　　2024 年 1 月第 2 次印刷
责任编辑：李　栋　孙晓梅　　　　　　责任校对：惠恩乐
封面设计：原　皓　　　　　　　　　　版式设计：原　皓
定价：45.00 元

教学支持　售后服务　　联系电话：（0411）84710309
版权所有　侵权必究　　举报电话：（0411）84710523
如有印装质量问题，请联系营销部：（0411）84710711

前　言

《中华人民共和国国民经济和社会发展第十四个五年规划和2035年远景目标纲要》文件指出"全面贯彻党的教育方针，坚持优先发展教育事业，坚持立德树人，增强学生文明素养、社会责任意识、实践本领，培养德智体美劳全面发展的社会主义建设者和接班人"，明确提出"提升国民素质，促进人的全面发展"。财经素养作为国民素养的核心素养之一，在高校开展财经素养教育是建设高质量教育体系、提升国民素养的重要途径和举措。

在经济全球化背景下，财经活动已融入人们日常生活的方方面面，个体是否拥有正确的劳动观、金钱观和财富观，是否具备财经政策、金融常识和合理利用资金、财务分析、风险规避等知识和技能显得尤为重要。个体的财经素养不仅影响个人和家庭经济的良性周转，还影响某个地区市场经济的健康运行，乃至国家的金融安全与核心竞争力。在一些高等职业院校中，在校生遭遇网络诈骗、电信诈骗等相关案件时有发生，"月光族""啃老族"等引发的社会问题时有出现，反映出部分学生财经知识匮乏、理财常识和技能缺失，从而凸显出高等院校实施财经素养教育的重要性及迫切性。

本书依据《中国财经素养教育标准框架》编写，涵盖了财经素养教育的收入、储蓄、消费、投资、风险、借贷六大核心内容，具体包括智慧财经素养概述、收入与分配、投资与风险、消费与信贷、社会保障与保险、创业与财务管理、财经法律、国际经济与发展趋势八大模块。

一、本书特点

1. 体系完善

本书的财经素养课程体系以德育为核心，辅以财经知识和技能培养，以实践输出为结果导向，形成SKEP财经素养体系。每个模块均包含财经知识、财经技能、财经素养、财经实践四大环节，形成知识点学习—技能训练—价值观沉淀的学习闭环。

2. 时代气息浓厚

融入最新财经政策解读及行业前沿动态。在财经教育体系中加入数字经济发展、区块链、数字人民币等财经行业新业态、新技术的相关知识和内容，对接行业新业态、新模式。

3.体例设计独特、新颖

注重课程思政元素的融入。每个模块均有精练的内容概括、鲜活的案例导入，正文中穿插了"素养拓展""案例讨论""财经实践"等拓展环节，在"育德育人"环节中加入了课程思政元素，并将党的二十大精神融入其中。

二、本书主要内容

本书共设八大模块。

模块一 智慧财经素养概述。介绍财经素养的内涵、世界各国的财经素养培育体系及财经素养教育的中国探索。

模块二 收入与分配。介绍国民收入与分配，认识红色财政；认识合法收入，了解税收法律责任，掌握简单的税务筹划方法。

模块三 投资与风险。认识市场上常见投资工具，认识投资风险，掌握投资原则和资产配置方法。

模块四 消费与信贷。学习消费理论，学会合理安排收入；掌握信贷知识，能够测算贷款产品真实利率，并作出合理贷款决策。

模块五 社会保障与保险。认识"五险一金"等社会保障制度，认识商业保险，了解常见的商业保险产品。

模块六 创业与财务管理。掌握大学生创业必备技能，学会做财务预算，能够读懂财务报表。

模块七 财经法律。掌握劳动法、消费者权益保护法、合同法、创业相关法律，知法守法，为自己的生活保驾护航。

模块八 国际经济与发展趋势。认识外汇与汇率，能够分析外汇影响因素，了解区块链技术及数字人民币。

本书的编写团队主要来自广东财贸职业学院和广州福思特科技有限公司。编者旨在结合各自行业及教学经验编写本书。本书具体编写分工如下：魏国平、苏飐负责确定各项目目标及项目架构，广州福思特科技有限公司负责提供真实案例场景素材，模块一由苏飐编写，模块二中的"项目一 国民收入与分配"及模块八中的"项目一 外汇与汇率"由李昀轩编写，模块二中的"项目二 个人收入与税务筹划"及模块八中的"项目二 区块链与数字人民币"由黄珍编写，模块三由聂滟苏编写，模块四由董蕊编写，模块五由杨子荀编写，模块六由孔乐怡、苏飐编写，模块七由魏红丽编写。

由于时间仓促，编者水平有限，书中难免有疏漏和不当之处，敬请广大学习者提出批评意见。

编 者

2023 年 5 月

目 录

模块一
智慧财经素养概述

在现代社会，人们参与财经活动的广度和深度都与日俱增，特别是全球金融危机以来，"财经素养"作为一个新的概念、一种现代生活能力，受到各国政府乃至联合国的关注。在数字经济新时代，经济活动多样化、升级化，智慧财经作为计算机、互联网、决策科学发展到一定阶段的产物，迫切需要高校针对社会发展的新需求对大学生开展更全面的财经素养教育。

项目一

初识数字经济新时代智慧财经素养

随着数字经济的发展，互联网数据滥用及诈骗频发。目前大学校园里有"校园贷"，在校生遭遇网络诈骗、电信诈骗等情况时有发生，"月光族""啃老族"屡见不鲜，这反映出在校大学生群体存在经济学知识匮乏、财经法规意识淡薄、消费观和金钱观扭曲、理财常识和技能缺失、网络安全意识不足等，凸显出高校结合时代发展与学生需求，实施智慧财经素养教育的重要性及迫切性。

案例导入

网贷借钱，咋越借越穷？[①]

2020年11月27日，刚大学毕业步入职场的马某接到自称是某贷款平台客服的陌生电话，对方以无须征信、无须抵押、快速放款为由，诱骗马某添加客服QQ，并下载"某某E贷"APP。马某在该APP申请5万元贷款额度后却无法提现，对方谎称马某的银行卡号填写有误，导致账号被冻结，需要缴纳解冻费才可提现，同时承诺解冻后缴纳的解冻费全额退还给马某。马某因急于贷款，遂按要求向对方转账5 000元解冻费，却还是无法提现，对方又以验证还款能力、刷流水等理由，陆续要求马某多次向对方账户转账累计8万余元，后将马某拉黑。

随着"互联网+金融"时代的到来，潜在的财务陷阱也层出不穷，大学生遭遇网络诈骗尤其是金融诈骗等案件频发，这体现出大学生财经素养不足，为高校财经素养培养敲响了警钟。

▮ 学习目标

素质目标

1.在数字经济时代，了解财经素养教育的必要性；

2.充分认识财经素养对智慧人生的重要性。

知识目标

1.解释财经素养的定义及内涵；

2.了解财经素养教育的历史。

能力目标

1.能够准确界定财经素养的内涵；

2.能够比较和分析各国财经素养教育实践的异同。

---

① 根据公安局做反诈骗的朋友提供的案例撰写。

思维导图

本次学习之旅我们将学习到以下内容（如图1-1所示）：

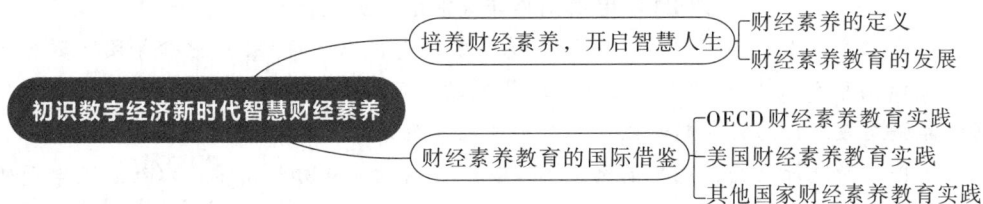

初识数字经济新时代智慧财经素养

培养财经素养，开启智慧人生
- 财经素养的定义
- 财经素养教育的发展

财经素养教育的国际借鉴
- OECD财经素养教育实践
- 美国财经素养教育实践
- 其他国家财经素养教育实践

图1-1　本项目思维导图

党的二十大报告指出，到2035年，我国发展的总体目标是：经济实力、科技实力、综合国力大幅跃升，人均国内生产总值迈上新的大台阶，达到中等发达国家水平；实现高水平科技自立自强，进入创新型国家前列；建成现代化经济体系，形成新发展格局，基本实现新型工业化、信息化、城镇化、农业现代化；基本实现国家治理体系和治理能力现代化，全过程人民民主制度更加健全，基本建成法治国家、法治政府、法治社会；建成教育强国、科技强国、人才强国、文化强国、体育强国、健康中国，国家文化软实力显著增强；人民生活更加幸福美好，居民人均可支配收入再上新台阶，中等收入群体比重明显提高，基本公共服务实现均等化，农村基本具备现代生活条件，社会保持长期稳定，人的全面发展、全体人民共同富裕取得更为明显的实质性进展；广泛形成绿色生产生活方式，碳排放达峰后稳中有降，生态环境根本好转，美丽中国目标基本实现；国家安全体系和能力全面加强，基本实现国防和军队现代化。全民财经素养尤其是大学生财经素养的提高有助于教育强国、人才强国的建设。

在经济全球化背景下，财经活动已融入人们的日常生活，随之而来的经济事务问题及风险困扰也越来越多。个体是否拥有正确的劳动观、金钱观和财富观，是否具备处理经济信息、合理利用资金、进行财务规划和风险规避的意识以及基本知识和方法，对于其妥善处理经济关系与问题极为重要，而这正是个体财经素养的重要体现。财经素养涵盖知识、能力、态度、心理、行为等多层面内容，既涉及个体应对财务管理、未来规划及面对复杂金融环境作出相对合理的抉择，以实现自己的经济目标；也涉及个体经济对国家经济发展的影响，以及国家经济发展对个体经济的影响，包括对个体财富和人生追求的影响。今天，个体的财经素养不仅影响个人和家庭经济的良性周转，还影响一个地区市场经济的健康运行，乃至国家的金融安全与核心竞争力。可以说，财经素养教育关乎国家经济社会的稳定和发展，具有深远的个人意义、社会意义和国家意义。

素养拓展 1-1

2021年电信网络诈骗治理研究报告[①]

由守护者计划、腾讯卫视、腾讯黑镜、微信支付以及QQ安全中心等团队联合出品的反诈骗年度报告《2021年电信网络诈骗治理研究报告》总结还原了2021年电信网络诈骗发展演化的特点趋势以及社会协同打击的治理成效。

根据最新统计数据，刷单返利、"杀猪盘"、贷款和代办信用卡，以及冒充电商物流客服等四种诈骗类型分别位列2021年案发量的前四位。2021年十大诈骗类型分布情况如图1-2所示。

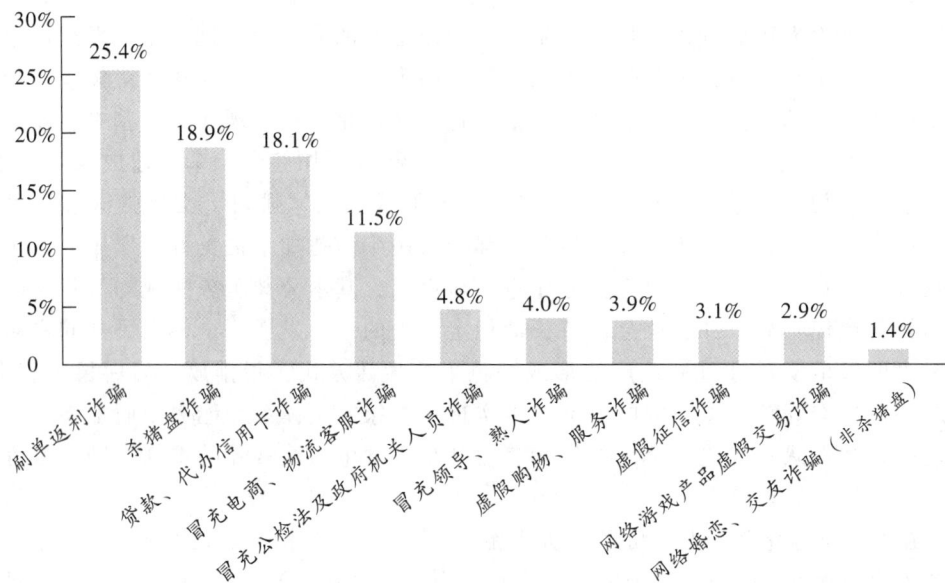

图1-2　2021年十大诈骗类型分布情况

从受害者年龄结构看，40岁以下年轻群体所占比例高达79%，是电信网络诈骗最主要的受害群体。其中，20岁以下的群体多为在校学生或刚步入社会的年轻人，因其经济能力有限，安全意识缺乏，容易落入虚假购物服务交易、刷单返利等骗术陷阱。2021年诈骗案件年龄分布如图1-3所示。

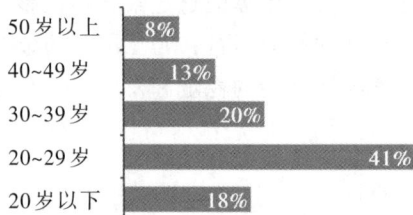

图1-3　2021年诈骗案件年龄分布

---

① 腾讯. 2021年电信网络诈骗治理研究报告 [EB/OL]. [2022-03-23]. https://www.163.com/dy/article/H35RV0RJ051998SC.html.

任务一　培养财经素养，开启智慧人生

一、财经素养的定义

为适应时代变化和发展的需要，各个国家和地区、国际组织、经济体相继制定了核心素养框架。经济合作与发展组织（Organization for Economic Co-operation and Development，OECD）于 1997 年开始启动 21 世纪核心素养框架的研制工作，并于 2005 年发布报告《素养的界定与遴选》（Definition and Selection of Competencies：Theoretical and Con-ceptual Foundations，DeSeCo）；2005 年欧盟正式发布《终身学习核心素养：欧洲参考框架》；2002 年美国正式启动 21 世纪核心技能研究项目，创建美国 21 世纪技能联盟，简称"P21 框架"。由此可见，各个国家或地区及经济组织制定的 21 世纪核心素养框架各具特色，财经素养开始在教育领域崭露头角，这充分反映了财经素养作为 21 世纪核心素养的趋势之一，正在成为国际教育发展的重要方向。从 29 个素养框架中提取的 18 项核心素养见表 1-1。

表 1-1　　　　　　从 29 个素养框架中提取的 18 项核心素养[①]

维度	核心素养（18 项）	
领域素养	基础领域： 语言素养、数学素养、科技素养 人文与社会素养、艺术素养、运动与健康素养	
	新兴领域： 信息素养、环境素养、财经素养	
通用素养	高阶认知： 批判性思维、创造性与问题解决 学会学习与终身学习	
	个人成长： 自我认识与自我调控、人生规划与幸福生活	
	社会性发展： 沟通与合作、领导力、跨文化与国际理解 公民责任与社会参与	

改革开放以来，我国始终以经济建设为中心，财经素养是个体素养的重要内容，它不但关乎个人福祉，对社会经济发展也有重要影响，因此财经素养教育在国家层面、社会层面、个人层面都有重要意义。

（一）国家层面

财经素养是国民素养的重要组成部分，事关国际竞争力和国家金融安全。加强国民财经素养教育，能培养出具有财经素养的高素质人才，促进全体人民共同富裕。

---

① 师曼. 21 世界核心素养的框架及要素研究［J］. 华东师范大学学报（教育科学版），2016，34（3）：20-24.

（二）社会层面

财经素养教育事关市场经济健康、可持续发展，而近年来，套路贷、金融诈骗、非法集资等事件频发，不断引发社会关注，部分年轻人存在攀比、浪费、非理性消费等情况。社会问题倒逼我们加强对财经素养教育的重视，尤其是要重视青少年财经素养教育。

（三）个人层面

现代社会中，人们对经济生活的参与广度、深度与日俱增，人们也面临更多的财经决策。财经素养教育贯穿个人及家庭生活全生命周期，对个人和家庭的发展具有重要意义。因此，财经素养教育关乎个人福祉，有助于提升人生幸福感。

由此可见，加强财经素养教育具有重大意义。而财经素养作为一种跨学科综合素养，还未有清晰的定义。较早使用"财经素养"概念的是休斯顿（2010），他将其界定为在金钱的使用和管理方面作出精明的判断和有效抉择的能力[1]。国内有学者将财经素养界定为人们拥有的有助于个体应对财经事务、实现财经福祉的知识、能力和价值观的综合体。综合来看，财经素养教育是基于提高财经事务应对能力、实现个人财经福祉的目标，将财经知识、财经技能和财经价值观三者有机结合，也就是说，个体财经素养是在合理的财经价值观引导下，基于财经知识的理解和财经技能的运用来提高财经决策的能力。

育德育人 1-1

树立健康消费观 远离不良"校园贷"[2]

随着互联网和普惠金融的迅速发展，大学生的消费需求和信贷需求日益高涨，大量非银行机构和平台依托互联网，逐渐渗透到大学生群体中，向大学生开展贷款业务，这就是所谓的"校园贷"。"校园贷"具有数额小、效率高、门槛低、范围广等优势，吸引了众多有超前消费需求的大学生办理贷款。

但在"校园贷"风靡的背后，也存在严重的隐患。一方面，当前"校园贷"市场存在办理贷款业务门槛低、经营者资质参差不齐、身份审核形同虚设、合同信息不透明、风险提示不充分等一系列问题；另一方面，由于大学生三观尚未完全成熟，物质需求旺盛，对未知事物的好奇心强，但自身控制能力较差，风险防范意识薄弱，再加上缺乏社会经验，容易落入不法分子的圈套。

对此，我们提醒广大青年学生消费者们，理性考虑超前消费，审慎选择贷款机构，避免陷入不良"校园贷"陷阱。

一要树立正确的消费观念。大学生应该树立正确的价值观和消费观，全面客观地认识自己，接受自己，不被外界的焦虑、压力、浮躁所左右，不要将精神需求过度寄托于物质上，克服从众、攀比、虚荣等心理，理性认识自己的消费能力，根据自身的经济条件制订消费计划，合理安排生活支出，培养理性消费意识和良好的消

---

① 辛自强. 财经素养的内涵与三元结构 [J]. 心理技术与应用, 2018, 6 (8): 450-458.
② 马灿. 中消协、共青团中央发布消费警示：远离不良"校园贷". [EB/OL]. [2023-03-30]. https: // new.qq.com/rain/a/20230406A0AJ2200.

费习惯。

二要学习金融理财知识。在金融数字化背景下，大学生应当学习基本的理财知识，提高自身认识金钱、驾驭金钱的能力，熟悉常见的金融产品、金融服务类型及相关的法规政策，了解个人信用记录的重要性，善于评估自身的还款能力并珍视信用记录，学会对金钱的合理分配和使用，做到量入为出，清醒地认识到分期付款、超前消费、网络平台借贷的本质。

三要增强风险防范意识。不良"校园贷"为迎合大学生的消费需求，不断翻新其骗局和陷阱，"美容贷""培训贷""刷单贷""多头贷""高利贷""套路贷""裸条贷"等违法违规贷款层出不穷。大学生应妥善保护自己的身份证号、银行卡号、手机号以及验证码等重要个人信息，不扫描来源不明的二维码，也不轻易向他人透露家庭住址、宿舍地址、父母联系电话；对高利贷、诈骗、敲诈勒索等违法行为有基本的认知，在自身权益受损的情况下要及时向公安机关报案。

四要找正规银行机构贷款。2021年2月24日，中国银保监会、中央网信办、教育部、公安部、中国人民银行等五部门联合印发了《关于进一步规范大学生互联网消费贷款监督管理工作的通知》，规定未经银行业监督管理部门或地方金融监督管理部门批准设立的机构不得为大学生提供信贷服务。大学生如果确需申请贷款，一定要先和父母沟通，认真评估自己的还款能力，并检查该机构是否有相关部门批准的资质证明。贷款前还应仔细阅读合同内容，明确贷款的额度、利率、还款方式、违约责任等重要信息，确保合同条款合法、合理。

我们呼吁社会各方力量加大对不良"校园贷"的关注，积极构建多方协同共治的格局，完善行业准入、运营监管体系，明确行业准入门槛，健全行业风险防控机制，排查整顿违规机构，针对大学生提供定制化、规范化、安全放心、真实透明、风险可控的金融产品和服务。同时，努力营造崇尚节约、反对浪费的校园文化环境，倡导大学生积极弘扬中华民族优秀的传统文化，树立科学、理性的消费观，追求文明、高尚的精神生活，摒弃落后、低俗的物质攀比，将更多的时间和精力投入到实现人生价值的事情上。

二、财经素养教育的发展

财经素养作为人们所拥有的财经相关知识、财经应用能力及财经价值观的综合，可以使个体对面临的财经问题进行合理分析、判断和决策，以提升个体和家庭的福祉。随着我国经济不断发展，人群总体收入不断攀升，越来越多的人也因此产生了学习金融知识和提升财经素养的兴趣及需求，再加上不断增长的高校毕业生人数、严苛的求职环境，职场人士对财经素养学习的需求也持续增加，财经素养教育因此逐渐趋热。

2002年，OECD发起关于财经素养教育的项目及相关活动；2005年，出版《财经教育和意识的原理及最佳实践推荐》（Recommendationon Principles and Good Practices for Financial Education and Awareness）和《提高财经素养：议题和政策分析》（Improving Financial Literacy: Analysis on Issues and Polices），对财经素养及其教育的动因

进行了阐述，对调查过的财经素养教育工作进行综述，并介绍这些国家和地区政策制定者和其他利益相关者实施提高财经素养水平的基本设想与实践做法。同时，OECD基于财经素养教育建立国际门户网站，收集全球关于财经素养教育事件和项目的相关数据、资源、研究与新闻。2008年，OECD创立了国际财经教育国际网络组织（International Network on Financial Education，INFE），其成员来自113个国家和经济体的250多个公共机构，并于每年召开的两次会议中讨论各个国家和经济体财经教育的最新发展，分享彼此的知识和经验，开展比较研究，探讨优秀的实践案例及有关政策。OECD开展了国际学生评估项目（program for international student assessment，PISA），全球18个国家或地区参加了该项测试，其中13个为OECD成员国、5个为合作伙伴国家（地区）。该测试于2012年首次加入了财经素养方面的内容，极大地推动了各个国家和地区对财经素养教育的高度关注。我国也从仅有上海参加，发展为北京、上海、江苏、广东参加，且都取得了很好的成绩。

财经素养教育同样被很多国家和地区放在重要的战略位置，主要从以下四个方面推进：一是制定财经素养教育国家战略；二是在政府部门主导下，整合多方力量，联手推动财经素养教育和培训；三是以学校为主阵地，开展财经素养教育；四是研制财经素养（教育）标准或构建能力框架。美国、澳大利亚、加拿大、英国、新西兰、新加坡、韩国、印度、印度尼西亚、马来西亚等50多个国家都实施了财经素养国家战略，越南、吉尔吉斯斯坦、黎巴嫩、菲律宾、沙特阿拉伯、泰国和中国等也都正在制定财经素养国家战略。

任务二　财经素养教育的国际借鉴

财经素养是21世纪个人必备的核心素养和生存发展技能之一，各个国家和地区都在不断加强国民财经素养教育，目前已有超过50个国家和地区正在制定或实行财经素养教育国家战略，一些国家和地区已经取得了初步成效。

一、OECD财经素养教育实践

早在2002年，OECD就开始对财经素养教育进行了探索和研究，目前学术界对财经素养的理解和研究多基于OECD的探索。OECD将财经素养教育定义为："学生对财经概念和风险的相关知识的掌握程度和理解力，并运用这些知识和理解力的技能、动机和信心，使个体能够更好地在广泛的财经情景中作出有效决策，提高个人和社会经济利益以及更好地参与经济生活。"[①]OECD为财经素养教育搭建了基础架构，包含内容（content）、过程（process）和情景（context）三大板块，制定了PISA测评的具体指标框架并开展了相关工作。OECD财经素养教育实践举措如图1-4所示。

---

① 张男星，岳昌君.《中国财经素养教育标准框架》解读［M］. 北京：科学出版社，2019：4-5.

创立财经教育国际网络组织（INFE）

2008 年开始，每两年举办一次会议，介绍各国财经素养教育相关研究成果和研究方法分享

2015 年已有超过 110 个国家 240 多家机构参会

成立工作指导委员会

2022 年，金融与保险委员会、养老委员会联合成立工作委员会指导学校财经素养教育工作

OECD 财经素养教育举措

2005 年出版第一本指导手册《关于开展金融教育和培养金融意识的建议》

2005 年出版专著《提高财经素养：问题和政策分析》

出版专著和指导手册

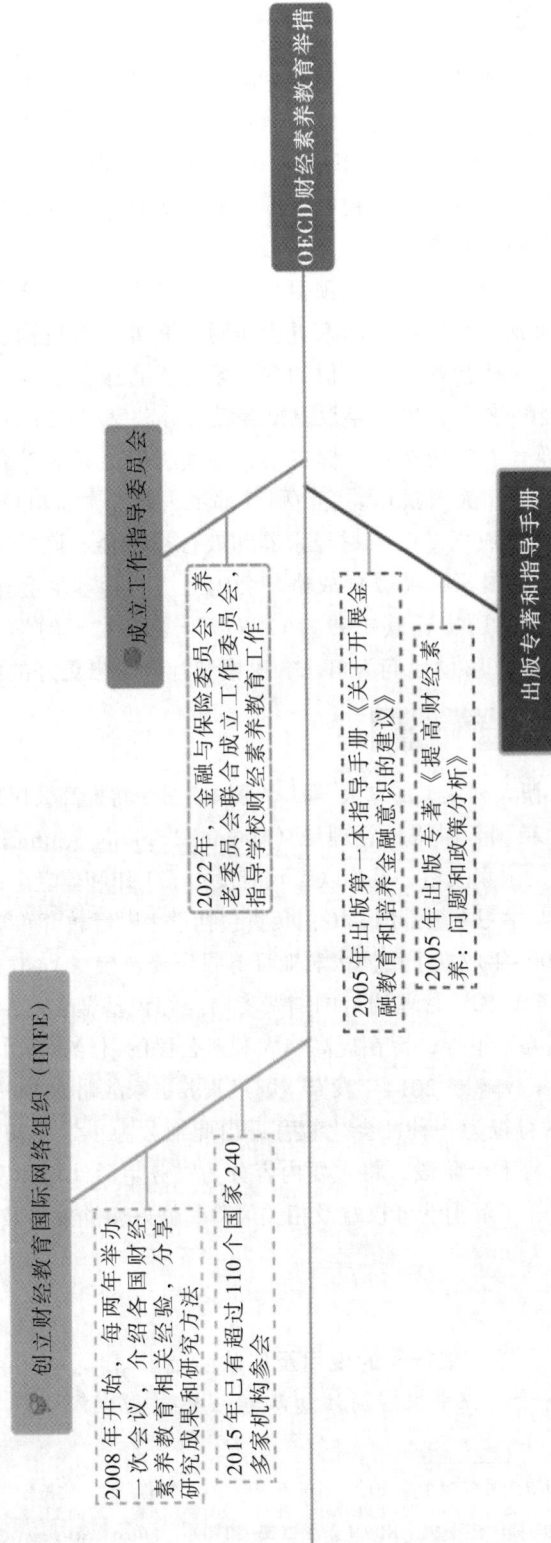

图 1-4 OECD 财经素养教育实践举措

二、美国财经素养教育实践

美国财经素养教育，尤其是青少年财经素养教育起步较早，发展规模较大。2014年，美国CEE（精英教育中心）把财经素养教育定义为"培养学生具备一定的知识和技能，在其一生的财经活动中更有效率地使用个人财经资源"[①]，其不仅强调了解和掌握专业财经知识和行业信息，更重视在实践中有效处理信息和资源的能力，使每个人都成为具有财经能力的消费者。

自2002年OECD设计财经素养教育项目后，美国随即建立起诸多财经素养教育机构，主要包括政府层面成立了权威的国家青少年财经素养教育机构、社会层面成立了众多的非营利性机构，为社会提供全方位的财经素养教育服务。为推进国家财经素养教育战略的落实，美国财政部于2002年设立财经教育办公室（OFE）；同年10月，OFE颁发了《融财经素养教育于学校课程》白皮书，强调将财经素养教育按照国家标准渗透到学校教育中；2003年，美国联邦政府由财政部牵头并任主席单位，与美国教育部、美联储等其他共20个部门成立专门的财经素养和教育委员会。该委员会受托开发国家财经教育网站，负责制定国家财经教育战略。美国经济教育理事会作为非营利性社会慈善组织，已有70余年的历史，其主要为12岁以下（K-12）的学生提供财经知识、财经教育资源和财经培训，帮助他们为自己、家庭和社会作出更好的财务决策。

三、其他国家财经素养教育实践

21世纪初，英国、澳大利亚、加拿大、日本等国家纷纷将提高公民理财能力纳入政府管理重点项目。例如，英国金融服务管理局（Financial Service Authority，FSA）在2003年启动了关于财经能力的国家战略；英国联邦政府设立了工作和养老金部，为青少年提供财务资助；设立了教育与学习事务部门，专门负责包括学生财经教育和学习等职责。

澳大利亚政府于2005年成立了由澳大利亚证券投资委员会（Australian Securities and Investment Commission，ASIC）管理的全国消费者财经知识基金会。ASIC于2011年3月发布《财经素养国家战略》报告，旨在提高澳大利亚公民的财经素养水平，并于2013年开始修订《财经素养国家战略》，2014年发布《财经素养国家战略2014—2017》。[②]

日本将财经素养教育视为一种社会化教育，由此细分为小学、初中、高中、大学、青年人、成人和老年人等七个阶段，将主要内容分为财务生活计划和家庭费用管理、了解金融与经济运行机制、了解消费者权益及相关风险、做好生涯发展及规划等四个方面。

素养拓展 1-2

银行卡的使用及风险防范[③]

持卡人在使用银行卡过程中应特别注意以下几点：

---

① 赵红卫. 财经素养教育国外经验借鉴 [J]. 财会月刊，2012（16）：127-133.
② 赵红卫. 财经素养教育国外经验借鉴 [J]. 财会月刊，2012（16）：127-133.
③ 资本前线. 银行卡使用注意事项 [EB/OL]. [2023-02-09]. https://www.gov.cn/govweb/wxx/sh/2009-05/06/content_1305379.htm.

一是妥善保管好自己的身份证、银行卡、网银U盾等账户存取工具，保护好登录账号和密码等个人信息。对于废弃不用的银行卡，应及时办理销户业务，并将卡片磁条毁损，不随意丢弃。

二是不出租、出借、出售个人银行卡、身份证和网银U盾等账户存取工具，以免造成更大的经济损失，以免承担法律责任。

三是持卡人一旦发现买卖银行卡和身份证的犯罪行为，应及时向公安机关举报，配合公安机关或发卡银行做好调查取证工作，共同维护公平诚信的良好社会秩序。

银行卡安全使用常识：

（1）树立安全用卡意识。银行发放的用卡提示，要认真阅读。领到信用卡后，应该立即在卡背面的签署栏写下自己的名字。在为银行卡设置密码时，尽量不要使用简单的数字和容易被猜到的密码，并要定期变换。

（2）在使用自助机具办理业务时，要留意是否有可疑的装置。刷卡时，要注意旁边是否有人偷看，要用手或身体进行遮挡，保护密码不会被泄露。

（3）不管是消费还是转账，都会产生交易凭条，千万不要随意地一扔了事，应及时撕碎扔掉或者妥善保存。

（4）刷卡时，务必不要让银行卡离开自己的视线，尤其不能把银行卡转交给服务员或他人代刷，以免被不法分子盗取卡片信息并制作"克隆卡"。

（5）尽量把银行卡和身份证分开放，避免发生银行卡和身份证同时丢失而被盗刷的现象。

（6）可以给银行卡开通消费金额短信提醒功能，这可能需要付费。当你消费后，银行会在第一时间将消费情况通过短信通知你。需要注意的是，在申办银行卡时，务必正确预留本人的手机号码；如果手机号码发生变动，也要到银行进行更新。这是通过电话申请冻结账户的必要条件。

（7）一旦发现本人银行卡被"盗刷"，应立即致电银行客服热线冻结账户，将损失降低到最低程度。若担心自己记不住银行客服号码，可以将已有银行卡的银行客服电话存在手机里或记在笔记本上。

如何防范银行卡犯罪：

收到可疑信函、电话、手机短信时，一定要提高警惕。对一些貌似合理的汇款事由，要谨慎确认。最关键的一点是，不要向自己不知道的账号汇款，防止上当受骗。

网络交易切记：

（1）登录正确的银行网站；

（2）交易前查看安全锁；

（3）设置复杂的密码，作为网上银行密码；

（4）避免在网吧、公共场所登录网银。

使用自助银行服务终端（ATM或CRS）时，要留意周围是否有可疑的人；操作时应避免他人干扰，防止他人偷窥密码。若遇到吞卡、未吐钞等情况，应拨打发卡银行的全国统一客服热线电话，及时与发卡银行取得联系。尤其需要注意的是，不要拨打机具旁临时粘贴的不熟悉的电话号码，不要随意丢弃打印单据。

项目二

认知财经素养教育体系

　　什么是财经素养教育？财经素养教育要学习什么内容呢？财经素养教育不全是财商教育，也不全是金融教育，它不是单纯地培养理财技能，更应该是一种意识、精神的培养。财经素养可以理解为个体在社会生活中所需具备的财经知识、理财技能、财富观念、人生信念等修养的总和。

案例导入

先秦时期的财富观①

　　春秋战国时期财富观不单纯是经济思想的一种表现形式，也是政治思想与经济思想相结合的一种模式，是中国古代政治制度对经济基础的特殊要求。该时期的财富观把维护道德有序与政治稳定的目标一同纳入到经济政策中，从而形成独具特色的财富思想。

　　1.孔子的"守礼安贫"和"以义致富"财富观

　　早在西周时期人们已经认识到辛勤劳动会使人致富，在这一时期的孔子在《论语·述而篇》中揭示了人们追求富裕的心理"富而可求也"，他主要从伦理规范方面提出他的财富观点，伦理规范对制约人们经济活动有一套严格的道德标准，它重点讲"义"，并且强调"礼"。孔子认为，贫贱被"人之所恶"，人以贫贱为耻，人们在一定条件下要积极追求财富，但"生死有命，富贵在天"，区分社会尊卑的"礼"已经由天命安排好了，"富与贵，是人之所欲也"，想要主动摆脱贫困追求财富也是允许的，不过必须以"义"获取财富，"不义而富且贵，于我如浮云"。孔子的两个基本财富观可概况为"守礼安贫"或是"以义致富"。

　　2.孟子的"恒产论"

　　孟子认为"有恒产者有恒心"。这是古代的一种财富占有理论，在当代称之为产权思想，表现为财富的归属，即财富的所有权。在当时来看，正是财富和产权结合的一种反映，二者结合生成财产占有权意识。除"恒产论"之外，孟子也坚持孔子的财富观点，强调谈论财富不能完全离开道德规范，但较之进步的是提出，当获取财富与道德标准出现矛盾时，可以权衡其轻重本末然后再做取舍。孔孟从伦理角度看待财富，这种对待财富的态度成为儒家经济思想的核心，以伦理制约人们的经济活动，构成经济思想的特色，也是当代中国财经素养教育的重要财富观思想追溯的源头所在。

　　3.荀况的适度求富论

　　荀况在财富观上认为求富欲望会形成财富观，无度的求富会导致对财富的争夺，

---

　　① 彭博. 中国先秦文化中的优秀财经素养教育思想分析 [J]. 商贸教育，2022（33）：136-137.

"以所欲为可得而求之，情之所必不免也"，"欲而不得则不能无求，求而无度量分界，则不能不争"，求富欲望完全绝掉不太现实，通过适度调节、节欲，把不适度的财产占有权意识调整适度方才可行。

◼ 学习目标

素质目标
1.了解中国传统文化中的财经素养教育理念；
2.了解财经素养教育的中国探索。

知识目标
1.了解世界各国的财经素养教育体系；
2.了解财经素养教育的核心内容。

能力目标
1.能够比较和分析各国、各经济组织财经素养教育培育体系的异同；
2.能够分析中国财经素养教育系统的内涵。

◼ 思维导图

本次学习之旅我们将学习到以下内容（如图1-5所示）：

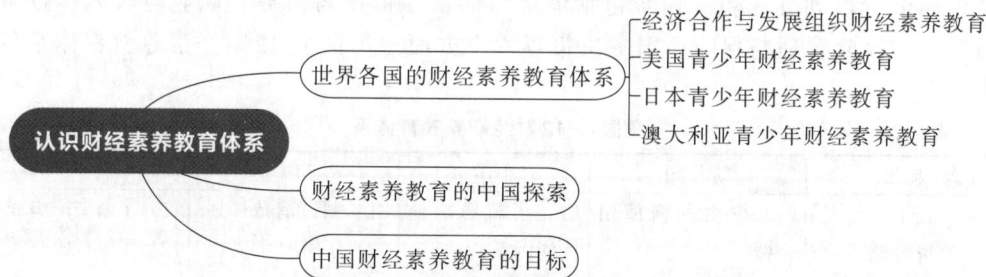

图1-5 本项目思维导图

任务一　世界各国的财经素养教育体系

世界各国，尤其是发达经济体已初步建立了财经素养教育框架，但因制定框架的初衷和服务对象等因素不同，且各经济体本身社会经济发展及文化特征存在差异，因此财经素养教育框架也有所不同。

一、经济合作与发展组织财经素养教育

如图1-6所示，OECD有关财经素养教育的基础架构可以通过内容（content）、过程（process）和情景（context）三大板块来体现。内容主要包括货币与交易、规划与理财、风险与回报、金融环境等四个类别；过程主要包括识别财经信息、分析财经背景信息、评估财经问题、应用财经知识等四个类别；情景主要有教育与工作、居家和家庭、个人活动、社会活动等四个类别。

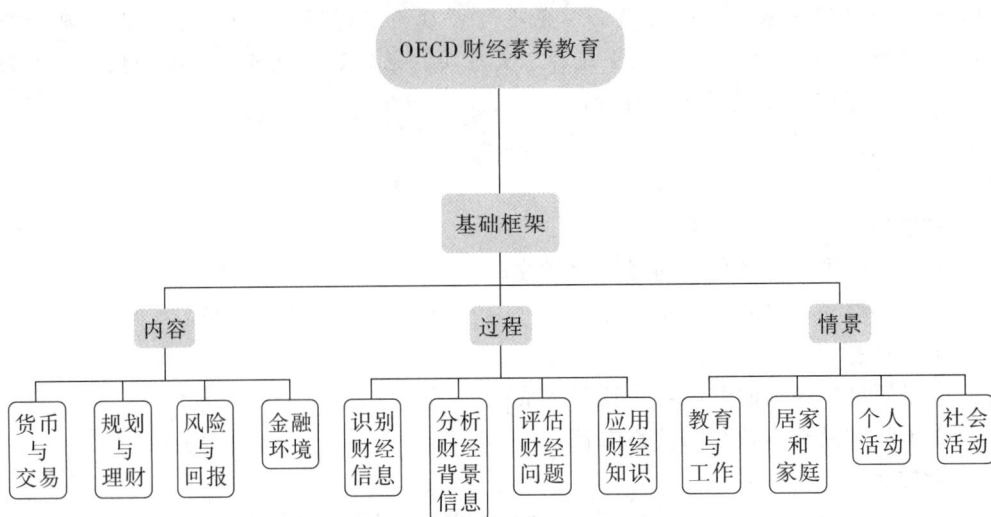

图1-6　OECD财经素养教育基础框架

二、美国青少年财经素养教育

美国率先提出了K-12财经素养教育体系，该体系根据幼儿园、小学、初中、高中四个阶段划分，主要内容包括消费与储蓄、信用与债务、职业与收入、投资与管理、风险管理与保险、财务决策等六个方面。美国K-12财经素养教育体系见表1-2。

表1-2　　　　　　　　　　美国K-12财经素养教育体系

项目	幼儿园	小学	初中	高中
1 消费与储蓄	（1）学会如何使用金钱 （2）学会交换物品 （3）学会支付消费 （4）了解支付方式 （5）明白储蓄的意义 （6）学会分享与帮助	（1）了解影响消费的因素 （2）学会制订消费计划 （3）了解多种支付方式 （4）明白储蓄的意义 （5）了解公民要交税	（1）制订消费计划 （2）了解日常支出 （3）了解各种支付方式的优劣 （4）了解通货膨胀 （5）预备应急资金 （6）了解税收	（1）了解资产组成 （2）了解税收政策
2 信用与债务	学会借款	了解信用卡的使用方法	（1）学会使用信用卡购物 （2）了解还贷 （3）了解社会环境变化	（1）了解借贷、租赁、破产等 （2）了解信用记录 （3）了解国家税收法律 （4）了解借款与债务

项目	幼儿园	小学	初中	高中
3 职业与收入	(1) 了解工作才有收入 (2) 了解馈赠或礼物的价值	(1) 了解收入来源途径 (2) 了解创业及其风险	(1) 了解收入来源 (2) 了解利息、投资、分红 (3) 知道工资、收入、税收等 (4) 了解通货膨胀 (5) 了解教育程度对收入的影响	(1) 了解教育程度与技术能力影响收入水平 (2) 了解社会福利政策
4 投资与管理		了解储蓄的作用和政策	(1) 了解通货膨胀对货币购买力的影响 (2) 尽早开始投资 (3) 了解社会经济环境的变化 (4) 了解个人的财务风险 (5) 了解储蓄收益	(1) 了解财富增长 (2) 了解个人的财务风险 (3) 了解职业报酬与税收政策 (4) 接受投资教育 (5) 了解政府及社会相关机构
5 风险管理与保险	了解如何保护财产	(1) 了解日常生活中的财务风险 (2) 知道如何应对风险	了解风险管理策略及其意义	(1) 了解保险业务 (2) 了解在线交易风险 (3) 了解个人信息保护政策
6 财务决策	(1) 学会合理花费 (2) 明确个体合理需要 (3) 了解友爱	(1) 了解财务决策的影响 (2) 对个人需要进行排序并进行选择 (3) 了解各种决策的优劣 (4) 对各种商品和服务信息有充分了解	(1) 初步掌握财务决策分析 (2) 了解态度和价值观对财务决策可能产生的影响 (3) 明白赚钱速度要超过花费速度 (4) 对所购买的产品有充分了解并懂得如何投诉	(1) 对未来的财务状况有责任感 (2) 了解疾病、离婚、事故等对财务造成的潜在影响 (3) 保持良好的财务记录习惯 (4) 多方面听取财务管理人员的意见 (5) 以合约形式保证各方利益 (6) 制订良好的财务计划

三、日本青少年财经素养教育

日本财经素养教育体系细分为小学、初中、高中、大学等阶段，主要内容分为财务生活计划和家庭费用管理、生涯发展与规划、金融与经济运行机制、消费者权益及相关风险等四个方面。日本财经素养教育体系见表1-3。

表1-3　　　　　　　　　　　　日本财经素养教育体系

项目	小学	初中	高中	大学
财务生活计划和家庭费用管理	能够识别需求之间的差异，并根据计划购买物品	更好地了解家庭收入和支出，参与学校活动，管理收入和支出	学会制作财务预算，并学会合理进行决策	学会管理个人的收支，并通过兼职改善个人的财务状况
生涯发展及规划	了解工作和收入，培养勤俭节约的习惯	了解制订生活计划的必要性	能够根据个人的收入和支出状况制订生活计划	规划个人职业梦想，培养专业技能，预留备用资金
金融与经济运行机制	参与财务活动，并学会在比较中谨慎进行财务决策	了解合同的基本知识，知道诈骗和欺诈的危害与风险	对合同和合同责任有更深入的理解，并学会收集信息和使用信息	（1）通过比较收集到的信息来进行适当的消费行为 （2）学会订立合同
消费者权益及相关风险	通过日常生活了解货币的各种功能	理解货币、金融和经济的基本作用	了解存款、股票、债券和保险等金融产品的基本特征	（1）了解金融产品的风险管理 （2）了解利率波动、通货膨胀、通货紧缩以及汇率变动

四、澳大利亚青少年财经素养教育

2005年，澳大利亚联邦银行发布了《澳大利亚财经素养评估报告》，2011年发布了《国家财经素养行动框架》，提出了财经素养教育的内容框架，具体包括知识和理解、能力、责任感和进取心等三个方面，见表1-4。

表1-4　　　　　　　　　　　澳大利亚《国家财经素养行动框架》

项目	具体内容
知识和理解	（1）了解金钱的性质、形式、来源和价值 （2）具备初步的消费常识，了解消费者的基本权益 （3）学会辨别复杂的财务状况和经济社会状况 （4）学会识别和处理欺诈等财务风险
能力	（1）学会管理钱财 （2）学会进行财务记录，并制订财务计划 （3）了解并合理选择金融产品 （4）学会有效管理风险
责任感和进取心	（1）了解企业的社会责任与道德义务 （2）正确认识个体消费、生产与社会经济发展的关系 （3）了解社会文化和社会心理对消费和财务决策的影响 （4）了解并积极参与公益慈善活动 （5）掌握家庭、集体的日常财务知识和技能 （6）学会产品设计与开发

素养拓展1-3

数字人民币
多地开展数字人民币试点，场景多元覆盖各领域①

数字人民币的优势：

第一，数字人民币更加具有法律保障。从理论上讲，商业银行可能破产，存款保险对用户的财产有一定的保障；支付宝和微信使用商业银行结算，没有存款保险。因此，风险一旦发生，就会导致用户出现巨大的财产损失。数字人民币是国家的法定货币，由国家信用担保，更加具有法律保障。

多地开展数字
人民币试点

第二，数字人民币的支付更加便捷，节省成本，数字人民币的发行成本比现在的纸币、硬币的发行成本低很多。

第三，数字人民币更具普惠性，也有利于打破支付垄断。数字人民币支持离线支付，类似纸币，可以满足网络覆盖不到的地区以及特定场所的使用；第三方机构为了竞争，往往会设置交易壁垒（微信和支付宝在各自的应用场景中屏蔽对方的支付方式），增加用户额外的支付成本和使用负担（用户需要同时拥有微信、支付宝等多个应用），而数字人民币有利于打破支付垄断。

任务二　探索我国的财经素养教育之路

我国日益重视财经素养教育，并发布了多个文件探索财经素养教育，具体见表1-5。自2006年至今，相关部门不断发布政策性文件，推进财经素养教育的实施。我国财经素养教育虽然起步较晚，但是发展迅速，呈现方兴未艾之势。

表1-5　　　　　　　　　　　　财经素养教育的中国探索

年份	文件	内容
2006	教育部和中国保险监督管理委员会联合发布《关于加强学校保险教育有关工作的指导意见》	将保险教育整合到现有的国家课程之中
2013	《国务院办公厅关于进一步加强资本市场中小投资者合法权益保护工作的意见》	明确要求将投资者教育逐步纳入国民教育体系，有条件地区可先行试点
2013	中国人民银行会同中国银行业监督管理委员会、中国证券监督管理委员会和中国保险监督管理委员会制定了《中国金融教育国家战略》	将金融知识普及教育上升至国家战略
2015	国务院发布《关于加强金融消费者权益保护工作的指导意见》	要积极开展面向民众的金融知识普及教育，不断提高国民的金融素养
2016	国务院发布《推进普惠金融发展规划（2016—2020年）》	逐步建立金融知识教育长效机制，积极探索在大中小学开展金融知识普及教育，着力提升青少年的金融素养

---

① 孙艳. 多地开展数字人民币试点 场景多元覆盖各领域［EB/OL］.［2023-01-31］. http://www.cac.gov.cn/2023-01/31/c_1676805535071600.htm.

一、中国财经素养教育的发展

（一）理论研究

北京师范大学于 2014 年成立了国内高校首个财经素养教育研究中心，中国教育科学研究院与西南财经大学、上海财经大学、中央财经大学等单位于 2016 年成立了"中国财经素养教育协同创新中心"，并历时两年于 2018 年发布了《中国财经素养教育标准框架》。在该框架下，中国财经素养教育更加重视财经价值观的引导，更加突出个体与社会、国家经济的关联，更彰显优秀的财经传统文化，更强调学生对制度、规则的理解与遵循。

（二）实践探索

上海、北京、广东等经济发达地区已经开始尝试在中小学教育中融入财经素养教育，一些大学也在探索大学生财经素养教育的路径与模式。银行、保险、证券等金融机构与社会组织也在积极探索面向公众的财经素养教育。

育德育人 1-2

中华优秀传统文化中的财经素养教育

财经素养教育的精神内涵并非源于国外，其理念在我国古已有之。中华民族是富有财商智慧的民族之一，《易经·系辞》"理财正辞，禁民为非曰义"、《增广贤文》"君子爱财，取之有道"、《管子·侈靡》篇、《管子·轻重》篇等都是我国古代经济思想的精髓与瑰宝，范蠡、管子更是开创了"物以稀为贵""市场决定价格"等经典财经理论，凝聚了几千年的商业智慧至今对我国经济发展具有一定的借鉴意义。

二、中国财经素养教育的目标

财经素养作为 21 世纪公民必备的核心素养之一，不仅具有个体意义，更具有社会意义和国家意义。提升公民的财经素养，关乎个人发展、家庭幸福、国家安全和社会稳定，面向全民的财经素养教育已是国际趋势。构建中国财经素养教育的出发点是"学生为本、国家为重"。根据中国财经素养教育标准，建构了财经素养教育"三九五体系"目标，如图 1-7 所示。

三即"形成三种观念"，包括劳动观、金钱观、财富观，这是财经素养教育的基础型目标。"三种观念"从劳动付出→获得收入→累积财富这一经济活动过程逐一展开并覆盖，使学生为未来从事经济活动打好基本的财经素养基础。

九即"理解九对关系"，这是财经素养教育的扩展型目标，包括从劳动观演绎出的"付出劳动与获得收入、诚实劳动与个人尊严、劳动能力与尊重他人"三对关系；从金钱观演绎出的"赚取收入与遵守规则、信用原则与市场秩序、收入差距与风险管理"三对关系；从财富观演绎出的"个体收入与社会支持、个人财产与国家发展、财富拥有与人生幸福"三对关系，一共九对关系。通过对这些关系的理解，将财经素养教育的基础型目标"三种观念"予以深化和具体化。

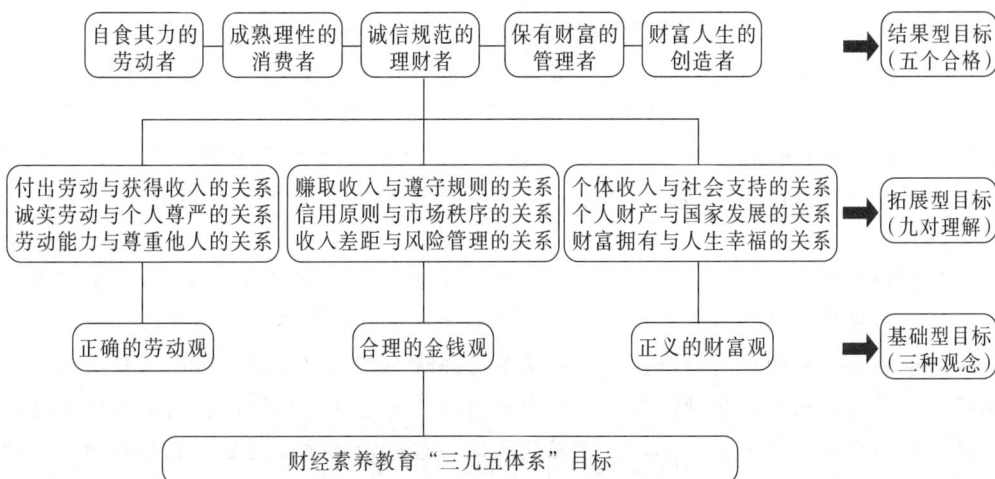

图1-7　中国财经素养教育"三九五体系"目标[①]

五即"成为五个合格者",这是财经素养教育的结果型目标,包括成为合格的劳动者,做一个自食其力的劳动者;成为合格的消费者,做一个成熟理性的消费者;成为合格的理财者,做一个诚信规范的理财者;成为合格的管理者,做一个保有财富的管理者;成为合格的创造者,做一个财富人生的创造者。这五个合格者是个体在经济生活中将扮演的不同角色,不同角色的存在价值和能力要求有所不同,它们之间的关系是层层递进与提升。"成为五个合格者"的财经素养教育目标旨在帮助个体在人生的不同阶段胜任经济生活中的不同角色,为个人幸福、家庭福祉、国家稳定和社会发展发挥应有的作用。

素养拓展1-4

生活中的隐形消费陷阱你知道吗?[②]

隐形消费陷阱是指商家在销售商品时,通过一些隐形的手段向消费者出售或变相出售消费者并不需要的商品。这种现象在节假日尤为明显,多数商家会推出一些促销活动来吸引消费者消费,这些活动中有些暗藏了隐形的消费陷阱。隐形消费陷阱的种类很多,如商家的打折陷阱、返券陷阱、赠送礼品陷阱等。

例如,张小姐在某网站购买了一双真皮女鞋,价值420元,返券150元,返券的有效期是20天。同时,她又在该网站选了一双150元的鞋,但结账页面显示:您的优惠券不能使用。张小姐打了客服电话,客服解释说:您的优惠券只能购买限定产品,您选的这双鞋不参加此活动。张小姐就在限定的产品中选了一款,活动中此款鞋是买100返20,结账页面显示:您购买的产品不再参加返券活动。商家的解释是:用优惠券购买的产品无法再享受打折优惠。

上述案例中的这种行为侵犯了消费者的知情权,同时也违背了市场经济条件下诚

---

①　张男星,岳昌君.《中国财经素养教育标准框架》解读[M].北京:科学出版社,2019.
②　郜蕾.生活中的隐形消费陷阱你知道吗?切莫深陷"打折"[EB/OL].[2020-04-23].https://www.bj148.org/wq/qwzfw/my/202004/t20200423_1568543.html.

实信用的原则，这是该商家促销产品的手段，表面上看是在搞优惠，其实返券陷阱就是：对于参加返券活动的产品，消费者必须原价（通常价格较高，没有任何打折）买下，才能得到返券。得到"返券后，只能在限定的产品中使用，而且不能再享受返券"。对于该商家来说，返券能刺激消费者二次消费，达到了该商家多销营利的目的，而且返券能购买的产品大多是滞销品，用高价购买的产品往往比实际价格高很多。

该案例中商家的做法违反了《中华人民共和国消费者权益保护法》。对于商家违反市场经济规则、扰乱市场秩序的行为，消费者也应及时向有关部门举报。

对于一些商家的优惠陷阱，首先，消费者应该向商家问清楚具体的活动方案，这样就可以不使自己显得被动；其次，消费者应根据自己的实际情况，购买自己需要的产品，有的产品如果不需要，即使不花钱，拿回家也占地方；最后，我们要树立一种正确的消费观，做到既不铺张浪费，也不过度苛刻，适度消费。

本书的财经素养体系将以德育为核心，辅以财经知识和技能培养，以实践输出为结果导向，形成SKEP财经素养体系，如图1-8所示。本书的核心内容包括收入、储蓄、消费、投资、风险、借贷，如图1-9所示。智慧财经素养教育的详细教学内容详见表1-6，包括初识财经素养、收入与分配、投资与风险、消费与信贷、社会保障与保险、创业与财务管理、财经法规、国际经济与发展趋势八大内容。

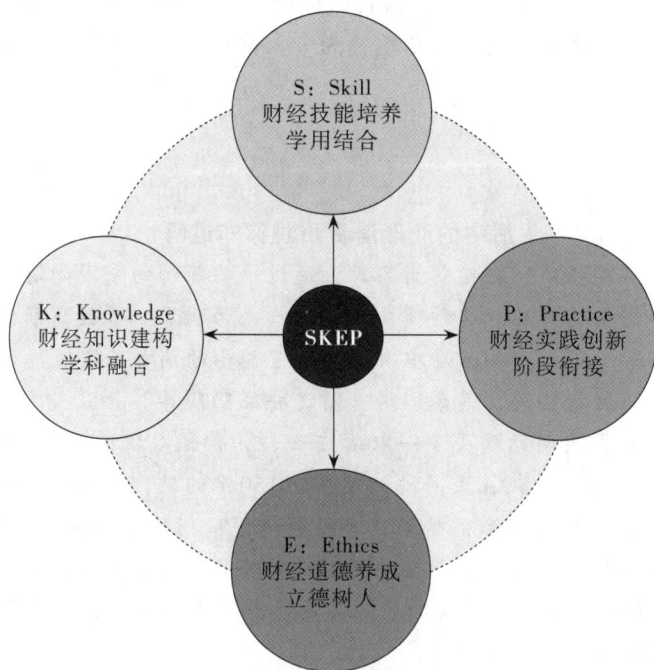

图1-8　SKEP财经素养体系[①]

① 辛自强，张红川，孙铃，等. 财经素养的内涵与三元结构 [J]. 心理技术与应用，2018（6）：450-458.

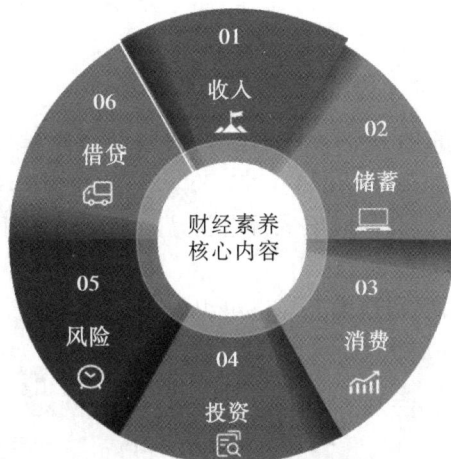

图 1-9 财经素养核心内容[①]

表 1-6
智慧财经素教育的详细教学内容

序号	模块	学习内容
1	初识财经素养	•财经素养的内涵 •财经素养教育的中国探索
2	收入与分配	•国民收入与分配 •个人收入与税务筹划
3	投资与风险	•认识金融投资 •认知金融投资工具 •投资风险与投资原则
4	消费与信贷	•认识消费 •认识信贷
5	社会保障与保险	•认识社会保障 •认知保险
6	创业与财务管理	•创业思维与创业基础 •企业财务与内部控制
7	财经法规	•认识劳动法律 •认识消费者法律 •认识合同法律 •认识创业就业法律
8	国际经济与发展趋势	•认识外汇与汇率 •初识区块链 •认知数字人民币

---

① 辛自强，张红川，孙铃，等. 财经素养的内涵与三元结构 [J]. 心理技术与应用，2018（6）：450-458.

■ 课后巩固

一、小组讨论

1.你自己或你身边的朋友是否遭遇过电信或网络诈骗？试着总结这些诈骗的套路。

2.提起财经素养教育，有的同学觉得它就是关于金融方面的教育，请就财经素养教育谈谈你的理解。

3.请比较分析各个国家和地区及经济组织的财经素养教育体系，并谈谈你受到的启发。

二、技能实训

尝试了解古代货币

在现实经济生活中，我们每天都与货币打交道，认识货币是财经素养教育的重要一课。中国货币历史悠久，夏商时期的贝币、秦朝的圆形方孔钱、唐朝的"开元通宝"、宋朝的交子等，都蕴藏着中华民族的智慧。请以小组为单位，选取我国古代一种货币进行资料收集和讨论，并以小组汇报的形式与其他小组交流。

模块二
收入与分配

　　如将国民收入视为大"蛋糕"，收入分配则是"切蛋糕"。收入分配是民生之源，是改善民生、实现人民共享发展成果的直接方式。要实现共同富裕，既要做大"蛋糕"，又要以合理、科学的方式"切蛋糕"。

项目一

国民收入与分配

共同富裕是中国特色社会主义的本质要求，是中国式现代化的重要特征。党的二十大报告指出："坚持按劳分配为主体、多种分配方式并存，构建初次分配、再分配、第三次分配协调配套的制度体系。"这一重要部署对于正确处理效率与公平的关系、在发展的基础上不断增进人民福祉、逐步缩小收入差距、扎扎实实地朝着共同富裕的目标迈进具有非常重要的意义。

案例导入

我国收入差距明显，收入分配要公平

改革开放以来，我国经济进入高速发展的黄金时期，超过9%的GDP（国内生产总值）年平均增长率对世界各国而言都是一个增长奇迹。得益于经济总量的积累，我国的国民收入水平飞速提升，国民生活水平随经济发展不断改善。

与此同时，我国的收入差距也被逐步拉大。从统计数据看，大部分经济学家估计中国的基尼系数为0.45~0.5，高于0.4的世界警戒标准。针对经济发展不平衡的现状，我国政府也采取不同的方式缓解贫富分化并减轻收入分配差距的影响，党的十七大报告指出："扩大转移支付，强化税收调节，打破经营垄断，创造机会公平，整顿分配秩序，逐步扭转收入分配差距扩大趋势。"这充分说明，在保障民生的前提下，促进收入分配相对公平是现阶段的重要任务。

当然，促进收入分配公平的手段有很多，财政政策作为社会资源配置和政府宏观调控的重要手段，对于切实解决收入分配问题、缩小收入差距具有不可或缺的重要作用。

资料来源：法律百晓生. 从基尼系数看中国的贫富差距，专家：中国基尼系数高并不可怕［EB/OL］.［2020-04-29］. https：//baijiahao.baidu.com/s?id=1665318000410841831&wfr=spider&for=pc.

学习目标

素质目标

1.建立宏观经济思维，认识国民收入、国内生产总值；

2.明确财政支出、财政收入的各项内容，树立大局观；

3.树立正确的财富价值观，树立健康的消费观及金钱观。

知识目标

1.明确国民收入、国内生产总值等国民经济统计指标的内涵；

2.了解国民收入初次分配和再分配的内容，正确认识国民收入再分配的必要性；

3.掌握财政政策与货币政策的内涵和区别。

能力目标

1.能正确获取官方国民收入数据，明确国民收入再分配的途径；

2.能够结合我国经济发展的实际情况，看懂政府的财政收支报表；

3.能看懂宏观经济调整等财经政策新闻。

思维导图

本次学习之旅我们将学习到以下内容（如图2-1所示）：

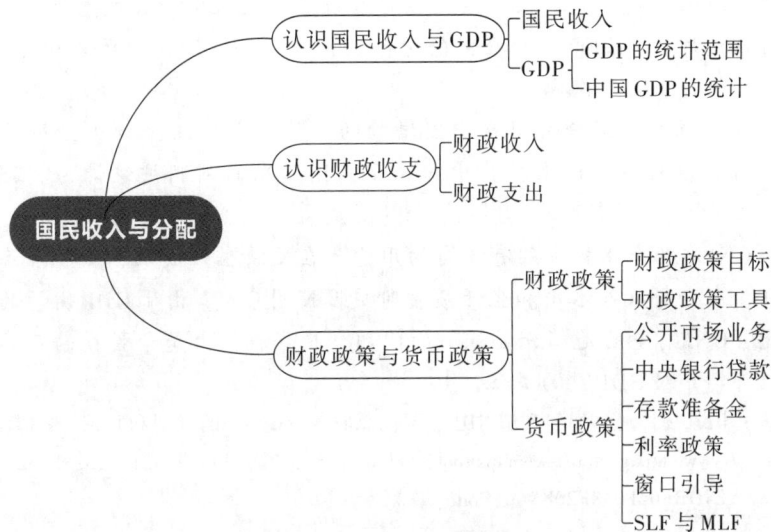

图2-1 本项目思维导图

任务一 认识国民收入与GDP

国民总收入（Gross National Income，GNI）是指一个国家或地区所有常住单位在一定时期内收入初次分配的最终结果，等于所有常住单位的初次分配收入之和。国民总收入是反映一个国家或地区国民经济发展状况和经济实力的一项重要经济指标。一个国家或地区按人均计算出来的国民收入的量基本上反映了这个国家的生产力发展水平。一国国民收入的增长速度基本上反映了该国国民经济的发展速度。

国内生产总值（Gross Domestic Product，GDP），是指一个国家或地区所有常住单位在一定时期内生产活动的全部最终成果，等于所有常住单位创造的增加值之和。① GDP是反映国民经济总量的最重要的指标，度量一定时期（通常是一个季度或一年）内一国或地区生产的最终产品和服务的市场价值总和。

① 国家统计局. 如何理解GDP、国民总收入（GNI）的区别和联系［EB/OL］.［2023-01-01］. http://www.stats.gov.cn/zsk/snapshoot?reference=33e2b9cdb6391521c53328be6244e40b_B702925633CD458EAE4DBF64F048F208&siteCode=tjzsk.

财经思考 2-1

GNI 与 GDP 的差异

在 1993 年以前，"国民总收入"这一指标被称为国民生产总值（Gross National Product，GNP）。由于它是一个收入总量衡量指标，叫"生产"总值名不符实，所以联合国 1993 年的国民经济核算国际标准（1993 年 SNA）将其改为 GNI。GNI 与 GDP 的差别主要在于：

GDP 是从地域角度考虑一国（或地区）经济领土内经济产出的总量，GNI 是从身份角度统计国民所生产的产品和提供的劳务的价值总和；国民总收入是个收入概念，而国内生产总值是个生产概念。

例如，通用汽车中国分公司在中国增加的产值，在 GDP 统计上，被统计为中国 GDP 的一部分；在 GNI 统计上，其中归属于美国股东的利润被统计为美国 GNI 的一部分。

GDP 和 GNI 这两个指标分别有各自的用途。在反映生产成果、衡量经济增长时更多使用 GDP，在分析收入水平和生活质量时更多使用 GNI。由于 GDP 衡量的是"做蛋糕"的问题，GNI 衡量的是"分蛋糕"的问题，把蛋糕做大是分蛋糕的基础，因而国际社会和经济学界对 GDP 更为关注。[1]

资料来源：国家统计局. 如何理解 GDP、国民总收入（GNI）的区别和联系［EB/OL］.［2023-01-01］. http://www.stats.gov.cn/zsk/snapshoot? reference=33e2b9cdb6391521c53328be6244e40b_B702925633CD458EAE4DBF64F048F208&siteCode=tjzsk.

一、GDP 的统计范围

GDP 是国民经济核算的核心指标，也是衡量一个国家经济状况和发展水平的重要指标。GDP 的规模反映了这个国家（或地区）的经济总量，GDP 的增速反映了这个国家（或地区）经济发展的速度。

根据国家统计局初步核算数据，2021 年中国的 GDP 为 1 143 670 亿元，比上年同期增长 8.1%。按照我国国内生产总值（GDP）核算和数据发布制度规定，年度 GDP 核算包括初步核算和最终核实两个步骤。2022 年底，根据国家统计局统计年报、财政部财政决算和有关部门年度财务资料等，国家统计局对 2021 年 GDP 数据进行了最终核实：2021 年，GDP 现价总量为 1 149 237 亿元，比初步核算数增加了 5 567 亿元；按不变价格计算，比上年增长 8.4%，比初步核算数提高 0.3 个百分点。[2]

关于 GDP 的统计范围，我们需要界定以下几个问题：

第一，GDP 是一个流量概念，不是存量概念。它计算的是某一个时期（例如一年内）一个国家（或地区）新生产的产品和服务的价值。以前时期生产的产品存量不

---

① 国家统计局. 如何理解 GDP、国民总收入（GNI）的区别和联系［EB/OL］.［2023-01-01］. http://www.stats.gov.cn/zsk/snapshoot?reference=33e2b9cdb6391521c53328be6244e40b_B702925633CD458EAE4DBF64F048F208&siteCode=tjzsk.
② 国家统计局. 国家统计局关于 2021 年国内生产总值最终核实的公告［EB/OL］.［2022-12-27］. https://www.gov.cn/xinwen/2022-12/27/content_5733697.htm.

计算在内。

第二，为了避免重复计算，GDP只计算最终产品的价值，而不计算中间产品的价值。最终产品是指最后使用者购买的全部的商品和劳务，中间产品是指作为生产要素继续投入生产过程中的产品和劳务。例如，棉花纺织成纱，纱织成布，布制成衣服，这里的纱、布就是中间产品。中间产品的价值不计入GDP。最终计入GDP的是衣服的价值。

第三，GDP统计的是最终进行市场交换的价值，所以存在很多经济活动没有计入GDP，例如不付费的家务劳动、DIY活动、政府机构提供的公共服务等。因为这些活动没有经过市场交换过程，因此也就不存在市场价值。

育德育人 2-1

2022中国经济年报：国民经济顶住压力再上新台阶[①]

2022年，面对风高浪急的国际环境和艰巨繁重的国内改革发展稳定任务，在以习近平同志为核心的党中央坚强领导下，各地区各部门认真贯彻落实党中央、国务院决策部署，坚持稳中求进工作总基调，高效统筹疫情防控和经济社会发展，有效应对内外部挑战，国民经济顶住压力，持续发展，经济总量再上新台阶，就业、物价总体稳定，人民生活持续改善，高质量发展取得新成效，经济社会大局和谐稳定。

2022年，我国粮食增产丰收，畜牧业生产稳定增长，工业生产持续发展，高技术制造业和装备制造业较快增长，服务业保持恢复，现代服务业增势较好；市场销售规模基本稳定，基本生活类商品销售和网上零售增长较快；固定资产投资平稳增长，高技术产业投资增势较好；货物进出口较快增长，贸易结构持续优化；居民消费价格温和上涨，工业生产者价格涨幅回落；就业形势总体稳定，城镇调查失业率有所回落；居民收入增长与经济增长基本同步，农村居民收入增长快于城镇；人口总量有所减少，城镇化率持续提高。初步核算，全年国内生产总值1 210 207亿元，按不变价格计算，比上年增长3.0%。分产业看，第一产业增加值88 345亿元，比上年增长4.1%；第二产业增加值483 164亿元，增长3.8%；第三产业增加值638 698亿元，增长2.3%。分季度看，1季度国内生产总值同比增长4.8%，2季度增长0.4%，3季度增长3.9%，4季度增长2.9%。从环比看，4季度国内生产总值与3季度持平。详细数据如图2-2所示。

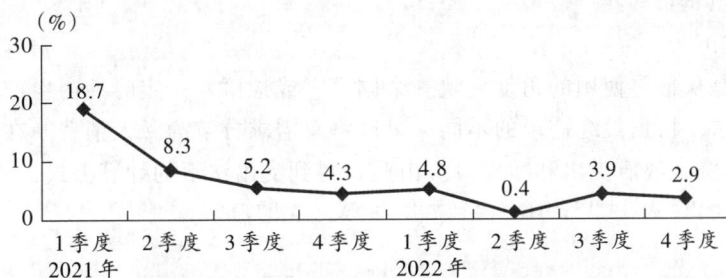

图2-2 2021—2022年中国GDP分季度增长速度（季度同比）

① 国家统计局. 2022年国民经济顶住压力再上新台阶 [EB/OL]. [2023-01-17]. http://www.stats.gov.cn/sj/zxfb/202302/t20230203_1901709.html.

素养拓展2-1

经济周期与财富管理

经济周期又称商业周期，是指经济运行中周期性出现的经济扩张与经济紧缩交替更迭、循环往复的一种现象，是国民总产出、总收入和总就业的波动，是国民收入或总体经济活动扩张与紧缩的交替或周期性波动变化。经济周期可分为复苏阶段、繁荣阶段、衰退阶段、萧条阶段四个阶段，具体如图2-3所示。

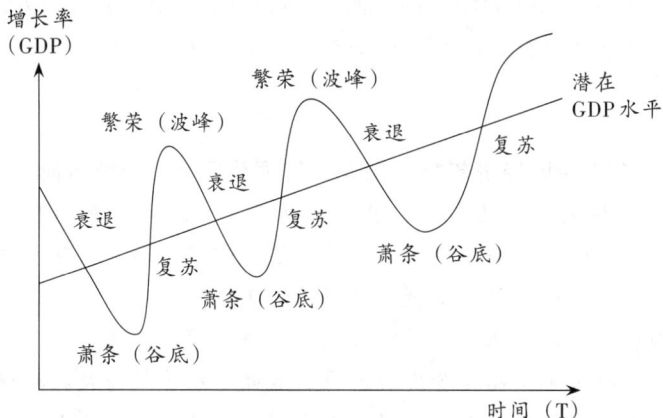

图2-3 经济周期简图

在复苏阶段，市场利率开始逐渐上升，股票市场相对低迷，可适当增加股票投资，减少债券投资；减少浮动利率债务，增加固定利率债务。在繁荣阶段，市场利率持续升高，股票市场日趋活跃，可适当增加股票投资，减少债券投资。在衰退阶段，经济开始恶化，股票市场出现明显回调，同时市场利率逐渐下降，可逐渐增加国债投资，减少企业债券投资和股票投资。在萧条阶段，经济持续低迷，市场利率持续下降，直至最低水平，可适当增加债券投资，减少股票投资。

二、中国GDP的核算

GDP有三种计算方法：支出法、收入法和生产法。三种方法分别从不同的方面反映GDP及其构成。

（一）支出法

支出法是从最终使用的角度反映一个国家（或地区）一定时期内生产活动最终成果的一种方法。根据最终需求的不同，可以将总需求分解为私人消费（在我国称为居民消费）、投资、政府支出和净出口。由此，得到支出法下的计算公式：

GDP=C（消费）+I（投资）+G（政府支出）+NX（净出口）

1.消费

消费是指常住住户在一定时期内对于货物和服务的全部最终消费支出，包括耐用消费品、非耐用消费品和劳务。由于经济增长模式和国民收入分配结构不同，各国（或地区）居民消费占GDP的比例存在明显差异。按照支出法，2020年中国居民消费占 GDP 的比例为 37.75%（居民消费 387185.8/GDP1025628.4=37.75%）。

2.投资

投资分为固定资本形成总额和存货增加两部分。其中，固定资产是指一个国家（或地区）新增投资与固定资产折旧的总和。2020 年中国投资占 GDP 的比例为 42.86%（资本形成总额 439550.3/GDP1025628.4=42.86%）。

3.政府支出

政府支出是指政府部门为全社会提供公共服务的消费支出和免费或以较低的价格向居民住户提供的货物和服务的净支出。

4.净出口

净出口是指货物和服务出口减货物和服务进口的差额。2020 年中国净出口占 GDP 的比例约为 2.46%（货物和服务净出口 25266.9/GDP1025628.4=2.46%）。

数据来源：国家统计局-国家数据.https：//data.stats.gov.cn/easyquery.htm?cn=C01.

素养拓展 2-2

拉动经济增长的"三驾马车"[①]

从支出法来看，经济增长是投资、消费、净出口这三种需求之和，因此在经济学上常把最终消费支出、资本形成总额、货物和服务净出口这三者形象地比喻为拉动经济增长的"三驾马车"。

考察"三驾马车"的影响通常关注以下两个方面：

一是消费和投资的比例关系，通常用最终消费率和资本形成率来衡量。其中，最终消费率（即消费率）是指最终消费支出占支出法国内生产总值的比重，资本形成率（即投资率）是指资本形成总额占支出法国内生产总值的比重。1978—2019 年，我国消费率和投资率的变化大致经历了三个阶段：第一阶段为 1978 年到 2000 年，最终消费率稳定在 60% 左右，投资率稳定在 40% 左右，最终消费支出占 GDP 的比重明显高于资本形成所占比重；第二阶段为 2000 年到 2010 年，消费率呈下降走势，投资率呈上升趋势；第三阶段为 2010 年以后，消费率呈上升走势，而投资率呈缓慢下降趋势。

二是投资、消费、净出口对经济增长的影响，通常采用贡献率和拉动点数来分析"三驾马车"中某因素的增长对 GDP 增长的影响程度。1978—2019 年，"三驾马车"对我国 GDP 增长的影响大致可以分为四个阶段：第一阶段为 1978 年到 1985 年，消费对经济增长的贡献率快速上升，投资对经济增长的贡献率波动较大，而净出口对经济增长的贡献率为负；第二阶段为 1985 年到 1995 年，三者对 GDP 增长的贡献率波动较大；第三阶段为 1995 年到 2009 年，投资对经济增长的贡献率呈波动上升状态，消费对经济增长的贡献率较为稳定，而同期净出口对经济增长的贡献率较小；第四阶段为 2009 年到 2019 年，投资对经济增长的贡献率波动下降，而消费对经济增长的贡献率波动上升，说明我国经济增长正从投资驱动型向消费驱动型转变。我国 GDP 结构变

---

① 国家统计局. 什么是拉动经济增长的"三驾马车"［EB/OL］.［2023-01-01］. http://www.stats.gov.cn/zs/tjws/tjzb/202301/t20230101_1903947.html.

化（2000—2021年）如图2-4所示。

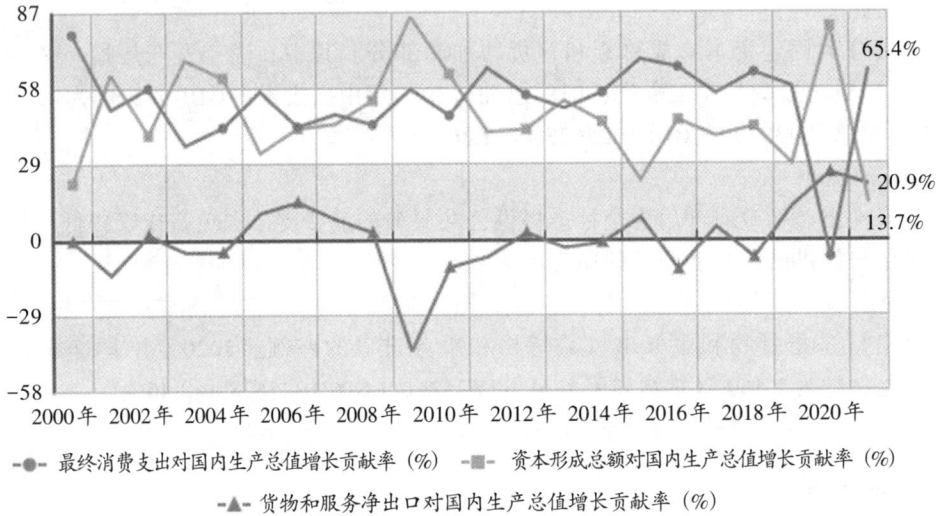

图2-4 我国GDP结构变化（2000—2021年）

（二）收入法

收入法是指把各种生产要素所得到的收入，即工资、利润、利息、租金加总得到国民收入。统计公式如下：

国内生产总值=劳动者报酬+生产税净额+固定资产折旧+营业盈余

（1）劳动者报酬包括货币工资、实物工资和社会保险费等三部分。

（2）生产税净额包括生产税费（因为从事生产活动使用生产要素，如固定资产、土地、劳动力向政府缴纳的各种税金、附加费和规费）减去生产补贴后的差额。

（3）固定资产折旧是指为了弥补固定资产在生产过程中的价值损耗而提取的价值。

（4）营业盈余是指经济活动增加值在扣除了劳动者报酬、生产税净额和固定资产折旧之后的余额，主要指企业的营业利润。

财经实践2-1

GDP的统计

已知A国2021年国内相关统计数据（见表2-1），请问A国GDP是多少？

表2-1 　　　　　　　　　　A国2021年国民收入统计数据　　　　　　　　　单位：10亿美元

项目	金额
折旧	356.4
雇员酬金	1 866.3
企业支付的利息	264.9
间接税	266.3
个人租金收入	34.1

续表

项目	金额
公司利润	164.8
非公司企业主收入	120.3
红利	66.4
社会保险税	253.0
个人所得税	402.1
消费者支付的利息	64.4
政府支付的利息	105.1
政府转移支付	347.5
个人消费支出	1 991.9

解析：根据公式：GDP=工资+租金+利息+利润+间接税+企业转移支付+折旧

国民生产总值=雇员酬金+企业支付的利息+个人租金收入+公司利润+非公司企业主收入+间接税+折旧

=1 866.3+264.9+34.1+164.8+120.3+266.3+356.4

=3 073.1（10亿美元）

（三）生产法

生产法又叫部门法，是依据提供产品与劳务的各国民经济行业的增加值计算GDP，从生产角度反映了GDP的来源。国民经济行业分类包括农、林、牧、渔业，工业，建筑业，批发和零售业，交通运输、仓储和邮政业，住宿和餐饮行业，金融业，房地产业，信息传输、软件和信息技术服务业，租赁和商务服务业，其他行业等门类。

由于在现实中，最终产品难以确定，因此GDP统计中普遍采用增加值法，即计算在不同生产阶段增加的产值。在宏观经济分析中，生产法的构成变化具有重要的意义，各个行业增加值的占比反映了这些行业对于整体经济的影响力。

任务二　认识财政收支

财政分配活动是由两个相互联系的阶段组成的，即财政收入和财政支出。

一、财政收入

（一）财政收入的定义

在商品货币经济条件下，财政收入是以货币来衡量的，因此财政收入表现为一定量的货币收入，即国家占有的以货币表现的一定量的社会产品的价值，主要是剩余产品价值。具体来说，财政收入是指政府为履行其职能、实施公共政策以及提供公共服务、保证财政支出需要而筹集的一切资金的总和，财政收入是一国政府财力的重要指标。

广义财政收入包括预算内财政收入和预算外财政收入；狭义财政收入即预算内财政收入，简称预算收入。财政收入还表现为一个经济过程，是财政分配的第一阶段，在这个阶段形成了国家与缴纳款项的单位和个人之间特定的财政分配关系或经济利益关系。

（二）财政收入的常见分类[①]

分类依据是国家取得财政收入的具体方式，也就是经济组织和劳动者为社会创造的那部分纯收入是通过什么方式、以什么名义被国家财政获取的。目前，我国财政收入按不同标准分为以下几种：

1.按收入形式分类

按取得收入的形式分类，财政收入包括税收收入、国有资产收益、公债收入、政府收费及其他收入，即常说的税、利、债、费四种形式。

2.按收入来源的所有制构成分类

我国经济结构是以国有经济为主体、多种经济成分并存，财政收入按收入来源的经济成分可分为两大类：一是公有制经济收入，包括国有经济、集体经济、混合所有制经济中的国有成分的收入；二是私有制经济收入，包括个体经济、外资企业、中外合资企业、混合所有制经济中的私有成分的收入。

3.按收入来源的产业构成分类

我国经济结构按产业构成可划分为第一产业、第二产业、第三产业，财政收入按收入来源的产业构成可分为三大类：第一产业，农业等凭借自然资源为人们提供基本生活资料的产业，是财政收入的基础性来源；第二产业，以第一产业提供的原料进行深加工的产业，主要包括建筑和加工制造业，是财政收入的主要来源；第三产业，除第一产业、第二产业之外的各种服务行业，如商业、金融业、保险业、运输业、旅游业等，是财政收入的重要来源。

4.按收入的管理方式分类

依据财政收入的不同管理要求，可将财政收入分为预算内财政收入和预算外财政收入。预算内财政收入是指列入政府一般预算中的财政收入；预算外财政收入是指根据国家财政制度和财务制度的规定，不纳入国家预算，由地方各部门、各企事业单位自收自支的资金。2010年，国务院颁布了《关于将按预算外资金管理的收入纳入预算管理的通知》，规定从2011年开始，除教育收费纳入财政专户管理外，其他预算外资金全部纳入预算管理。从此，预算外资金成为历史，我国的财政收入管理进入了全面综合预算管理新阶段。

5.按收入的管理权限分类

依据财政收入的管理权限，财政收入可分为中央财政收入和地方财政收入。根据预算法律规定和财政管理体制要求，中央政府筹集和使用的财政收入是中央财政收入，地方政府筹集和使用的财政收入为地方财政收入。

---

① 袁晓梅，陈宁. 财政与金融［M］. 2版. 北京：人民邮电出版社，2022.

育德育人 2-2

红色财政

"有政必有财，有财政方固。"财政是治理国家的基石，是进行宏观调控的重要工具之一。财政为党和人民掌管"钱袋子"，政治性是其本质属性。财政工作首先是政治工作，财政问题首先是政治问题。

在庆祝中国共产党成立100周年大会上的讲话中，习近平总书记总结党百年奋斗经验，展望推进新时代党的事业发展的新征程，指出："以史为鉴，可以知兴替。我们要用历史映照现实、远观未来，从中国共产党的百年奋斗中看清楚过去我们为什么能够成功、弄明白未来我们怎样才能继续成功，从而在新的征程上更加坚定、更加自觉地牢记初心使命、开创美好未来。"

一百多年来，在中国共产党的坚强领导下，财政工作在新民主主义革命、社会主义革命和建设、改革开放和社会主义现代化建设、新时代中国特色社会主义的各个时期，为政权的建设、稳定、发展提供物质基础，为促进经济建设、社会发展、大局稳定作出了重要贡献。党的十八大以来，在以习近平同志为核心的党中央的坚强领导下，我国财政实力又上了一个新台阶，为党和国家的事业取得历史性成就、发生历史性变革提供了坚实保障。

习近平总书记强调"中国共产党根基在人民、血脉在人民、力量在人民"。政之所兴，在顺民心；政之所废，在逆民心。用行动践初心，以生命赴使命，从来都是共产党人的政治宣言。在这不平凡的一百多年中，财政"取之于民、用之于民"的理念始终如一。①

"江山就是人民，人民就是江山。"全国各地的财政工作者深刻领会习近平总书记关于财政经济问题的一系列重要论述，传承在烽火岁月中铸就的"实事求是、开拓创新、自力更生、艰苦奋斗、勤俭节约、廉洁奉公"红色财政精神，准确把握财政与经济关系的内涵实质，坚持生财有方、用财有效，以助力实体经济发展的实际成效夯实税基发展、巩固财源建设，以新发展理念为指导统筹财政资源、提高配置效率，全力支持"六稳""六保"相关工作，统筹抓好"五促一保一防一控"重点工作，更加有力地发挥财政在护航全方位推动高质量发展超越中的职能作用。始终心怀"国之大者"，把促进共同富裕作为为人民谋幸福的着力点，加大常态化疫情防控、就业、社会保障、医疗卫生、教育、"三农"等民生投入，织密基本民生网底，让发展成果更多、更公平地惠及人民。

站在"两个一百年"奋斗目标的历史交汇点上，财政改革发展要坚持党的集中统一领导，坚持"以人民为中心"的发展思路，牢记"国之大者"，处理好改革发展稳定关系；既要强化正面的路径依赖，也要敢于打破"锁定"的制度枷锁，保持中长期稳定、积极、主动地防范和化解社会风险，保持战略定力。要在党的领导下，紧紧围绕社会主义市场经济的发展要求，深化供给侧结构性改革，推动基本公共服务均等化，为经济发

① 龙正才. 赓续红色血脉 践行初心使命 以伟大建党精神引领财政高质量发展 [J]. 中国财政, 2021 (20)：23-24.

展注入活力和确定性。要根植于中国国情与民族文化，发挥财政在国家治理中的基础和重要支柱作用，不断强化制度约束，建立现代国家治理体系。过去的一百年，党领导财政经济取得了辉煌成就，新时代中国财政经济必将赢得更加伟大的胜利。[①]

财经思考 2-2

疫情对我国经济及财政的影响[②]

全球新冠肺炎疫情的暴发已经永久性地改变了世界和历史。面对外部变化，我们要在适当的时机作出适当的政策选择。我国的经济发展基础已发生了一系列转变，意味着财政收入基础和税源分布也将持续变化，财政收支改革需要跟上经济发展的步伐。

一是经济增速进入中高速平台期。据国务院发展研究中心宏观部课题组预测，"十四五"时期，我国经济年均增速将稳定在 5.0%~5.5%。由于财政收入与 GDP 高度相关，GDP 增速的下降也意味着财政收入增速的下降。

二是我国人均收入将进入高收入国家行列。2019 年，我国人均 GDP 已经达到 10 276 美元。若我国"十四五"时期经济年均增长能保持在 5.5% 左右，到 2024 年，我国人均 GDP 将大概率迈过 12 000 美元的高收入国家门槛。与之相适应，我国的人均收入、居民可支配收入也将进一步提高。这意味着我国税源将更多地来自家庭收入和个人收入。

三是消费尤其是内需成为经济增长的主要拉动力。"十四五"时期，随着我国新发展格局的形成，消费将成为推动经济增长的基础性力量。预计消费率将由 2019 年的 55.4% 上升至 2025 年的 60% 左右，这将极大提升消费环节在整个财源建设中的作用与地位。

四是服务业占比继续上升。近年来，第三产业在国民经济中的占比与贡献率持续增长，今后也将保持这一趋势。当前税收收入大部分来自第二产业，未来税收收入将更多依赖服务业。

五是数字经济进入快车道。当前我国数字经济发展居世界前列，"十四五"时期，数字经济占 GDP 的比重还将进一步扩大，但是数字经济对税收收入的贡献还未得到体现。

六是应对气候变化，进行绿色转型。要实现"3060"目标，"十四五"期间还将进行一系列政策铺垫，需要财政支持，但在这方面实现财政收入的周期将较长。

一般情况下，相对于经济基础的变化，财政制度的变革会较为滞后，但这两者之间的差距不能太大。"十四五"期间，在税制结构不变的前提下，财政收入增速可能一直低于 GDP 增速；在支出结构不变的前提下，财政支出增速可能一直高于 GDP 增速；同时，债务可能继续增加。面对上述一系列转变，如果不及时推动相关改革，财政可持续性与财政安全将面临多方压力。

请思考：新冠肺炎疫情对我国经济及财政还会产生哪些影响？

---

① 李旭章，王瑛珊. 百年兴国"财"与"政"[J]. 中国领导科学，2022（04）：30-39.
② 任焱. 在改革中平衡好财政"不可能三角"[N]. 中国财经报，2021-06-08（007）.

二、财政支出

（一）财政支出的定义

财政支出也称为政府支出或公共支出，是政府为提供公共产品和服务、满足社会共同需要而进行的财政资金的支付。它是财政分配活动的第二阶段，也是政府进行宏观调控的重要手段之一。

（二）财政支出的分类[①]

财政支出有许多分类方法，国际上通行的分类方法有两种：按政府功能分类和按支出的经济类型分类。本书将介绍以下六种分类方法：

1.按经费性质和具体用途分类

财政支出按经费性质和具体用途可分为基本建设支出，挖潜改造资金和科技三项费用，文教科学卫生事业费支出，国防支出，行政管理费等。我国财政支出编制在2006年以前是以财政支出的具体用途作为支出类级科目划分标准的，该分类方法于2006年底废止。

2.按政府功能分类

按政府功能分类，就是按政府的主要职能对财政支出进行分类。运用这种分类方法考察政府的财政支出结构，可以全面了解政府的活动范围和职能重心。我国财政支出按照这种分类方式划分为24大类，比国际通行的分类方法更详细。这样做既考虑了政府的功能，也考虑了政府的部门划分。此外，在这种分类方式下，过去按经费性质和具体用途分类的财政支出，如基本建设支出、事业费、行政管理费等，实际上都分到了各个按政府功能分类的支出科目中。例如，在教育支出中就包括用于教育的基本建设支出、事业费支出等传统支出科目。

3.按经济类型分类

按支出的经济类型分类也是国际上通行的做法。我国财政支出按此分类方法分为9大类，具体包括工资福利支出、商品和服务支出、对个人和家庭的补助、对企事业单位的补贴、转移性支出、债务利息支出、基本建设支出、其他资本性支出、其他支出。

4.按支出项目与资本投资的关系分类

按支出项目是否与资本投资有关，政府支出可以分为经常性支出和资本性支出两大类。经常性支出是政府用于经常项目的开支，包括政府雇员的工资薪金支出、为政府雇员缴纳的社会保险支出、公用经费支出、社会保障津贴支出、利息支出、国有企业经营性亏损补贴支出等。资本性支出是指政府用于资本项目的支出，包括政府购置固定资产和无形资产的投资支出、政府战略储备支出、用于资助企业购置固定资产或增加企业金融资本或弥补企业资本亏损的资本转移性支出等。

5.按支出是否有偿分类

财政支出按是否有偿可以分为无偿拨款和有偿使用两种。

（1）财政资金在上下级财政之间调拨以及财政资金从财政部门向用款单位的无偿

---

① 袁晓梅，陈宁. 财政与金融 [M]. 2版. 北京：人民邮电出版社，2022.

转移，是财政支出的最基本方式，具体包括以下三大类：

①国家行政管理与国防经费开支，如国家行政、权力机关、公检法机关、部队等机关部门的开支；

②公共事业开支，如用于科教、卫生、文化等方面的支出；

③社会保障事业支出，如用于社会福利、社会救济、社会保险、社会优抚等方面的支出。

（2）有偿使用是指以借出财政周转金和财政周转金放款的方式供应财政资金，用于有偿使用的财政周转金除来源于财政周转金收入外，主要以列支财政支出的方式设置和增补。其包括农业贷款、基本建设贷款、出口工业品生产专项贷款、小额技术组织措施贷款、本专科学生贷款，可灵活运用无息、低息等形式。

6.按支出是否直接购买商品或劳务分类

财政支出按是否与商品和服务相交换可分为购买性支出和转移性支出两种。

（1）购买性支出，是指财政支出中直接表现为政府购买商品或劳务活动的支出，主要包括购买用于进行日常政务活动所需商品和劳务的支出（如政府各部门的事业费）、用于进行国家投资所需商品和劳务的支出（如政府各部门的投资拨款）。这些财政支出必须伴随着商品或劳务的交换。在这样的支出安排中，政府与其他经济主体相同，在从事等价交换的活动。购买性支出体现的是政府的市场性再分配活动。

购买性支出可使政府掌握的资金与微观经济主体提供的商品和服务相交换。此时，政府是以商品和服务的购买者身份出现在市场上的，对于社会生产和就业有直接影响，对收入分配有间接影响。

（2）转移性支出，是指财政支出中用于直接表现为资金无偿、单方面转移的支出，主要包括政府部门用于补贴、债务利息、失业救济金、养老保险等方面的支出。这些财政支出仅有资金的单向流动，不涉及商品或劳务的交换。转移性支出体现的是政府的非市场性再分配活动。

转移性支出所起的作用是使政府所持有的资金转移到领受者手中，是资金使用权的转移。微观经济主体获得这笔资金以后，究竟是否用于购买商品或服务以及购买哪些商品和服务，已脱离了政府的控制。因此，此类支出直接影响收入分配，而对社会生产和就业的影响是间接的。

素养拓展 2-3

2022年我国财政收支状况[①]

一、全国一般公共预算收支情况

（一）一般公共预算收入情况

2022年，全国一般公共预算收入 203 703 亿元，比上年增长 0.6%，扣除留抵退税因素后增长 9.1%。其中，中央一般公共预算收入 94 885 亿元，比上年增长 3.8%，扣

---

① 中华人民共和国中央人民政府. 2022年财政收支情况［EB/OL］.［2023-01-31］. https://www.gov.cn/xinwen/2023-01/31/content_5739311.htm?eqid=fa7c0dd50001b7ca00000006645b0a23.

除留抵退税因素后增长13.1%；地方一般公共预算本级收入108 818亿元，比上年下降2.1%，扣除留抵退税因素后增长5.9%。全国税收收入166 614亿元，比上年下降3.5%，扣除留抵退税因素后增长6.6%；非税收入37 089亿元，比上年增长24.4%。

（二）一般公共预算支出情况

2022年，全国一般公共预算支出260 609亿元，比上年增长6.1%。其中，中央一般公共预算本级支出35 570亿元，比上年增长3.9%；地方一般公共预算支出225 039亿元，比上年增长6.4%。

二、全国政府性基金预算收支情况

（一）政府性基金预算收入情况

2022年，全国政府性基金预算收入77 879亿元，比上年下降20.6%。分中央和地方看，中央政府性基金预算收入4 124亿元，比上年增长3%；地方政府性基金预算本级收入73 755亿元，比上年下降21.6%，其中国有土地使用权出让收入66 854亿元，比上年下降23.3%。

（二）政府性基金预算支出情况。

2022年，全国政府性基金预算支出110 583亿元，比上年下降2.5%。分中央和地方看，中央政府性基金预算本级支出5 544亿元，比上年增长76.8%；地方政府性基金预算支出105 039亿元，比上年下降4.7%，其中国有土地使用权出让收入相关支出63 736亿元，比上年下降17.8%。

三、全国国有资本经营预算收支情况

（一）国有资本经营预算收入情况

2022年，全国国有资本经营预算收入5 689亿元，比上年增长10%。分中央和地方看，中央国有资本经营预算收入2 343亿元，比上年增长17.2%；地方国有资本经营预算本级收入3 346亿元，比上年增长5.5%。

（二）国有资本经营预算支出情况

2022年，全国国有资本经营预算支出3 395亿元，比上年增长29.5%。分中央和地方看，中央国有资本经营预算本级支出1 661亿元，比上年增长79.6%；地方国有资本经营预算支出1 734亿元，比上年增长2.2%。

2022年我国
财政收支情况

任务三　财政政策与货币政策

一、财政政策

财政政策是国家在一定时期内，为了实现社会经济持续稳定发展，综合运用各种财政调节手段，对一定的经济总量进行调节（使之增加或减少）的政策。作为国家经济政策的重要组成部分，财政政策主要通过财政支出与税收政策来调节总需求，以保持国民经济的正常运行。

财政政策作为一个有机的整体，主要由三个要素组成：一是财政政策的目标，它构成财政政策的核心内容，使财政政策具有明确的方向和指导作用；二是财政政策的主体，是指财政政策的制定者和执行者，即各级政府，政府主体的行为是否规范，对于政策功能的发挥和政策效应的大小都具有直接作用；三是财政政策的工具，是指财政政策主体所选择的用以达到目标的各种财政手段。财政政策的主体主要通过控制财政政策的工具来实现预期的目标。

（一）财政政策的目标

财政政策的目标是指政府制定和实施财政政策所要达到的预期目的。财政政策的目标可以是一元的，也可以是多元的。一般来说，一个国家财政政策的目标往往不止一个，而是由多重目标构成的体系。诸多目标在方向上可能一致，也可能互相矛盾，这就要求政府根据不同历史时期面临的主要问题，在政策目标的选择上有所侧重和协调。

现代市场经济条件下，财政政策的目标主要包括以下几方面：

1.经济稳定持续增长

经济稳定持续增长是指在国民经济发展中结构比例协调合理，经济增长适度均衡，无大幅起落。实现经济稳定持续增长是保持一国经济长期良好发展态势的基本前提。我国受基本国情的制约，人口多，基础差，人均资源占有量少，面临着提高人民生活水平和发展生产的双重任务，经济增长速度既不能保守缓慢，也不能急躁冒进、大起大落，这就需要借助财政政策及其工具的强有力的干预，达到对经济平稳增长的有效控制。宏观经济稳定持续增长的关键是保持社会总供给与总需求的总量平衡和结构平衡。

在以市场为基础配置资源的同时，要充分运用财政手段对资源分配做辅助调节，以弥补和改善市场调节的不足。具体来说，要发挥财政预算收支的调节功能，调节社会总需求与总供给的总量平衡；要运用财政投资工具，调整改善经济结构，增加有效供给；要通过财政制度性建设，发挥财政"内在稳定器"的作用。

2.物价相对稳定

物价相对稳定是经济稳定的标志，因此它成为大多数国家政府追求的一个目标。所谓物价相对稳定，不是冻结物价，物价稳定并不排斥个别商品价格的剧烈波动，也并非物价总水平固定不变，而是把物价总水平的波动约束在经济稳定发展可承受的范围内，即避免和抑制恶性通货膨胀的发生。稳定物价是财政政策和货币政策的共同目标。从政策传导机制看，货币政策在这方面发挥的作用更直接有力，而财政政策在这方面的作用相对较弱。因此，这一目标应该作为货币政策的首选目标、财政政策的次选目标，财政政策应配合货币政策实施。

3.合理配置资源

合理配置资源是通过财政分配引导人力、物力的合理流向，实现人、财、物等社会经济资源的合理调配，最终达到资源结构合理化的目的，使社会经济资源被有效地使用，从而获得最大的经济效益和社会效益。在不同的经济体制下，资源配置的方式也各不相同。在高度集中的计划经济体制下，整个经济被集中控制并通过国家计划的方式分配所有的资源是该时期财政资源配置的典型形式。在市场经济体制下，市场机制在资源配置中起决定性作用，政府干预经济活动的范围基本上是同市场失灵的范围相适应的。

4.社会分配公平

公平分配是市场经济体制下实现经济稳定与发展的关键因素。市场经济奉行的是按要素贡献大小进行分配的原则。它虽能调动积极性，但也能带来收入分配的悬殊差距。为了解决收入分配上的矛盾，政府在按要素贡献大小进行分配的基础上实行再调节，通过财政收入再分配政策实现社会公平分配的目标。国民收入的初次分配是在微观层次内，按要素投入获得相应要素收入的对称要求进行的，在此基础上进行国民收入的再分配，最终形成社会各部门、各单位和各阶层居民的收入。财政分配在国民收入分配体系中占主导地位，直接影响国民收入的分配。

（二）财政政策的工具

财政政策的工具是为财政政策的目标服务的。我国目前财政政策的工具主要有税收、国债、国家预算、财政投资以及公共支出等。

1.税收

税收是国家凭借政治权力参与社会分配的重要形式，它具有强制性、无偿性和固定性的特征，是财政政策的主要工具。与其他财政政策工具相比，税收有以下两个显著特点：

（1）调控权威性强。税收依法征收，具有强制性，能完整地体现调控意图。

（2）作用范围广。税收涉及国民经济各领域、社会再生产各环节，既包括对个人征税，也包括对法人征税，能全面地实现调控意图。

税收是通过税种设置、税目范围调整、税率高低调节、计税范围确定、税收优惠和税收惩罚等多种形式发挥工具作用的。例如，通过开征或停征某些税种、扩大或缩小税目的范围、提高或降低适用税率来传递抑制或鼓励的政策目标意图，体现政府的各种政策调控要求，引导人们的经济行为。

2.国债

调节国债的发行规模，可以调节政府和市场主体的财力结构，从而调节政府稳定经济的能力和市场主体投资发展经济的能力，即"排挤效应"。调节国债的发行规模，还可以改变社会资金的使用方向和流通中货币的数量，从而影响社会总供求，这就是"货币效应"。政府发行国债必须还本付息。政府使用国债资金兴建公共设施，无差别地满足全体社会成员的公共需要。这就在一般纳税人与国债持有人之间产生了收入转移的问题，理论上称为"收入效应"。

合理运用国债的三种效应，可以调节社会总供求，为实现宏观调控目标服务。例如，在国民经济处于经济周期的经济高涨阶段时，可以扩大国债发行规模，减少流通中的货币量，降低经济发展速度，缓解通货膨胀压力。

素养拓展2-4

2023年财政部续发行850亿元5年期国债[①]

2023年5月4日，为筹集财政资金，支持国民经济和社会事业发展，财政部决定第一次续发行2023年记账式附息（八期）国债（5年期）。

据悉，本次续发行的国债竞争性招标面值总额850亿元，进行甲类成员追加投

①　中华人民共和国财政部. 关于2023年记账式附息（八期）国债第一次续发行工作有关事宜的通知［EB/OL］.［2023-04-26］. http://gks.mof.gov.cn/ztztz/guozaiguanli/gzfxzjs/202305/t20230504_3882085.htm.

标。从 2023 年 4 月 15 日开始计息，票面利率 2.62%；按年付息，每年 4 月 15 日（节假日顺延）支付利息，2028 年 4 月 15 日偿还本金并支付最后一次利息。

本期国债 5 月 10 日招标，招标结束至 5 月 11 日进行分销，5 月 15 日起与之前发行的同期国债合并上市交易。发行手续费为承销面值的 0.08%。

财政部发行
国债

3.国家预算

国家预算是财政政策的主要手段，国家预算通过财政收支规模、收支差额和收入结构，直接介入社会经济的运行和收入分配，调节社会总供给与社会总需求的变化。其调控作用主要表现在两个方面：

一是通过预算收支规模的变动可以有效地调节社会总供求关系。在总需求大于总供给时，可以通过紧缩预算规模和实行预算收入大于支出的结余预算政策进行调节；当总供给大于总需求时，可以通过扩张预算规模和实行预算支出大于收入的赤字政策进行调节；在总供求基本平衡时，为保持这种平衡状态，国家预算应实行收支平衡的中性政策相配合。

政府预算
"四本账"

二是通过预算支出结构的调整，可以调节国民经济中的各种比例关系，从而形成合理的经济结构。国家预算增加对某个部门的资金支出，就能促进该部门的发展；反之，国家预算削减对某个部门的拨款，则会限制该部门的发展。通过调整预算支出结构，相应影响国民经济中的有关比例关系，从而调整经济结构。

4.财政投资

财政投资是指由国家预算安排的生产建设性支出，是国家重点建设和大中型建设项目的主要资金来源。其调节作用主要表现在两个方面：首先，调整国民经济结构。财政投资建设的项目都是关系国民经济全局的重点建设项目，这些项目直接关系到我国经济的持续、稳定、协调发展。因此，财政投资是调整和改善国民经济结构的有力手段。其次，调节总需求与总供给的关系。财政投资从当前看，会形成社会总需求；从长远看，又会增加总供给。因此，它具有调节供给和需求的双重功能。运用财政投资手段时，要注意以下三点：一是合理确定投资规模；二是正确把握投资方向和投资重点；三是综合运用投资、税收和贴息等各种政策手段，引导社会投资方向。

5.公共支出

公共支出是政府满足社会公共需要的一般性支出，包括购买性支出和转移性支出两部分。购买性支出是政府直接购买用于投资的资本品和用于社会公共利益的消费品的支出；而转移性支出是政府单方面的无偿的资金支出，如社会保障支出和财政补贴等。国家财政依据社会经济形势的需要增加或减少公共支出，可以调节社会公共福利的供给量，影响社会公众的生活质量；可以调节最低收入居民的生活水平，保障他们的基本生活，维持生活稳定；可以调节总需求量，平衡总需求与总供给之间的矛盾，保持经济平稳运行。

只要有财政政策就能满足政府调节宏观经济的要求吗？不是的。除了财政政策，还要有货币政策，两者作为政府调节宏观经济最主要的手段，运用恰当的话，在一定程度上可以弥补、纠正市场机制的缺陷。

二、货币政策

货币政策，也称金融政策，是中央银行为实现特定的经济目标而采用的各种控制和调节货币供应量和信用量的方针、政策和措施的总称。货币政策是国家宏观经济政策的重要组成部分。中央银行主要在国家法律授权的范围内，独立地或在中央政府领导下制定并组织实施货币政策。

常见的货币政策工具包括：

（一）公开市场业务

公开市场业务是中央银行吞吐基础货币、调节市场流动性的主要货币政策工具，通过中央银行与市场交易对手进行有价证券和外汇交易，实现货币政策的调控目标。例如，在总需求过剩和经济过热的情况下，央行可以通过在市场上出售债券以回笼货币，减少市场上的流动性。如果认为市场上流动性短缺导致总需求不足，央行就可以通过买进债券，增加基础货币的投放。

（二）中央银行贷款和再贴现

中央银行贷款又称再贷款，是指中央银行为解决商业银行的资金头寸不足而对其发放的贷款。再贴现是指金融机构为了取得资金，将未到期的已贴现商业汇票再以贴现方式向中央银行转让的行为，是中央银行的一种货币政策工具。

（三）存款准备金

存款准备金是指金融机构为保证客户提取存款和资金清算需要而准备的资金。当中央银行认为需要采取紧缩性货币政策时，它可以提高存款类金融机构的存款准备金率，从而减少商业银行的超额准备金，信用条件紧缩。当需要采取宽松货币政策时，央行可以降低法定存款准备金率，使得商业银行可以扩大贷款规模，从而有助于扩大货币供给量，进而扩大总需求。

（四）利率政策

利率政策包括引导贷款市场报价基础利率（LPR）、制定金融机构存贷款利率的浮动范围、制定相关政策对各种利率结构和档次进行调整等。

（五）窗口指导

窗口指导是指中央银行通过口头通知、电话通知、座谈会等各种非书面函件的形式，用劝告和建议来影响商业银行信贷的行为，属于温和的、非强制性的货币政策工具。窗口指导是一种劝谕式监管手段，指监管机构向金融机构解释、说明相关的政策意图，提出指导性意见，或者根据监管信息向金融机构提示风险。

（六）常备借贷便利和中期借贷便利

2013年1月和2014年9月，中国人民银行先后创设了常备借贷便利（Standing Lending Facility，SLF）和中期借贷便利（Medium-term Lending Facility，MLF），用来实现对货币市场更为精准的调节。两者实质上都是央行对存款金融机构提供再贷款，定向对特定的存款金融机构释放流动性；都是央行投放或回笼流动性的工具，直接影响基础货币的数量。另外，两种借贷便利工具的利率还直接调节资金价格。例如，MLF要求银行降低贷款利率才能续期，引导利率下行。

素养拓展 2-5

SLF 与 MLF——"酸辣粉"与"麻辣粉"知多少[①]

常备借贷便利，Standing Lending Facility（SLF），俗称"酸辣粉"，具体来说，SLF 是由金融机构主动发起的，在其缺钱时，可以一对一地向中央银行申请一碗"酸辣粉"进行抵押贷款来充饥，贷款期限一般是 1~3 个月，而贷款利率由中央银行根据货币政策的需要制定，所以 SLF 可以用来调节市场的短期货币供应量和利率。

中期借贷便利，Medium-term Lending Facility（MLF），俗称"麻辣粉"，它跟 SLF 差不多，也是抵押贷款，不过"麻辣粉"的期限要长一些，通常为 3 个月、6 个月或者 1 年。如果贷款快到期了，金融机构可以跟中央银行重新约定利率，并以新的利率进行新一轮贷款。中央银行对 MLF 的资金用途有规定，要求金融机构把贷款资金投放到"三农"和小微企业上，算是对"三农"和小微企业的扶持。"麻辣粉"的期限适中，可以用来调节中期的货币供应量和利率。

资料来源：巨丰投资学堂. 酸辣粉、麻辣粉、特辣粉，不可不知的金融术语你知道几个？［EB/OL］.［2019-02-26］. https://www.163.com/dy/article/E8UUMBOD0519TEIT.html.

财政政策和货币政策是国家实行宏观调控的主要手段，然而，无论是财政政策还是货币政策，都有一定的局限性，如果单纯运用其中某一项政策，很难全面实现宏观调控的目标。这就在客观上要求两者互相协调、密切配合，以充分发挥综合调控宏观经济的作用。

财经实践 2-2

美国大萧条后的罗斯福新政[②]

1929 年 10 月，美国股市崩盘，直接导致了大规模的经济危机。为了应对当时国民生产总值大幅下滑、失业率飙升、经济全面萧条的情况，时任总统罗斯福采取了一系列措施。试分析罗斯福新政分别采取了哪些财政政策和货币政策来应对经济大萧条？罗斯福新政一览表见表 2-2。

表 2-2 　　　　　　　　　　　　　　　罗斯福新政一览表

财政政策（赤字财政）	货币政策
政府鼓励以工代赈，加大公共工程投入，增加就业、刺激消费和生产	增加货币发行，缓解"货币荒"，为银行提供流动资金，恢复人们对银行的信任
对农业、工业进行定产定价，提高并稳定农产品价格，加强政府对工业生产的控制与调节	通过发行以国家有价证券为担保的 30 亿美元纸币，使美元贬值，加强美国商品对外竞争力
对高收入者和公司增加税收，增加财政收入，缓解阶级矛盾	放弃金本位制

---

① 巨丰投资学堂. 酸辣粉、麻辣粉、特辣粉，不可不知的金融术语你知道几个？［EB/OL］.［2019-02-26］. https://www.163.com/dy/article/E8UUMBOD0519TEIT.html.
② 文史学习生. 罗斯福新政——罗斯福就任总统施行的一系列经济政策［EB/OL］.［2023-03-29］. https://baijiahao.baidu.com/s?id=1761614730136166297&wfr=spider&for=pc.

项目二

个人收入与税务筹划

党的二十大报告指出："中国式现代化是全体人民共同富裕的现代化。共同富裕是中国特色社会主义的本质要求，也是一个长期的历史过程。"税收不仅是国家取得财政收入的重要工具，也是构建社会初次分配、再次分配、三次分配的基础性制度安排。税收的历史同国家一样久远，了解税收知识，可以增强公民依法诚信纳税意识，依法维护纳税人的合法权益，营造良好的税收环境，充分发挥税收在全面建成小康社会、实现共同富裕中的重要作用。

案例导入

看懂你的工资条

小金于2022年6月正式大学毕业，顺利入职一家企业工作。作为新人，小金有2个月的实习期，实习期工资为每月6 000元，等到转正之后工资为每月8 000元。

入职2个月后，小金终于收到了他人生的第一份正式工资，可是他惊讶地发现，自己拿到手的钱并没有8 000元。工资条上有几项他不太懂的条目。拿着工资条，小金满头雾水，你能为小金解释一下如何看懂工资条吗？2022年9月小金工资单明细见表2-3。

表2-3　　　　　　　　　2022年9月小金工资单明细　　　　　　　　单位：元

时间	姓名	基本工资	岗位工资	其他补贴	应发合计	养老保险	医疗保险	失业保险	住房公积金	个人所得税	扣款合计	实发工资
2022-09	小金	6 000	2 000	500	8 500	640	160	80	400	66.6	2 066.6	6 433.4

■ 学习目标

素质目标

1.树立正确的财富价值观，认识合法收入；

2.树立依法诚信纳税的公民意识。

知识目标

1.掌握收入的类别；

2.能够计算个人或家庭可支配收入。

能力目标

1.能够计算简单的个人所得税，能够解读工资单；

2.能够为个人或家庭进行简单的税务筹划；

3.能够独立完成居民个人综合所得年度汇算申报。

思维导图

本次学习之旅我们将学习到以下内容（如图2-5所示）：

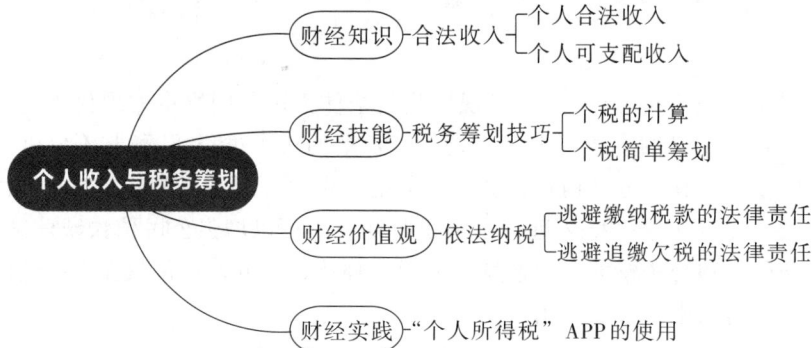

```
                          ┌个人合法收入
              财经知识─合法收入┤
                          └个人可支配收入

                              ┌个税的计算
              财经技能─税务筹划技巧┤
个人收入与税务筹划              └个税简单筹划

                          ┌逃避缴纳税款的法律责任
              财经价值观─依法纳税┤
                          └逃避追缴欠税的法律责任

              财经实践─"个人所得税"APP的使用
```

图2-5　本项目思维导图

任务一　认知合法收入

一、能晒的收入：个人合法收入

个人合法收入泛指国家法律所允许范围内的收入，包括企业收入和个人收入、劳动（经营）收入和非劳动收入等。在我国社会主义初级阶段，存在各种所有制经济，凡是依法正当经营所获得的收入以及从事风险经营所获得的补偿，都属于合法收入。

素养拓展2-6

《中华人民共和国民法典》：保护个人合法收入[①]

根据《中华人民共和国民法典》的第二百六十六条规定，私人对其合法的收入、房屋、生活用品、生产工具、原材料等不动产和动产享有所有权。个人财产主要包括以下几个方面：

1.合法收入

合法收入是指公民在法律允许的范围内，用自己的劳动或其他方法所取得的收入，如工资、奖金、稿费、利息、入股分红、接受赠送等。

2.房屋

房屋主要是指公民用于生活居住的房屋。

3.储藏

储蓄是指公民存入银行或信用社的货币。对于公民的储蓄，除司法机关办案需要可依法查询外，其他任何单位和个人都不得查询。银行和信用社有保密的职责。

---

① 全国人民代表大会. 中华人民共和国民法典［EB/OL］.［2020-06-01］. https://www.gov.cn/xinwen/2020-06/01/content_5516649.htm.

4.生活用品

生活用品包括衣服、粮食、餐具、交通工具等。

5.文物

文物包括书法、绘画、陶瓷、古籍等具有一定价值的物品。

6.图书资料

图书资料包括各种书籍、报刊、图表等；林木、牲畜和法律允许公民所有的生产资料以及其他合法财产，如拖拉机、机床等。

二、收入的类型

个人收入来源可能是多种多样的。根据《中华人民共和国个人所得税法》的规定，个人应税所得可分为九种：一是工资、薪金所得；二是劳务报酬所得；三是稿酬所得；四是特许权使用费所得；五是经营所得；六是利息、股息、红利所得；七是财产租赁所得；八是财产转让所得；九是偶然所得。个人所得税征税范围见表2-4。

表2-4 个人所得税征税范围

序号	征收项目	具体范围	举例
1	工资、薪金所得	个人因任职或者受雇而取得的工资、薪金、奖金、年终加薪、劳动分红、津贴、补贴以及与任职或者受雇有关的其他所得	小金每月获得的工资、奖金、津贴
2	劳务报酬所得	个人从事劳务取得的所得	小金每月兼职获得的劳务报酬
3	稿酬所得	个人因其作品以图书、报刊等形式出版、发表而取得的所得	小金发表学术论文获得的稿酬
4	特许权使用费所得	个人提供专利权、商标权、著作权、非专利技术以及其他特许权的使用权取得的所得	小金将其已注册商标特许A企业使用获得的费用
5	经营所得	个体工商户从事生产、经营活动取得的所得；个人独资企业投资人、合伙企业的个人合伙人来源于境内注册的个人独资企业、合伙企业生产、经营的所得；个人从事其他生产、经营活动取得的所得	小金父亲经营的餐厅（个体工商户营业执照）获得的年收入
6	利息、股息、红利所得	个人拥有债权、股权等而取得的利息、股息、红利所得	小金父亲购买的企业债获得的利息
7	财产租赁所得	指个人出租不动产、机器设备、车船以及其他财产取得的所得	小金父亲将名下房产出租获得的租金收入
8	财产转让所得	指个人转让有价证券、股权、合伙企业中的财产份额、不动产、机器设备、车船以及其他财产取得的所得	小金父亲将名下房产转让获得的卖房收入
9	偶然所得	个人得奖、中奖、中彩以及其他偶然性质的所得	小金在商场抽奖获得的中奖所得

当我们选择就业单位时，我们会关注单位给予的薪酬待遇，而薪酬又包含哪些内

容呢？职工薪酬是指企事业单位或国家机关为获得职工提供的服务或解除劳动关系而给予的各种形式的报酬或补偿。企业提供给职工配偶、子女、受赡养人、已故员工遗属及其他受益人等的福利，也属于职工薪酬。薪酬包括工资和福利两大部分（福利将在本书第五个主题——社会保障与保险中重点介绍）。小金的工资单明细显示了基本工资、岗位工资和其他补贴等各种名目的薪酬，在实际生活中，我们的工资组成项目也是繁多的。一起来看看工资都包括哪些内容吧！如图2-6所示。

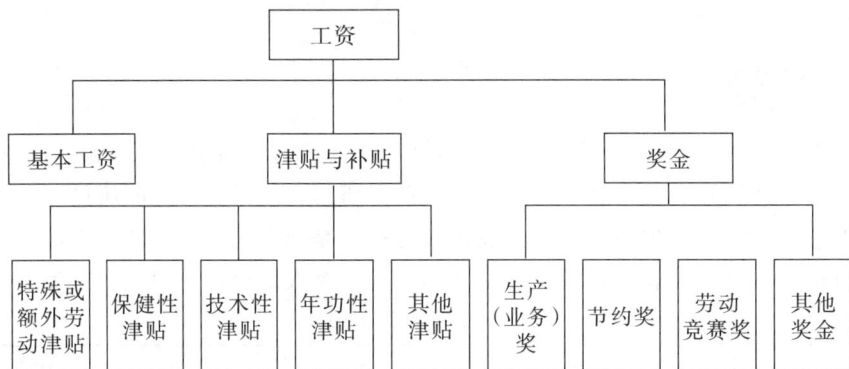

图2-6 工资的组成项目[①]

案例讨论2-1

北宋官员工资大揭秘[②]

宋代俸禄制度是职官制度的重要内容，更是百官酬劳制度的核心部分。宋代俸禄名目繁多、名色不一，支付运作流程复杂，留存史籍记载不全，今仅能大体作一梳理。宋代俸禄各项均以货币（现钱，即铜、铁钱）为主，辅以实物（米麦、衣赐等）。请受（本俸）中有衣赐给绢、绫、罗、丝绵，按春、冬季发给；禄粟给米、麦。此外，杂物有盐、柴、炭、酒等，作为发放或特赐俸给。这里我们举例如下：

节度使料钱月400千，春、冬绢各100匹，大绫各20匹，小绫各30匹，罗各10匹，绵各500两；禄粟月150石。

宰相、枢密使料钱月300千，春、冬绢各20匹，绢30匹，冬绵100两，禄粟，月100石，薪、蒿、炭、盐、纸诸物之给，月给薪1 200束，给炭自十月至正月200秤，余月100秤；给盐7石，给马刍粟20石，纸、茶、酒若干。

1.基本工资：

料钱（货币）、衣赐（实物）

2.职务工资

添支、职钱、贴职钱、供给钱

3.实物福利

禄粟（米）

---

① 国家统计局.关于工资总额组成的规定 [EB/OL].（1990-01-01）[2023-06-07].http://www.stats.gov.cn/xxgk/zcfggz/tjxzfg2020/201708/t20170803_1758101.html.
② 龚延明.两宋俸禄制度通论（上）[J].中国历史研究院集刊，2020（2）.

4.各种名目的补贴

　　餐钱、折食钱

　　随身元随傔（随从）衣粮钱

　　公差报销：给券折驿馆住宿、仓库领实物等

三、个人可支配收入

了解了薪酬及工资的构成后，小金发现他的工资收入是8 500元/月，但到手的工资只有6 433.4元。为什么会存在这种差异呢？小金的工资收入8 500元/月为应发工资，或称税前工资，而6 433.4元为实发工资或称税后工资，实发工资是个人可自由支配的收入，称为可支配收入。实发工资的计算公式为：

实发工资=应发工资-三险一金缴费-个人所得税

通过实发工资可测算个人可支配收入，个人可支配收入是消费开支的最重要的因素，因而人均可支配收入可衡量一国生活水平变化的情况。

数据显示，2022年全国居民人均可支配收入36 883元，比上年名义增长5.0%，扣除价格因素，实际增长2.9%。分城乡看，城镇居民人均可支配收入49283元，同比增长3.9%，扣除价格因素，实际增长1.9%；农村居民人均可支配收入20133元，增长6.3%，扣除价格因素，实际增长4.2%。

按收入来源分，2022年，全国居民人均工资性收入20 590元，增长4.9%，占可支配收入的比重为55.8%；人均经营净收入6 175元，增长4.8%，占可支配收入的比重为16.7%；人均财产净收入3 227元，增长4.9%，占可支配收入的比重为8.7%；人均转移净收入6 892元，增长5.5%，占可支配收入的比重为18.7%。

2022年，全国居民人均可支配收入中位数31 370元，增长4.7%，中位数是平均数的85.1%。其中，城镇居民人均可支配收入中位数45 123元，增长3.7%，中位数是平均数的91.6%；农村居民人均可支配收入中位数17 734元，增长4.9%，中位数是平均数的88.1%，见表2-5。

表2-5　　　　　　　　　　2022年居民人均可支配收入中位数表

城乡居民	人均可支配收入中位数（元）	同比增长（%）
城镇居民	45 123	3.7
农村居民	17 734	4.9
全国居民	31 370	4.7

财经实践2-3

测试你的家庭收入等级

按照2021年全国居民人均可支配收入进行五等份收入分组，来看看你的家庭属于哪一个分组吧！2021年人均可支配收入五等份分组表见表2-6。

表2-6 　　　　　　　2021年人均可支配收入五等份分组表[①]

分组	人均可支配年收入
低收入组	99 996 元
中间偏下收入组	221 340 元
中间收入组	348 636 元
中间偏上收入组	539 388 元
高收入组	1 030 032 元

任务二　认知税收法律责任

税收责任是税法有效运行的保障机制，不缴或少缴税款，直接侵害国家税收债权，国家将依法追究其法律责任。我们一起来了解逃税、欠税等法律责任。

一、逃避缴纳税款的法律责任

逃避缴纳税款是指：纳税人伪造、变造、隐匿、擅自销毁账簿、记账凭证，在账簿上多列支出或者不列、少列收入，或者经税务机关通知申报而拒不申报或者进行虚假的纳税申报，不缴或者少缴应纳税款的行为。按照《中华人民共和国税收征收管理法》（以下简称《征管法》）第六十三条的规定，对纳税人偷税的，由税务机关追缴其不缴或者少缴的税款、滞纳金，并处不缴或者少缴的税款50%以上5倍以下的罚款；构成犯罪的，依法追究刑事责任。

育德育人 2-3

薇娅偷逃税被追缴并处罚13亿元[②]

2021年12月，浙江省杭州市税务部门经税收大数据分析发现网络主播黄薇（网名薇娅）涉嫌偷逃税款，经查，黄薇在2019年至2020年期间，通过隐匿个人收入、虚构业务转换收入性质虚假申报等方式偷逃税款6.43亿元，其他少缴税款0.6亿元。

在税务调查过程中，黄薇能够配合并主动补缴税款5亿元，同时主动报告税务机关尚未掌握的涉税违法行为。综合考虑上述情况，国家税务总局杭州市税务局稽查局对黄薇追缴税款、加收滞纳金并处罚款，共计13.41亿元。其中，对隐匿收入偷税但主动补缴的5亿元和主动报告的少缴税款0.31亿元，处0.6倍罚款计3.19亿元；对隐匿收入偷税但未主动补缴的0.27亿元，处4倍罚款计1.09亿元；对虚构业务转换收入性质偷税少缴的1.16亿元，处1倍罚款计1.16亿元。

---

① 国家统计局：中华人民共和国2021年国民经济与社会发展统计公报［EB/OL］. ［2022-02-28］. https://www.gov.cn/xinwen/2022-02/28/content_5676015.htm.
② 国家税务总局浙江省税务局：浙江省杭州市税务部门依法对黄薇偷逃税案件进行处理. ［EB/OL］. ［2022-10-30］. http://zhejiang.chinatax.gov.cn/art/2021/12/20/art_13226_529541.html.

二、逃避追缴欠税的法律责任

逃避追缴欠税是指：纳税人欠缴应纳税款，采取转移或者隐匿财产的手段，妨碍税务机关追缴欠缴的税款的行为。《征管法》第六十五条规定，对逃避追缴欠税的，由税务机关追缴欠缴的税款、滞纳金，并处欠缴税款50%以上5倍以下的罚款。《中华人民共和国刑法》第二百零三条规定，对逃避追缴欠税数额在1万元以上不满10万元的，处3年以下有期徒刑或者拘役，并处或者单处欠缴税款1倍以上5倍以下的罚金；数额在10万元以上的，处3年以上7年以下有期徒刑，并处欠缴税款1倍以上5倍以下的罚金。

素养拓展 2-7

以数治税——金税四期[①]

2020年12月，习近平总书记主持召开中央深改委第十七次会议，研究部署进一步优化税务执法方式、深化税收征管改革等工作。2021年3月，中办、国办印发《关于进一步深化税收征管改革的意见》，税收现代化事业自此开启了新的征程。2022年，国家税务总局对标一流，谋划形成金税四期顶层设计。国家税务总局借鉴4个国际组织、26个国家（或地区）的320多条先进做法，完成了金税四期建设的顶层设计。金税四期的特色体现在：

1.全方位、全业务监控

金税四期是金税三期的升级。金税三期实现了对国税、地税数据的合并及统一，其功能是对税务系统业务流程的全监控。金税四期除了税务方面，还纳入"非税"业务，实现对业务更全面的监控。

2.全流程、全智能监控

金税四期上线后，更多的企业数据被税务局掌握，监控也呈现全方位、立体化，国家将实现从"以票管税"向"以数治税"分类精准监管转变。新的税收征管系统将充分运用大数据、人工智能等新一代信息技术，从而实现智慧税务和智慧监管。各部门的数据共享，并以大数据为支撑，实现每个市场主体全业务、全流程、全国范围内"数据画像"，未来每一家企业在税务部门都是透明的。

3.信息共享、信息核查

银行、税务共享信息时代来临。2019年，中国工商银行、交通银行、中信银行、中国民生银行、招商银行、广发银行、平安银行、浦发银行等八大行首批上线运行企业信息联网核查系统。企业信息联网核查系统搭建了各部委、中国人民银行以及银行等参与机构之间信息共享、核查的通道。对于高净值客户人群，未来伴随自然人纳税识别号的建立和新个税中首次引入反避税条款，个人资产收支将更加透明化。

---

① 国家税务总局. 智慧税务：从前、现在与未来［EB/OL］．［2022-07-08］. www.chinatax.gov.cn/chinatax/n810219/n810744/c101790/content.html.

任务三　个税的计算与筹划

纳税是公民的强制性义务，每个人都需具备纳税的意识。那么，在我们的收入中，哪些收入需要缴税，要缴多少税呢？我们一起来探讨几种常见的收入是如何计算个人所得税的吧！

一、读懂工资单：个税的计算

2019年1月1日起，我国开始实施个人所得税新政策，采用分类加综合所得税制，即对所得税实行分项课征和综合计税相结合的课税制度。在应税收入中，工资薪金所得、稿酬所得、劳务报酬所得、特许权使用费所得为综合所得，须在次年3月1日至6月30日进行汇算清缴，也即这四项所得需要加总合并，按照统一的税率计税；经营所得、利息股息红利所得、财产租赁所得、财产转让所得、偶然所得采用分类计征方式，也即每一种收入计税方式均不同，适用税率也不尽相同。居民个人个税征收方式汇总见表2-7。

表2-7　　　　　　　　　　　　居民个人个税征收方式汇总

序号	征收项目	征税模式	缴纳方式	
1	工资薪金所得	综合所得	预扣预缴	按月	汇算清缴：于次年3月1日至6月30日，合并按"综合所得"汇算清缴
2	稿酬所得				
3	劳务报酬所得			按月或者按次分项	
4	特许权使用费所得				
5	经营所得	分类所得	按月（季）预缴，按年汇算清缴		
6	利息、股息、红利所得		按月或者按次分项计征，不办理汇算清缴		
7	财产租赁所得				
8	财产转让所得				
9	偶然所得				

（一）工资薪金的预扣预缴

工资薪金属于综合所得，在次年3月1日至6月30日进行汇算清缴，但每月获得工资薪金时需要先预扣预缴，即先预缴税款，年底汇算清缴后，根据汇算清缴的数额多退少补。

计算应缴纳的税款，即应纳税额，可分以下四个步骤：

步骤1：计算应税收入。

步骤2：应税收入减去免税所得，得到调整后的收入。

步骤3：减去法律允许的标准扣除或专项支出，得到应纳税所得额。

步骤4：查询对应的税率表，计算得到应纳税额。

小金拿到2022年9月的工资单明细，显示本月缴纳个税66.6元，该数额为小金本月工资薪金预扣预缴的税款。按照上面的四个步骤，我们来了解工资薪金的扣税规则。

步骤1：计算应税收入。小金第一个月的工资属于应税收入，其中基本工资6 000元、岗位工资2 000元以及其他补贴500元合计8 500元都属于应税收入。

步骤2：应税收入减去免税所得，得到调整后的收入。工资薪金税前允许扣减的项目包括：可减除费用5 000元/月，即8 500-5 000=3 500（元）。

步骤3：减去法律允许的标准扣除或专项支出，得到应纳税所得额。工资薪金预扣预缴允许扣减的包括：

（1）专项扣除，即三险一金，包括基本养老保险、基本医疗保险、失业保险、住房公积金。小金的三险一金包括养老保险640元、医疗保险160元、失业保险80元、住房公积金400元。

（2）专项附加扣除，包括子女教育、继续教育、大病医疗、婴幼儿照护、住房贷款利息、住房租金、赡养老人等。小金暂无专项附加扣除。

也就是说，8 500-5 000-（养老保险640-医疗保险160-失业保险80-住房公积金400）-专项附加扣除0=2 220（元）。

步骤4：查询对应的税率表，计算得到应纳税额。工资薪金预扣预缴采用的是七级超额累进税率，见表2-8，查表可知，小金的应纳税所得额在第一级距，因此，应纳税额=2 220×3%-0=66.6（元）。

表2-8　　　　　　　　　个人所得税税率表一
（居民个人工资薪金所得预扣预缴税率表、综合所得汇算清缴适用）

级数	全年应纳税所得额	税率	速算扣除数
1	不超过36 000元的	3%	0
2	超过36 000元至144 000元的部分	10%	2 520
3	超过144 000元至300 000元的部分	20%	16 920
4	超过300 000元至420 000元的部分	25%	31 920
5	超过420 000元至660 000元的部分	30%	52 920
6	超过660 000元至960 000元的部分	35%	85 920
7	超过960 000元的部分	45%	181 920

财经实践2-4

专项附加扣除的填报

新个税法最大的亮点之一在于首次增加了专项附加扣除，七项专项附加扣除基本集中于养老、教育、医疗、住房等与居民生活息息相关的支出，为民众所称赞。个人专项附加扣除项目表见表2-9。

表2-9   个人专项附加扣除项目表

扣除项目	扣除范围	扣除标准
婴幼儿照护	3岁以下婴幼儿子女	2 000元/月
子女教育	年满3岁至小学入学前教育；义务教育、高中阶段教育、高等教育	2 000元/月
继续教育	学历继续教育	400元/月
	职业资格继续教育	3 600元/年
大病医疗	一个纳税年度内，与基本医保相关的医药费用支出，医保报销后个人负担（指医保目录范围内的自付部分）部分	自付超过15 000元的部分，80 000元限额
住房贷款利息	纳税人本人或配偶使用商业银行或住房公积金个人住房贷款为本人或其配偶购买的境内首套住房	1 000元/月
住房租金	住房租金；纳税人在主要工作城市，本人及配偶均无自有住房	直辖市、省会城市、计划单列市：1 500元/月 城市人口>100万：1 100元/月 城市人口≤100万：800元/月
赡养老人	≥60岁父母以及子女均去世的（外）祖父母	独生子女扣3 000元/月 非独生子女则分摊

个人专项附加扣除可在"个人所得税"APP中申报，操作方法如下：

首先，下载并打开"个人所得税"APP，如图2-7所示。

图2-7   操作图解1

其次，在"首页"点击"专项附加扣除填报"，如图2-8所示。

图2-8   操作图解2

最后，点击对应的申报项目，按要求填写，即可完成专项附加扣除填报，如图2-9所示。

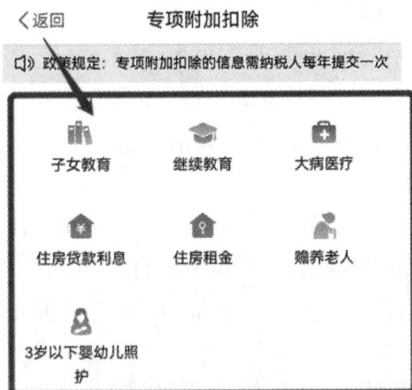

图2-9　操作图解3

（二）兼职收入——劳务报酬的预扣预缴

2022年7月，小金工作之余利用业务时间在另一家公司兼职。该公司每月为小金发放3 000元的报酬，但小金每月实际拿到的只有2 560元。小金对此很纳闷，为何每月需要缴纳440元之多的税款呢？

我国税法规定，扣缴义务人向居民个人支付劳务报酬所得时，按次或者按月预扣预缴个人所得税。小金的兼职收入属于劳务报酬，应预扣预缴税款。具体计算税款时，首先将该次劳务报酬与4 000元相比，收入不超过4 000元的，可税前减除800元费用；收入在4 000元以上的，税前可减除20%的费用。然后查适用劳务报酬的三级超额累进预扣税率表，详见表2-10。

表2-10　　　　个人所得税税率表二（劳务报酬预扣预缴适用）

级数	预扣预缴应纳税所得额	预扣率	速算扣除数
1	不超过20 000元的	20%	0
2	超过20 000元至50 000元的部分	30%	2 000
3	超过50 000元的部分	40%	7 000

因此，本次小金的兼职收入需要预扣预缴的税额为：（3 000-800）×20%=440（元），小金该次获得兼职所得即劳务报酬税后收入为：3 000-440=2 560（元）。因为劳务报酬为综合所得，在次年3月1日至6月30日汇算清缴时，如全年收入在6万元以下，将退回预扣预缴的税款。

（三）奖学金——偶然所得的计税

2022年6月，小金参加了由清远市人力资源和社会保障局主办的"创业冲锋号"2022年创业大赛农村电商赛并荣获一等奖，获得奖金8 000元；同时，小金还获得了国家奖学金8 000元，但小金发现，这两笔奖金中的第一笔实际到手金额只有6 400元！

奖学金属于税法中的偶然所得。偶然所得应纳税额按次计征，没有扣除，按照20%的比例税率征收。省级人民政府、国务院部委和中国人民解放军军以上单位，以及外国组织、国际组织颁发的科学、教育、技术、文化、卫生、体育、环境保护等方面的奖金，免征个人所得税。因此，小金参加清远市人力资源和社会保障局主办的创业大赛农村电商赛并获得奖金8 000元，需缴纳个税：8 000×20%=1 600（元）；小金获得的国家奖学金依照税法的规定，无须缴纳个税。

（四）综合所得的汇算清缴

工资薪金所得、稿酬所得、劳务报酬所得、特许权使用费所得为综合所得，于次年3月1日至6月30日进行汇算清缴。汇算清缴计算方法如下：

步骤1：计算年度综合所得=年工资薪金所得+年劳务报酬所得×0.8+年稿酬所得×0.56+年特许权使用费所得×0.8；

步骤2：计算应纳税所得额=年度综合所得−60 000元−专项扣除−专项附加扣除−其他扣除；

步骤3：查七级超额累进税率表，计算应纳税额，应纳税额=应纳税所得额×税率−速算扣除数。

每年3月1日至6月30日我们可登录"个人所得税"APP进行汇算清缴。登录后在"首页"点击"综合所得年度汇算"可进行汇算申报，如图2-10所示。

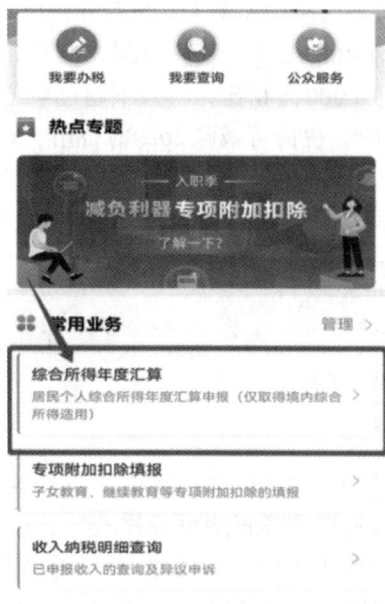

图2-10 操作图解1

然后选择申报年度，进入申本报页面，依次填写申报项目，如图2-11所示。

在图2-11中，汇算清缴应纳税额为5 363.24元，已缴纳税额为8 383.63元，也即预扣预缴多缴纳了税款，汇算清缴后将多缴纳的税款退还给纳税人，应退税额=8 383.63−5 363.24=3 020.39（元）。

综合所得年度汇算申报明细	
收入合计：	202314.31元 >
费用合计：	9800.00元
免税收入	0.00元 ▼
减除费用：	60000.00元
专项扣除合计：	25883.32元 >
专项附加扣除合计：	24000.00元 >
其他扣除合计：	3798.60元 >
准予扣除的捐赠额：	0.00元 >
应纳税所得额：	78832.39元
应纳税额：	5363.24元
减免税额：	0.00元 >
已缴税额：	8383.63元

图 2-11　操作图解 2

二、个税简单筹划

得益于我国市场经济快速发展，我国居民生活水平得到大幅提升，人们的工资性收入日渐增多，这促使人们将目光逐渐集中在个人所得税税务筹划工作中。税务筹划是指在严格遵守税法、履行公民义务的前提下，就个体的个人所得进行合法、科学、合规的谨慎筹划，以减轻个体的纳税负担。个人所得税改革已经全面实施，在学习了以上政策后，每个人都可以进行税务筹划，依法节省自己的钱。

（一）家庭成员间合理利用和分配专项附加扣除

1.住房租金扣除筹划空间

情况 1：小金毕业后和父母住在一起，既没有结婚，也没有自有住房。在这种情况下，他可以向父母支付住房租金，与父母签订住房租赁协议，便可享受每个月的住房租金扣除。

情况 2：小金所在的公司为员工提供宿舍，如小金没有自有住房，就可以与公司签订住房租赁协议，每月向公司交纳 50 元租金，便可享受住房租金扣除。

情况 3：小金跟同学合租住房，小金与同学分别与房东签订住房租赁协议，则两人可同时享受住房租金扣除。

2.婴幼儿照护、子女教育扣除税务筹划空间

婴幼儿照护、子女教育这两项专项附加扣除可选择在夫妻一方扣减，也可以各扣50%。一般来说，可选择由夫妻收入更高的一方扣减，因为工资薪金所得采用的是超额累进税率，收入越高对应的税率越高，扣减的税款也可能越多。

3.住房贷款利息扣除税务筹划空间

夫妻婚前各自购买首套住房的贷款利息，可在婚后选择其中一套住房，按扣除标准由一方100%扣除或者各扣50%。在选择申报扣除的住房时，可选择还款期限长的一套房产来申报，抵扣时间会更长。

（二）工资和年终奖合理分配

年终奖是指每个年度末企业给予员工不封顶的奖励，是对员工一年来的工作业绩的肯定。目前年终奖有两种计税方式①：

（1）单独计税，以全年一次性奖金收入除以12个月得到的数额，按照表2-11确定适用税率和速算扣除数，单独计算纳税；

（2）并入当年综合所得计算纳税，适用综合所得税率表，即表2-8。

表2-11 　　　　　　　　　　　　个人所得税税率表三

级数	全月应纳税所得额	税率	速算扣除数
1	不超过3 000元的	3%	0
2	超过3 000元至12 000元的部分	10%	210
3	超过12 000元至25 000元的部分	20%	1 410
4	超过25 000元至35 000元的部分	25%	2 660
5	超过35 000元至55 000元的部分	30%	4 410
6	超过55 000元至80 000元的部分	35%	7 160
7	超过80 000元的部分	45%	15 160

因为工资薪金采用的是超额累进税率，当年终奖与工资等综合收入累加计税时，往往可能跳到税率表中更高一级的税率，所以一般情况下，可以选择年终奖单独计税，从而降低税基，降低税负。

假设小金于2022年12月取得年终奖3万元，如选择单独计税，他需要缴纳多少个税？

计算时，先计算30 000÷12=2 500（元），用该商数查表2-11中的税率，确定适用税率为3%，所以小金应纳税额为：30 000×3%=900（元）。

年终奖的计税方式在汇算清缴时可选择单独计税或合并计税，具体操作为：

登录"个人所得税"APP，进入汇算清缴页面，在"工资薪金"处有红色字体提示："存在奖金，请在详情中进行确认"，点开此处，如图2-12所示。

---

① 国家税务总局. 国家税务总局关于调整个人取得全年一次性奖金等计算征收个人所得税方法问题的通知（国税发〔2005〕9号）[EB/OL].（2019-05-28）[2023-06-07]. www.chinatax.cn/n810341/n810765/n812188/n812950/c1201370/content.html.

图 2-12　操作图解 1

点开后，可选择年终奖的计税方式，如图 2-13 所示。

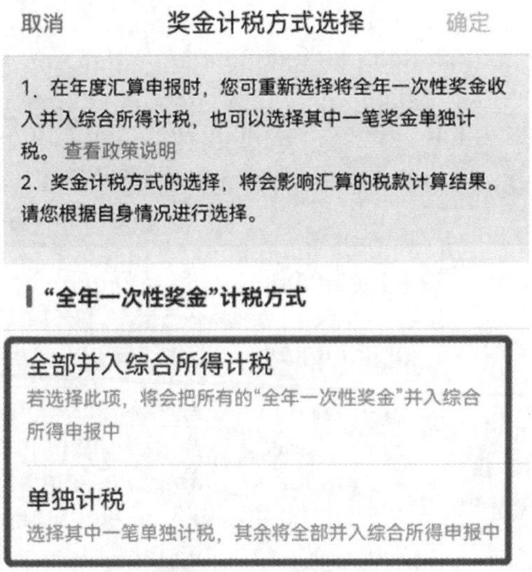

图 2-13　操作图解 2

课后巩固

一、小组讨论

1.近年来，各级财政高度重视"三农"工作，不断加大财政对"三农"的投入力度，那么政府为什么要对"三农"进行财政补贴呢？

2.自新冠肺炎疫情暴发以来，核酸和疫苗成为生活常态，请尝试了解疫情期间您所在城市核酸检测的财政支出是多少。

3.请思考以下经济行为可能涉及哪些税？

（1）购买住房、出售住房和出租住房；

（2）购买股票、持有股票和出售股票；

（3）企业投资，包括个人独资企业、合伙制企业、公司制企业。

4.请尝试为自己的家庭提供简单的税务筹划意见。

二、技能实训

1.请分析目前我国的宏观经济环境，并分析当前我国实行了哪些财政政策及货币政策。

2."个人所得税"APP的使用：年度汇算指的是年度终了后，纳税人汇总工资薪金、劳务报酬、稿酬、特许权使用费等四项综合所得的全年收入额，减去全年的费用和扣除，得出应纳税所得额并按照综合所得年度税率表，计算全年应纳个人所得税税额，再减去年度内已经预缴的税款，向税务机关办理年度纳税申报并结清应退或应补税款的过程。请下载"个人所得税"APP，尝试为自己或者家人完成一次汇算清缴。

模块三
投资与风险

　　如今，越来越多的人开始接受资产配置概念，通过投资、保险等方式，防范生活中的未知风险。如何在复杂多变的金融市场中选择适合自己的投资工具，并在此基础上实现资产的保值与增值？如何正确认识收益与风险的关系？这些问题显得格外重要。

项目一

认识金融投资

随着社会经济的发展，投资理财越来越受到公众的重视，当个人有了一些存款后，总会想着要投资点什么。在真正投身市场前，我们需要正确认识投资，理解投资的本质，树立正确的投资理财观念，避免走入投资理财误区，以免造成不必要的损失。

案例导入

做个明白的投资者

小金顺利地被面试公司正式录用，月薪为8 000元，如果加上季度奖和年终奖，平均每月会有10 000元的收入。除去每个月日常的各项支出，小金可结余4 000元。现在的小金对未来的生活充满信心，但他也觉得很困惑，他希望提前适应这个社会，也让投资理财活动步入正轨。

虽然小金是个投资小白，但是"投资有风险，入手需谨慎"这样的道理他还是明白的。和大多数刚毕业的大学生一样，他认为自己现在手上并没有太多资金，另外未来还具有很大的未知性和可变性，因此他可能无法承受风险较高的投资。作为一个经验不足的投资者，当他面对众多的投资渠道和产品时，小金感觉自己晕头转向。根据小金现在的实际情况，他究竟应该选择怎样的投资策略和资产配置才是较为合理的呢？

请问：你可以给小金提供一些投资建议吗？你是否有过投资的经历呢？

▨ 学习目标

素质目标

1.树立正确的财富观、科学投资理财观、理性成熟的价值理念；

2.通过金融市场的现状认识投资过程、投资环境，认识中国经济改革措施，增强民族自豪感，树立四个自信。

知识目标

1.能够解释投资与投机的区别；

2.理解并掌握投资产品的种类和特点；

3.能够说明投资的过程和基本投资原理。

能力目标

1.能够运用货币时间价值的公式计算投资理财数据；

2.能够运用投资价值分析方法使资产保值增值；

3.能够掌握投资分析的主要策略和技巧。

思维导图

本次学习之旅我们将学习到以下内容（如图3-1所示）：

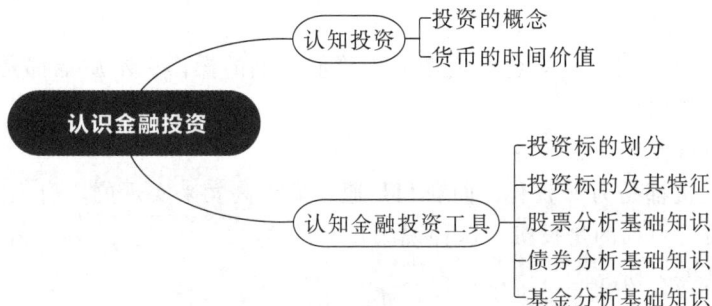

图3-1 本项目思维导图

任务一 认知投资

一、投资的概念

投资指的是特定经济主体为了在未来可预见的时期内获得收益或使资金增值，在一定时期内向一定领域投放足够数额的资金或实物的货币等价物的经济行为。"投资"这个词在金融和经济领域有数个相关的含义，它涉及财产的累积以求在未来得到收益。从宏观经济角度解释，萨缪尔森在《经济学》中认为，投资意味着实际资本的形成——存货的增加量，或新生产的工厂、房屋、工具。[①]从广义投资与狭义投资角度解释，美国投资家德威尔在《投资学》中认为，广义投资是指以获利为目的的资本使用，包括购买股票和债券，也包括运用资金以建设厂房，购置设备、原材料等从事扩大生产流通；而狭义投资是指投资人购买各种证券，包括政府公债、公司股票、公司债券、金融债券等。从成本角度解释，威廉·夏普认为，投资是为了将来可能的不确定的消费而牺牲的现在消费的价值。

个人投资者在投资前，要明确自己投资的目的。一般而言，投资的目的有以下三个：

第一，本金保障。本金保障是最重要的投资目的，投资者往往通过投资保持资本或者资金的购买力。

第二，资本增值。对某些投资者来说，他们不仅要求资本保值，还要求资本增值。投资者通过投资工具使本金迅速增值，使财富得以累积。

第三，经常性收益。投资者在投资时，不仅希望本金能得到保障，还希望定期获得一些经常性收益作为生活费用，如退休人员通过投资来获取稳定的收入。

（一）投资与投机

投资与投机有本质的区别。投机，重点在于"机"，一般是指利用时势或其他有

---

① 萨缪尔森，诺德豪斯. 经济学［M］. 19版. 萧琛，译. 北京：商务印书馆，2012.

利因素，抓住稀缺机遇，在短期内获利，甚至是获取暴利的行为。投资意味着长期持有，投机意味着短期交易。投资赚的是时间和复利效应产生的现金流收益，赚的是长期稳定的钱；而投机赚的是交易市场带来的稀缺机遇，比较难以把握。

1.投资和投机的相同点

（1）都是金融行为。

投资和投机本质上是对金融资产未来价值预期的操作，本质上都是人的金融行为，都具备价值属性。

（2）通过价差获利。

投资和投机都是为了获利，而获利是通过低买高卖来实现的。有人武断地认为，赚钱的是投资，亏损的是投机，这种说法并不科学。

（3）都要深入研究。

投资和投机都要在一定的时间段内，发现能实现盈利的买点和卖点。在充满不确定性的复杂金融市场中，要发现这些买点和卖点，就要有一双火眼金睛，并做好深入研究。

2.投资和投机的区别

（1）投资着眼点在于"资"，即资产的内在价值。

投资者目光比较长远，往往是通过资本市场的增值来实现本金的复利收益和倍增，获得价值财富。

（2）投机的着眼点在于"机"，即市场波动机会。

金融市场是一个复杂系统，没有人能够对股市的具体走势进行准确的预测，因此时间越长，对投机者而言，面临的不确定性就越大。投机者需要敏锐的直觉，善于捕捉市场稍纵即逝的机会。

（3）投资者善用经济规律，投机者凭的是运气。

投机者看重的是每天的回报和收益，而投资者看重的是所投资的项目是不是每天在向前推进、每天在增值、每天在成长。

（4）投资者赚的是时间杠杆和复利效应下的现金流收益，投机者赚的是稀缺机遇下的暴利收益。

（二）投资理财的重要性

1.个人投资理财是居民资产管理的重要需求

社会的进步和发展使得人们的收入水平也在逐渐提升，因此，人们在满足日常消费的同时，开始对闲置资金进行增值保值。个人投资理财的行为就是居民通过对个人的可支配资金进行合理的投资以及规划，从而获得满意的增值与价值服务。因此，个人投资理财是居民资产管理的重要需求，也是个人财富水平的重要衡量指标。

2.对于整体经济发展起到推动作用

从当前我国居民的投资理财需求来看，社会上有众多可供个人投资理财的渠道。就目前市场经济的发展情况来看，我国的市场主体中，除了金融行业外，各大资本企业也在扩大自身发展的同时向社会筹集资金、寻找项目，例如房地产行业、信贷行业等。对于现代企业而言，企业的发展必然需要更多的资金来参与，那么个人参与投资理财就会使个人的资金流入社会市场，从而促进整体经济的发展。

财经思考 3-1

让牛顿破产的"南海泡沫"

1711年，为了解决财政严重亏空、所发行的国债连利息都还不上的窘境，时任英国财务大臣的罗伯特·哈莱联合富豪们一起成立了南海公司，通过债转股的方式把900万英镑政府债务转化为南海公司的股票。这样一来，大大减轻了债务清偿以及利息支付的压力。作为交换，英国政府把和南美洲进行国际贸易业务的垄断权交给了南海公司。可谁承想，南美洲的贸易没那么好做，除了奴隶交易能勉强营利之外，其他生意根本赚不到钱。

1720年年初，南海公司打起了英国国内的主意，开始炒作南美洲贸易的垄断权，夸大业务前景，抬高股价以图营利。南海公司的营利点在于股票价格上扬形成的对债券面额的差价。只要股票价格持续上扬，就能让大众对债券转化保持高意愿度，南海公司就能靠此获利。所以，南海公司不断鼓吹南美洲遍地是黄金，到处是发财机会，此举立刻唤醒了民众内心深处的贪欲。

人们相信了这一谎言，全民投入到"南海热"中，南海公司股价因此迅速飙升。而我们熟知的牛顿，在一度清空了所有南海公司的股票并获利7 000英镑后，居然鬼使神差地又以高得多的价格把这只股票买回来了。

结果，1720年春天，包括牛顿在内的所有投资人都血本无归。有意思的是，在这次"南海泡沫"中，不少投资人居然连南美洲具体在哪里都不知道，更谈不上对南海公司的投资项目进行实地考察了。

现在看来，这场"南海泡沫"中的人和事着实可笑，但只看公司名称代码或听信传言就大笔投资的事件，在历史上从来都不绝于耳。哪怕是今天，你也能听到不少。

请思考：投机为什么屡见不鲜？要怎样做才能成为一个投资者而不是投机者？

二、货币时间价值

（一）货币时间价值的含义

货币的时间价值是指当前所持有的一定量货币比未来获得的等量货币具有更高的价值，它是货币经过一定时间的投资和再投资所增加的价值。

在商品经济中，有这样一种现象：现在的1元钱和1年后的1元钱的经济价值是不相等的，或者说，其经济效用不同。现在的1元钱比1年后的1元钱的经济价值要大一些，即使不存在通货膨胀也是如此。为什么会这样呢？例如，将现在的1元钱存入银行，1年后可得到1.1元（假设存款利率为10%）。这1元钱经过1年时间的投资，增加了0.1元，这就是货币的时间价值。

理论上，货币的时间价值率是没有风险和没有通货膨胀下的社会平均利润率。货币的时间价值额是货币在生产经营过程中带来的真实增值额，即一定数额的货币与时间价值率的乘积，通常以利率、报酬率等来替代货币的时间价值率。

在货币时间价值的换算中，现在值和将来值之间的差额为利息（货币时间价值），因此，这三者之间的关系可简单地用下列两个公式来表示：

现在值+利息=将来值

将来值-利息=现在值

把现在值（又称现值）加上利息就可以转换成将来值（又称终值），所以，货币时间价值的换算实质上就是对利息的计算。终值、利息和现值也就构成了货币时间价值的三个基本要素。

终值（Future Value）是指某一时点上的一定量现金折合到未来的价值，俗称本利和，用F表示。

现在价值又称现值或折现值（Present Discounted Value），是指将未来的现金价值折算为现在的现金价值。折算为现值的过程称为现值计算或折现。例如，假设市场利率为10%，现在的1 000元明年将成为1 100元。反过来，明年的1 100元的现值即1 000元。

利息是货币在一定时期内的使用费，指货币持有者（债权人）因贷出货币或货币资本而从借款人（债务人）手中获得的报酬。

（二）单利与复利的定义

如果你有2 000元钱，你把这笔钱存到银行卡里，会产生一定的利息，这个利息就是所存放的本金"钱生钱"的结果。所以，资金经过时间的积淀，是可以实现增值的，增值的部分就是货币时间价值。在考虑货币时间价值时，相关的利息计算可以分为两种，分别是单利和复利。

1.单利

单利是指一笔资金无论存期多长，只有本金计算利息，而以前各期利息在下一个利息周期内不计算利息的计息方法。其计算公式如下：

利息（I）=本金（P）×利率（i）×计息期数（n）

比如，小金把10 000元钱存入银行，年单利为3%，存10年的利息为：

10 000×3%×10=3 000（元）

2.复利

复利是指在计算利息时，某一计息周期的利息是用本金加上先前周期所积累利息的总额来计算的计息方式，也即通常所说的"利滚利"。

例如，小金在2021年1月1日存入银行100元钱，银行利率为3%，存期3年。小金的本金利息明细表见表3-1。

表3-1　　　　　　　　　　　　小金的本金利息明细表

时间	利息（元）	本金利息和（元）
2021.1.1—2021.12.31	100×3% =3	100 + 3 =103
2022.1.1—2022.12.31	103×3% =3.09	100 + 3 + 3.09 =106.09
2023.1.1—2023.12.31	106.09× 3% =3.18	100 + 3 + 3.09 + 3.18 =109.27

综上所述，在复利下，每年的计息基础都是本金100元加上截至上一年年末总的

利息，所以每年的利息越来越高。

（三）终值与现值计算

1.单利终值与单利现值计算

（1）单利终值计算

单利终值即现在的一定资金在将来某一时点按照单利方式计算的本利和。

单利终值的计算公式为：

$F=P+P×i×n=P×（1+i×n）$

例：某企业有一张带息期票，面额为1 200元，票面利率4%，出票日期6月15日，8月14日到期（共60天），则到期时利息为：

$I=1 200×4%×60/360=8$（元）

如票据到期，出票人应付的本利和即票据终值为：

$F=1 200×（1+4%×60/360）=1 208$（元）

（2）单利现值计算

在现实经济生活中，有时需要根据终值来确定现在的价值，即现值。例如，在使用未到期的票据向银行申请贴现时，银行按一定利率从票据的到期值中扣除自借款日至票据到期日的应计利息，将余额付给持票人，该票据转归银行所有。贴现时使用的利率称为贴现率，计算出来的利息称为贴现息，扣除贴现息后的余额称为现值。

单利现值的计算公式为：

$P=F-I=F-P×i×n=F/（1+i×n）$

假设在上例中，企业因急需用款，凭该期票于6月27日到银行办理贴现，银行规定的贴现率为6%。因该期票8月14日到期，贴现期为48天。银行付给企业的金额为：

$P=1 208÷（1+6%×48÷360）=1 198.4127$（元）

2.复利终值与复利现值计算

（1）复利终值计算

复利终值是指现在的特定资金按复利计算方法，折算到将来某一定时点的价值，或者说是现在的一定本金在将来一定时间，按复利计算的本金与利息之和，即本利和。

复利终值的计算公式为：

$F=P×（1+i）^n=P×（F/P，i，n）$

其中，$（1+i）^n$为复利终值系数，用符号表示为$（F/P，i，n）$。其含义是：在利率为i的条件下，现在（0时点）的1元和n期后的$（1+i）^n$元在经济上等效。

例如，小金计划在3年里，每年年底存入1 000元，年利率为4%，那么第3年年末的本利和是多少？

$F=1 000×（1+4%）^3=1 000×（F/P，4%，3）=1 124.86$（元）

（2）复利现值计算

复利现值是指未来一定时点的特定资金按复利计算方法，折算到现在的价值，或者说是为取得将来一定的本利和，现在所需要的本金。

复利现值的计算公式为:

P=F×（1+i）$^{-n}$=F×（P/F，i，n）

其中，（1+i）$^{-n}$为复利现值系数，用符号表示为（P/F，i，n）。其含义是：在利率为i的条件下，n期后的1元和现在（0时点）的（1+i）$^{-n}$元在经济上等效。

例如，小金计划在3年后得到1 000元，年利率是4%，请问小金现在应该存多少钱？

P=1 000×（1+4%）$^{-3}$=1 000×（P/F，4%，3）=889（元）

案例讨论 3-1

金融借款的复利如何计算？[①]

上诉人招商银行股份有限公司天津分行（以下简称招商银行）因与被上诉人四川省川威集团有限公司（以下简称川威集团）、天津渤海商品交易所股份有限公司（以下简称渤交所）金融借款合同纠纷一案，天津高院于2016年11月28日作出（2015）津高民二初字第0051号民事判决，招商银行不服起诉。最高法院于2017年12月28日作出（2017）最高法民终156号民事裁定，撤销天津高院（2015）津高民二初字第0051号民事判决并发回重审。天津高院于2019年8月9日作出（2018）津民初19号民事判决，招商银行不服再次向最高法院提起上诉。

招商银行上诉请求：依法改判川威集团清偿中间仓业务交易融资借款本金97 112 828.39元及利息2 651 974.23元（暂计至2015年2月10日），以及自2015年2月11日起至全部款项付清之日止的罚息、复利（以97 112 828.39元为基数，按照年利率8.4%计收罚息，且按季结息，计息日为每季末月的20日；分别以未清偿的利息2 651 974.23元及未清偿的罚息为基数，按照年利率5.6%计收复利，且按季结息，计息日为每季末月的20日）。

上诉理由：原审法院在关于2015年2月11日起至全部款项付清之日止的罚息、复利的计算方式上存在错误认定。

（1）案涉4份借款合同的5.2条款均明确约定"贷款利息从贷款入乙方（指川威集团）账户之日起按实际放款额和实际占用天数计算，每季度计息一次，计息日为每季末月的20日"，前述约定明确了对于罚息的计算方式，一审判决仅列明了计算基数和利率，未明确按季计息和具体的计息日，判决计算方式错误。

（2）对于罚息是否计收复利问题，原审判决虽已认定"未付利息计收复息，未付利息包含罚息"，但其判决中关于复利的计算基数仅列明暂计算至2015年2月10日的未清偿利息2 651 974.23元，计算基数遗漏了未清偿的罚息，且关于复利的计算方式亦未明确按季计息。

招商银行主张，计算复利的基数应当包括罚息，合同履行期外罚息、复利的计算应当按季结息。

---

① （2019）最高法民终1990号，招商银行股份有限公司天津分行、四川省川威集团有限公司金融借款合同纠纷二审民事判决书。

最高法院认为，按照中国人民银行《人民币利率管理规定》及《关于人民币贷款利率有关问题的通知》的相关规定，复利的计算基数应仅为正常利息即合同期内的应付利息，不包括逾期罚息。案涉"借款合同"并未明确约定对罚息计收复利以及合同履行期外的罚息、复利按季结息，因此本院对招商银行的上述主张不予支持。

原审判决认定川威集团应当偿还截止到2015年2月10日的利息2 651 974.23元，其中包含了以罚息为基数计算的复利，有所不当。根据《最高人民法院关于适用〈中华人民共和国民事诉讼法〉的解释》第三百二十三条的规定，第二审人民法院应当围绕当事人的上诉请求进行审理。当事人没有提出请求的，不予审理，但一审判决违反法律禁止性规定，或者损害国家利益、社会公共利益、他人合法权益的除外。川威集团未就此提起上诉，故不再予以调整。

原审判决关于川威集团应当偿还2015年2月11日起至实际给付之日止的罚息、复利（以97 112 828.39元为基数，按照年利率8.4%计收罚息；以2 651 974.23元为基数，按照年利率5.6%计收复利）的认定是正确的，予以维持。

（四）年金

1.年金的定义

年金（Annuity）是指一定时期内每次等额收付的系列款项，通常用A来表示。

年金的形式包括保险费、养老金、直线法下计提的折旧、租金、等额分期收款、等额分期付款等，年金具有等额性和连续性特点，但年金的间隔期不一定是一年。

2.年金的分类

年金按照收付时点和方式的不同，可以分为普通年金、预付年金、递延年金和永续年金等四种。

（1）普通年金

普通年金是指从第一期起，在一定时期内每期期末等额收付的系列款项，又称为后付年金。

（2）预付年金

预付年金又称为即付年金，是指从第一期起，在一定时期内每期期初等额收付的系列款项，又称先付年金。即付年金与普通年金的区别仅在于付款时间不同。

（3）递延年金

递延年金又称延期年金，是指在最初若干期没有收付款项的情况下，后面若干期发生等额系列收付款项，是普通年金的特殊形式。

（4）永续年金

永续年金是指无限期等额收付的特种年金。它是普通年金的特殊形式，即期限趋于无穷的普通年金。

案例讨论3-2

年金复利终值的计算公式

小金热衷于公益事业，自2020年12月底开始，他每年都要向一位失学儿童捐款100元，帮助这位失学儿童从小学一年级开始完成九年义务教育。假设每年定期存款的利率是2%，小金9年的捐款在2029年年底相当于多少元？

年金终值用F表示，年金金额用A表示，年金终值的计算公式为：

$F=A·[(1+i)^n-1]/i$

其中，$[(1+i)^n-1]/i$被称为复利年金终值系数，记作$(F/A, i, n)$。也就是说，普通年金终值公式可以写为：

$F=A×(F/A, i, n)$

借助时间轴来分析一下此事例，如图3-2所示。

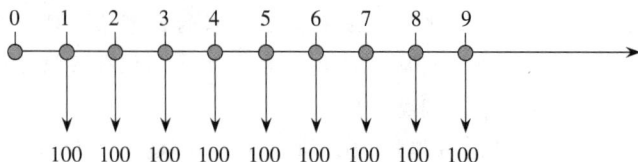

图3-2　小金公益项目的现金流量图

从时间轴上可以看出，这是一个9期的普通年金的终值，那么如何计算这样一个普通年金的终值呢？

已知A=100，i=2%，n=9，求F。代入公式，通过查询年金终值系数表，$(F/A, 2\%, 9)=9.7546$，因此有：

$F=A×(F/A, i, n)=100×(F/A, 2\%, 9)=100×9.7546=975.46$（元）

素养拓展 3-1

股神的午餐[①]

与沃伦·巴菲特共进午餐的慈善活动从2000年首次筹办至2022年，这项活动已举办了21次（新冠疫情期间停办两年）。2022年的慈善午餐在eBay开拍，被一位神秘竞拍者以1 900万美元的天价在eBay上拍得。在接下来的某一月某一天里，这位神秘竞拍者将有机会与巴菲特在纽约曼岛中城的Smith & Wollensky牛排馆共进午餐。

2022年，巴菲特决定，这将是他本人最后一次参加慈善午餐会。自巴菲特从2000年创立该活动以来，仅这一项活动已经为慈善机构募集到5 300万美元的善款。

2022年的慈善午餐会在6月12日从2.5万美元的底价开始起拍，5天之后竞拍价格已经飙升到1 900万美元。最后的中标价格是上一次拍卖活动的4倍多，上一次的中标者是中国区块链创业者和加密货币倡导者孙宇晨，2019年他的中标价格是456.7888万美元，当时创造了这项活动的最高纪录。

巴菲特的慈善午餐会一年仅举办一次，筹得的善款全部捐给旧金山的慈善机构Glide，这家机构专门为旧金山的无家可归者和其他弱势人群提供膳食、医疗保障和法律援助，这家机构曾是巴菲特第一任妻子Susie Buffett最喜欢的慈善机构。

热心公益事业的巴菲特曾在2006年和2010年分别作出承诺，他将拿出自己个人

---

① 岳亚楠. 1.28亿! 巴菲特最后一届午餐拍出天价，23年累计筹款超3.5亿 [N]. 证券时报，2022-06-18.

财富的99%，将所有伯克希尔·哈萨维公司股票捐赠给指定的慈善机构，其中受益最多的是他的好友比尔·盖茨与其前妻梅琳达创立的比尔及梅琳达·盖茨基金会（Bill & Melinda Gates Foundation）。

多年来，巴菲特按照他的承诺，有计划地一步步捐出他的个人财富，2021年6月，巴菲特向五个基金会捐赠了41亿美元，这使得他已经完成了他慈善捐赠承诺总额的50%。

任务二　认知金融投资工具

随着我国国民经济的发展与居民个人收入的不断增加，城乡居民的理财需求越来越强，各种金融投资工具和投资品种层出不穷。通过金融工具的运用，可以促进个人财富保值增值，那么我们需要对投资的种类有所了解。

一、投资理财工具的划分

掌握好基本的投资理财工具是我们普通人实现财富保值和增值的重要手段，下面梳理一下生活中常用的一些投资理财工具。投资理财工具及其特征见表3-2。

表3-2　　　　　　　　　　　　　投资标的及其特征

类型	投资工具	特点
现金及其等价物	短期存款、短期政府债券、货币市场基金、CD存单、短期融资券、央行票据、银行票据、商业票据等	风险低，流动性强，通常用于满足紧急需要、日常开支周转和一定的当期收益需要
固定收益类资产	中长期存款、政府债券、政府支持机构债券、金融债券、企业信用债券、资产支持证券（ABS）等	风险适中，流动性较强，通常用于满足当期收入和资金积累需要
权益类资产	公司股权、上市公司普通股（A股、B股、H股、N股、S股）、优先股等	风险高，用于资金积累、资本增值需要
基金投资工具	开放式基金、封闭式基金、私募股权基金、ETF和LOF、MOM和FOF等	专家理财，集合投资，分散风险，流动性较强，适用于获取平均收益的投资者
理财产品类投资工具	银行及理财子公司理财产品、信托理财产品、券商资产管理计划等	产品种类丰富、设计灵活，专家理财，集合资金进行多元化投资，可有效分散投资风险
衍生金融工具	期权、期货、远期、互换等	风险高，个人参与度相对较低
实物及其他投资工具	黄金、艺术品、古董等	具有行业和专业特征
实业投资	生产型企业等	产生社会财富

（一）股票

股票是股份公司在筹集资本时向出资人发行的股份凭证，代表其持有者对股份公司的所有权。它可以通过买卖方式有偿转让，股东能通过股票转让收回其投资，但不能要求公司返还其出资。

股票作为一种有价证券，具有以下几个特点：一是永久性；二是参与性；三是收益性；四是流动性；五是价格波动性和风险性。股票交易中的常见名词解释如下：

开盘价，指每个交易日开市后每只证券的第一笔成交价，也称股市开盘。

收盘价，指股市收盘价，为当日该证券最后一笔交易前一分钟所有交易的成交量加权平均价（含最后一笔交易）。当日无成交的，以前收盘价为当日收盘价。

股票指数，是由证券交易所或金融服务机构编制的表明股票市场价格水平变动的相对数。投资者根据指数的升降判断股票价格的变动趋势，如上证综合指数、深圳成指、沪深300等。

换手率，也称周转率，指在一定时间内市场中股票转手买卖的频率，是反映股票流通性强弱的指标之一。一般情况下，大多数股票每日换手率在1%~2.5%（不包括初上市的股票）。70%的股票换手率基本在3%以下，3%就成为一种分界。当一只股票的换手率在3%~7%之间时，该股进入相对活跃状态；当一只股票的换手率在7%~10%之间时，则为强势股，股价处于高度活跃当中。

止损，也叫"割肉"，是指当某一投资出现的亏损达到预定数额时，及时斩仓出局，以避免造成更大的亏损，其目的就在于投资失误时把损失限定在较小的范围内。

素养拓展3-2

北京证券交易所：为创新型中小企业"量身打造"[1]

习近平主席在2021年中国国际服务贸易交易会全球服务贸易峰会上的致辞中宣布，将继续支持中小企业创新发展，深化新三板改革，设立北京证券交易所，打造服务创新型中小企业主阵地。北京证券交易所（以下简称"北交所"）的设立对资本市场发展意味着什么？又将如何为中小企业创新发展添油助力？在9月3日举行的中国证监会新闻发布会上，相关负责人进行了详解。

激活"科技+资本"的聚集效应

中小企业在推动经济增长、促进科技创新、增加就业等方面具有重要作用。资本市场始终将服务中小企业创新发展作为重要使命，近年来，通过不断深化改革，完善政策制度，持续提升服务中小企业发展的质效。

新三板是资本市场服务中小企业的重要探索，自2013年正式运营以来，大力简政放权，持续改革创新，不断探索内部分层管理，2016年初步划分为创新层、基础层，2020年设立精选层，同时引入转板上市、公开发行和连续竞价交易，逐步形成

---

[1] 温源. 北京证券交易所：为创新型中小企业"量身打造"[N]. 光明日报，2021-09-04（06）.

了与不同层次企业状况相适应的差异化发行、交易等基础制度，建立了"基础层、创新层、精选层"层层递进的市场结构，可以为不同阶段、不同类型的中小企业提供全口径服务。其中，精选层经过一年来的实践，已经初步具备了服务中小企业的公开市场功能。

中国证监会公众公司部主任周贵华表示，中国证监会以新三板精选层为基础组建北京证券交易所，旨在推动完善中国特色多层次资本市场体系，建设一个为创新型中小企业量身打造的交易所，探索新三板支持服务中小企业科技创新的普惠金融之路。

"一是打造服务中小企业创新发展的专业化平台。围绕'专精特新'中小企业发展需求，夯实市场服务功能，完善政策支持体系，形成科技、创新和资本的聚集效应，逐步发展成为服务创新型中小企业的主阵地。二是探索完善契合中小企业特点的制度安排。通过试点注册制，探索适合中小企业的注册制安排；通过实行公司制，探索交易所组织形式和管理模式的创新；通过实施转板制度，强化多层次资本市场之间的互联互通。三是形成支持中小企业持续成长的市场服务体系。"周贵华介绍。

建立适合创新型企业的制度安排

新三板经过不断改革创新，形成了"基础层、创新层、精选层"三个市场层次，与不同发展阶段、不同类型中小企业的市场需求相匹配。

据了解，精选层自2020年7月27日开市以来，公开发行、连续竞价等各项市场化的制度安排初步经受住了市场检验，融资和交易功能有效发挥，定价和成交效率明显提升，吸引了一批"小而美"的优质中小企业，平均市盈率超过33倍，平均市值超过25亿元，市场表现良好，具备了变更设立为北京证券交易所的制度基础、企业基础和市场基础。

"本次改革通过组建北京证券交易所，整体承接精选层，将精选层现有挂牌公司全部转为北京证券交易所上市公司，新增上市公司由符合条件的创新层挂牌公司产生。"中国证监会相关负责人表示，这些安排不仅符合中小企业的实际需要，也符合我国多层次资本市场建设的现实情况。

中国证监会公众公司部副主任杨喆介绍，按照"坚守一个定位、处理好两个关系、实现三个目标"的原则，北京证券交易所将整体平移精选层各项基础制度，探索建立适合创新型中小企业特点的发行上市制度和信息披露制度安排。一是融资准入方面，突出创新型中小企业经营特点，坚持以信息披露为中心，从中小企业实际情况出发，强化制度针对性、精准性和包容性。二是交易制度方面，坚持精选层较为灵活的交易制度，实行连续竞价交易，新股上市首日不设涨跌幅限制，自次日起涨跌幅限制为30%，增加市场弹性。三是持续监管方面，严格遵循上市公司监管法律框架，并在公司治理、信息披露、股权激励、股份减持等方面形成差异化的制度安排。四是退出安排方面，维持"有进有出""能进能出"的市场生态，构建多元化的退市指标体系。五是市场联接方面，加强多层次资本市场有机联系，丰富企业成长路径。

实现与沪深交易所的错位发展

对于北京证券交易所如何实现与沪深交易所的错位发展，中国证监会相关负责人表示，在市场功能方面，北京证券交易所聚焦创新型中小企业，服务对象"更早、更小、更新"；制度安排方面，北京证券交易所着力构建契合中小企业特点的基础制度，坚持上市公司从符合条件的创新层企业中产生。同时，北京证券交易所坚持向沪深交易所的转板机制，强化多层次资本市场互联互通。在市场运行方面，北京证券交易所坚持以合格投资者为主，投资者结构和风险偏好与沪深交易所有较大差异，与创新型中小企业的风险特征相匹配，将形成长期投资、理性投资的投资文化，预计整体市场运行相对平稳。

"在新三板创新层、基础层培育壮大的企业，鼓励继续在北京证券交易所上市，同时坚持转板机制，培育成熟的北京证券交易所上市公司可以选择到沪深交易所继续发展。"该负责人指出。

9月3日，中国证监会就北京证券交易所有关基础制度安排向社会公开征求意见，具体内容包括：构建包容、精准的发行上市制度；实行灵活、多元的持续融资制度；建立宽严适度的持续监管制度；明确公司制交易所监管安排等。中国证监会表示，将根据公开征求意见情况，对相关规章作进一步修改完善，履行法定程序后尽快发布实施。

(二) 债券

债券是一种金融契约，是政府、金融机构、工商企业等直接向社会借债筹措资金时向投资者发行，同时承诺按一定利率支付利息并按约定条件偿还本金的债权债务凭证。债券投资者与发行人之间是一种债权债务关系，发行人即债务人，投资者即债权人。债券的投资特性如下：

1.返还性。债券一般会规定偿还期限，由债务人按期向债权人支付利息并偿还本金。

2.流动性。如果债券的发行人信誉卓著，或者二级市场较为发达，那么债券持有者能够将债券迅速转让而不会在价值上有损失。

3.安全性。债券的安全性是相对于债券价格下跌的风险性而言的。一般来说，具有高流动性的债券的安全性也较高，而且债券的安全性与发行者的资信密切相关。

4.收益性。债券的收益率通常比银行存款高，且比股票的收益率稳定。

通常情况下，国家公债、地方政府债券有国家和地方政府的信誉作为担保，不存在信用（违约）风险，因此其安全性最高；金融债券的安全性与银行存款相当；公司债券的安全性较低，但由于债券发行时有一套严格的资信审查制度，并要求发行人提供担保或抵押，因此公司债券的安全性也不会太低。与股票相比，债券通常规定固定利率，与企业绩效没有直接联系，收益比较稳定，风险较小。当企业破产时，相对于股票持有者来说，债券持有者对企业剩余资产有优先索取权。

债券的返还性、流动性、安全性与收益性之间存在一定的转换关系。如果某种债券流动性强、安全性高，在市场上供不应求，价格会上涨，其收益率也就随之降低；反之，如果某种债券风险大、流动性差，在市场上供过于求，价格必然下降，其收益率随之上升。债券种类及特点见表3-3。

表 3-3 　　　　　　　　　　　　　　　　债券种类及特点

名称	分类	借债人	种类	信用风险	收益情况
债券	政府债券	国家	国债	较低	收益较低
		地方政府	地方债	取决于发行政府的实力，有可能高于企业债券，也有可能低于金融债券	收益不定，由发行政府决定，与风险成正比
	金融债券	中央银行	央行票据	风险仅次于国债	收益居中
		中国开发银行	国开债	风险仅次于央行票据	
		其他金融机构	其他金融债券：同业存单、商业银行债、证券公司债、保险公司债	风险居中	
	企业债券	公司	普通公司债券	风险较高	收益较高
			企业短期融资券		
			中期票据		
			资产支持债券、可转换债券		

素养拓展 3-3

投资也有家国情怀力量：抗疫特别国债[①]

　　特别国债是指有特别用途的国债，属于国债的一种，以提高收益为主，促进国家经济发展，提高人们的生活水平，但跟普通国债相比，特别国债的发行次数是很少的。截至 2022 年 7 月，我国历史上共新发三次、续发一次特别国债。第一次新发：1998 年 2 700 亿元，用于补充四大国有商业银行的资本金，央行通过降准为四大行提供国债认购资金，对银行间流动性影响较小。第二次新发：2007 年 1.55 万亿元，向央行置换外汇储备，作为资本金组建国家外汇投资公司。定向发行的 1.35 万亿元由央行全部回购，对流动性影响较小；公开发行的 0.2 万亿元回收流动性。第一次续发：2017 年 6 964 亿元，定向发行的 6 000 亿元由央行现券买断，对流动性影响较小；公开发行的 964 亿元回收流动性。第三次新发：2020 年 10 000 亿元，用于公共卫生等基础设施建设和抗疫相关支出，预留部分资金为地方基层解决特殊困难。

　　2020 年 1 月，新冠肺炎疫情突发，国内消费、投资、出口下滑，就业压力显著加大，企业，特别是民营企业、中小微企业困难凸显，基层财政收支矛盾加剧，发展的

---

　　① 央视网. 国务院政策吹风会：建立特殊转移支付机制 确保新增财政资金直达市县基层［EB/OL］.［2023-07-06］. https://www.gov.cn/xinwen/2020-06/12/content_5519126.htm.

任务异常艰巨。叠加之前部分减税降费安排，预计全年实际财政收入难以实现编制预算时的预期目标，一些困难企业和个人还需要专门扶持，公共卫生体系的短板急需补上，由此收支缺口较原定方案将大幅增加。在此背景下，2020年3月27日，中共中央政治局会议明确提出发行特别国债。抗疫特别国债是为统筹推进疫情防控和经济社会发展，由中央财政统一发行的特殊国债，发债募集的资金全部转给地方，建立特殊转移支付机制，主要用来保就业、保基本民生、保市场主体，资金直达市县基层、直接惠企利民。抗疫特别国债发行过程如图3-3所示。

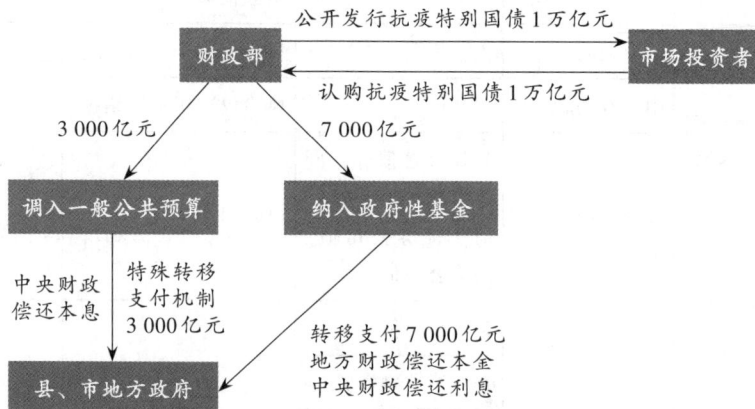

资料来源：中国政府网，财政部，德邦研究所.

图3-3 抗疫特别国债发行过程

2020年6月15日，财政部发布通知，明确规定采取市场化方式公开发行2020年抗疫特别国债（一期）和2020年抗疫特别国债（二期）。此后，2020年抗疫特别国债（三期）和2020年抗疫特别国债（四期）也均采取了市场化方式公开发行。截至2020年7月31日，四期共16次合计10 000亿元抗疫特别国债发行完毕。此次抗疫特别国债发行期限包括5年期、7年期和10年期，发行利率在2.41%~2.86%之间。抗疫特别国债发行明细如表3-4所示。

表3-4　　　　　　　　　　　　**抗疫特别国债发行明细**

发行起始日	证券简称	发行方式	发行额（亿）	期限（年）	到期日	发行利率
2020-06-18	20抗疫国债02	公开	500.00	7	2027-06-19	2.71
2020-06-18	20抗疫国债01	公开	500.00	5	2027-06-19	2.41
2020-06-23	20抗疫国债03	公开	700.00	10	2030-06-24	2.77
2020-06-30	20抗疫国债03（续发）	公开	700.00	10	2030-06-24	2.77
2020-06-30	20抗疫国债01（续发）	公开	500.00	5	2025-06-19	2.41
2020-07-01	20抗疫国债02（续发）	公开	500.00	7	2025-06-19	2.71
2020-07-02	20抗疫国债03（续2）	公开	700.00	10	2030-06-24	2.77
2020-07-07	20抗疫国债03（续3）	公开	700.00	10	2030-06-24	2.77

续表

发行起始日	证券简称	发行方式	发行额（亿）	期限（年）	到期日	发行利率
2020-07-08	20抗疫国债01（续2）	公开	500.00	5	2025-06-19	2.41
2020-07-09	20抗疫国债03（续4）	公开	700.00	10	2030-06-24	2.77
2020-07-14	20抗疫国债01（续3）	公开	500.00	5	2025-06-19	2.41
2020-07-15	20抗疫国债04	公开	700.00	10	2030-06-16	2.86
2020-07-21	20抗疫国债04（续发）	公开	700.00	10	2030-06-16	2.86
2020-07-23	20抗疫国债04（续2）	公开	700.00	10	2030-06-16	2.86
2020-07-28	20抗疫国债04（续3）	公开	700.00	10	2030-06-16	2.86
2020-07-30	20抗疫国债04（续4）	公开	700.00	10	2030-06-16	2.86

资料来源：Wind，德邦研究所.

筹集的资金主要用于地方公共卫生等基础设施建设和抗疫相关支出，并预留部分资金用于地方解决基层特殊困难，保就业、保民生等。

（1）加大疫苗、药物和快速检测技术的研发投入。

（2）支持减税降费、减租降息、扩大消费和投资等

总之，这次特别国债筹集的资金就是专款专用，雪中送炭，把钱用到与疫情相关的最急需的地方，老百姓是最直接的受益者。比如，防疫经费中有很大一部分是抗疫特别国债的拨款，我们身边有很多人都是抗疫特别国债的参与者、贡献者，也是受益者。

（三）基金

在我国，基金主要是指证券投资基金，是一种利益共享、风险共担的集合投资方式，即通过发行基金单位，集中投资者手中的资金，由基金托管人托管，由基金管理人管理和运用资金，以获得投资收益和资本增值的投资方式。

我国证券投资基金开始于1998年3月，目前已经具有了相当规模，成为我国证券市场的最重要机构投资力量和广大投资者最重要的投资工具之一，下面介绍几个主要的基金产品。

1.货币市场基金

货币市场基金是指投资于货币市场上短期有价证券的一种基金。其主要特点有：均为开放式基金，投资成本低，资本安全性高，风险较小，流动性好。7日年化收益率和每万份基金单位收益是衡量货币市场基金收益的重要指标。作为短期指标，7日年化收益率仅是货币市场基金过去7天的盈利水平信息，并不意味着它未来的收益水平。每万份基金单位收益反映的是投资人每天获得的真实收益。这个指标越高，投资人获得的真实收益就越高，而7日年化收益率与投资人的真正收益仍有一定的距离。

2.股票基金

股票基金又叫股票型基金，是以股票为主要投资对象的基金。根据中国证监会对基金类别的分类标准，基金资产80%以上投资于股票的为股票基金。

股票基金的特点很多，主要体现在以下几个方面：

（1）与投资者直接投资股票市场相比，股票基金具有组合投资、分散风险的特点。此外，投资者投资了股票基金，还可以享受基金大额投资在成本上的优势，降低了投资成本。

（2）与其他基金品种相比，股票基金的风格多样，潜在收益和风险覆盖最广。通俗地讲，就是股票基金的潜在收益和风险有高有低，可以适合不同投资者对于收益和风险的要求。当然，并不是说股票基金覆盖了所有潜在收益和风险的组合，比起对冲基金，它的潜在收益和风险都要低；而比起债券基金或保本基金，它的潜在收益和风险都要高。总的来说，股票基金的潜在风险和收益处于中上等水平。

（3）长期来说，投资股票基金的收益较好。从国内外股票市场价格统计数据来看，股票价格总体上具有不断向上增长的长期历史趋势，这是基金长期投资能够获利的重要理论依据。

（4）具有获得投资国际股票市场的便利。一般来说，各国的股票基本上在本国市场上交易，股票投资者也只能投资在本国上市的股票，而有些证券投资基金可以投资国际资本市场的股票、债券等，投资者可以通过购买股票基金，间接投资其他国家或地区的股票、债券等金融产品。

3.债券基金

债券基金是专门投资债券的基金，通过集中众多投资者的资金，对债券进行组合投资，寻求较为稳定的收益。在国内，债券基金的投资对象主要是国债、金融债和企业债。

债券基金有以下特点：

（1）低风险，低收益。由于债券收益稳定、风险也较小，相对于股票基金，债券基金风险低但回报率也不高。

（2）费用较低。由于债券的投资管理不如股票的投资管理复杂，因此债券基金的管理费也相对较低。

（3）收益稳定。投资债券定期都有利息回报，到期还承诺还本付息，因此债券基金的收益较为稳定。

（4）注重当期收益。债券基金主要追求当期较为固定的收入，相对于股票基金而言缺乏增值的潜力，较适合不愿过多冒险、谋求当期稳定收益的投资者。

4.ETF

交易型开放式指数基金（Exchange Traded Fund，ETF）是指像股票一样在证券交易所交易的指数基金，其交易价格、基金份额净值走势与所跟踪的指数基本一致。投资者买卖一只ETF，就等同于买卖了它所跟踪的指数包含的多只股票，可取得与该指数基本一致的收益。ETF的优点见表3-5。

表3-5 ETF的优点

上市交易	ETF像股票一样在交易时间内持续交易，投资者可根据即时揭示的交易价格进行买卖，从而更好地把握成交价格
费用低廉	通过复制指数和实物申赎机制，ETF大大节省了研究费用、交易费用等运作费用。ETF的管理费和托管费不仅远低于积极管理的股票基金，而且低于跟踪同一指数的传统指数基金
指数表现	实证研究表明，主动投资很难跑赢大盘，多数主动管理型基金业绩落后于基准指数
投资工具	ETF已经不仅是一个投资产品了，而是一种多用途的投资工具，在投资管理中有广泛应用

5.LOF

LOF（Listed Open-ended Fund）也称为上市型开放式基金。LOF发行结束后，投资者既可以在指定网点申购与赎回基金份额，也可以在证券交易所买卖该基金。ETF与LOF的区别见表3-6。

表3-6 ETF与LOF的区别

项目	ETF	LOF
中文名称	交易型开放式指数基金	上市型开放式基金
英文名称	Exchange Traded Fund	Listed Open-end Fund
产品类型	一般为指数型股票基金	多样
管理费用	低，国外指数型ETF产品费率多为0.1%~0.6%	高，我国内地现有积极管理型股票基金费率一般为1.5%
投资组合透明度	高，每日公告投资组合	低，每季度公告持股前10名
申购赎回	组合证券换取基金份额	用现金申购赎回
申购赎回费用	低，不超过0.5%	高，我国内地现有股票基金一般申购费为1.5%，赎回费为0.5%
两个交易渠道之间的连通	套利交易当日即可完成	转托管需要2个工作日

（四）金融衍生品

金融衍生品是基于基础金融工具（如货币、汇率、利率、股票指数等）的金融工具，它也是以传统金融品为基础衍生出来的、作为买卖对象的金融品。与其他金融工具不同的是，金融衍生品自身并不具有价值，其价格是从可以运用金融衍生品进行买卖的货币、汇率、证券等的价值中衍生出来的。在国际金融市场上，最为普遍的金融衍生品有金融期货、期权和互换（又称掉期）等。

金融衍生品本身就种类繁多，因为金融创新活动的活跃，新的金融衍生品又不断地被创造出来，金融衍生品层出不穷。下面介绍一些主要的金融衍生品种类及特点。

1.金融衍生品种类

（1）远期合约

远期合约是指签订合约的双方约定在未来的某一个确定的时间，以确定的价格买卖一定数量的某标的资产的一种合约。

（2）期货合约

期货合约的买卖双方签订标准化协议，协议规定在将来某个确定的时间，按规定的价格买卖某种资产。

（3）期权合约

期权合约又称选择权合约，是指在特定时间内，以特定价格买卖一定数量交易品种的权利。合约买入者或持有者以支付保证金，即期权费的方式拥有权利；合约卖出者或立权者收取期权费，在买入者希望行权时，必须履行义务。

（4）互换合约

互换合约是指交易双方约定在未来某一时期相互交换某种资产的合约。更严谨的说法是，互换合约是当事人之间签订的在未来某一期间相互交换他们认为具有同等经济价值的现金流的合约。

2.金融衍生品的特点

与货币、债券、股票等基础金融工具不同，金融衍生品有以下四个显著的特点：

（1）跨期性

金融衍生品会影响交易者在未来一段时间内或某时点上的现金流，体现跨期交易特点。

（2）杠杆性

金融衍生品交易一般只需要支付少量保证金或权利金就可以进行，因此，交易者承担的风险或损失也会成倍放大。

（3）联动性

联动性是指金融衍生品的价值与合约标的资产价值紧密相关，金融衍生品价格与标的资产价格具有联动性。比如，股指期货与指数之间的走势就存在高度关联性，经常相互影响。

（4）高风险性

基础金融工具的价格本身已复杂多变，而交易者对基础金融工具未来的价格预测和判断的准确程度在金融衍生品交易中通过杠杆效应会被放大，这是一个真正的"零和游戏"。

（五）互联网金融理财产品

互联网金融理财产品包括存款、基金、保险、股票等，不同的金融理财产品也会有不同的回报与特点。

1.常见互联网金融理财产品

（1）P2P网上贷款融资

P2P网上贷款融资直接把人们联系起来，让人们通过互联网直接互动。它使网络的交流更加容易，共享和互动更加直接，真正消除了中间商，为企业和个人提供了更大的便利。P2P网上贷款融资简单方便，门槛低，收益比银行存款高。但是，我国P2P网贷平台短时间内爆发式的增长，形成了目前鱼龙混杂、良莠不齐的状况。为全面清理整顿金融秩序，央行全面实施资管新规，并推进互联网金融风险专项整治据央行数据，截至2020年末，4 676家纳入专项整治的网贷机构全部停止开展业务，其中3 210家网贷机构存量业务已经清零。到了2022年9月，"互联网金融风险专项整治工作顺利完成，近5 000家P2P网贷机构已经全部停业"。

（2）第三方支付

第三方支付是指买方购买货物后，使用第三方平台提供的账户支付货款，第三方通知卖方货物到达和交付；买方验货后，可以通知第三方付款，第三方将资金转入卖方账户。支付宝就是第三方支付，类似的还有财付通、银联商务、快钱、汇付天下等。

（3）众筹

众筹是一种新的投资方式，即大众融资或大众筹资。它由赞助商、投资者和平台组成，具有门槛低、多样性、依靠群众力量和注重创造性等特点。

（4）宝类理财产品

宝类理财产品很多，如余额宝，其操作简单，门槛低，零手续费，使用方便。这种产品主要是货币基金，和活期存款一样灵活。

（5）虚拟货币

虚拟货币是指不真实的货币，可分为两类：第一类是游戏货币；第二类是门户网站或即时通信服务提供商发行的特殊货币，如Q币。

2.互联网金融理财产品的特点

（1）综合性

互联网金融理财产品不仅是一种产品，而且是一种综合金融服务，可以简单地理解为一种金融服务。例如，P2P网上借贷突破了传统金融的单一性，投资者可以选择更多的理财产品，也可以根据自己的实际情况和风险承受能力选择自己的投资组合。

（2）门槛低

我国的主要人员架构仍然是富裕集体少，中下阶层多。民众手中普遍具有一些闲散资金，但数额较小。在这种情况下，普通百姓对房市、股市、银行等高收益但是高风险、高成本的理财方式望而却步，余额宝这类互联网金融理财产品正好满足了这类群体的需要，使用户手中的闲散资金能充分利用从而增值，不仅利率远高于银行活、定期存款利息，同时成本和风险都较低。

（3）成本低

与传统银行理财实体化不同，互联网金融理财完全是虚拟运作，只需要有网络及其终端设备就可以进行互联网的金融经营，不再依赖一个又一个实体网点，所耗费的运营成本和人工成本大大减少，可以不断扩大产品的运营规模，实现资本的再增值，同时大多数互联网理财产品无需任何手续费，极大地降低了理财过程中的交易成本。

二、股票分析基础知识

（一）基本面分析法

大环境：公司外部的因素，包括利率、税收、汇率、银根松紧、经济周期、通货膨胀、政治环境、政府政策等。

小环境：公司内部的因素，包括营收、盈利、固定资产、行业周期与竞争、品牌价值等。

我们看看三个最重要的影响股价的因素。

1.盈利的增长

市盈率是股票分析中很重要的概念，指在一个考察期（通常为12个月）内，股票的每股市价与每股收益的比率，用PE表示。

市盈率的计算公式如下：

市盈率=每股股价÷每股收益

市盈率具有比价效应，是比较不同价格的股票是否被高估或低估的指标之一。在证券市场上，投资者经常用市盈率来估量某只股票的投资价值，或者在不同公司的股票之间进行比较。市盈率实际上就是每一股的价格比上价值，即每股收益反映的是公司的价值，股价反映的是公司当前的价格。例如，某股票的市价为24元，而过去12个月的每股盈利为3元，则其市盈率为24÷3=8。该股票有8倍的市盈率，即每付出8元可分享1元的盈利。一般情况下，一只股票的市盈率越低，市价相对于股票的盈利能力越低，表明投资回收期越短，投资风险就越小，股票的投资价值就越大；反之，则相反。

2.新产品

新产品并不局限于实物，它可以是新的生意概念、新的推销手法、新的管理方式。

3.公司回购自身股票

公司购回自身股票是对本公司投信任票。通常来讲，公司只有在认为股价水平不能反映公司价值时才会这么做。另外，值得留意的是公司股票总流通量的数目，数目越大，股价上涨的步伐就越难迈开，因为需要大的买压才能推动价格上涨。

（二）技术分析法

股票的技术分析就是利用图表来描绘过去个别股票或整个市场的股票指数运动轨迹，再利用数学方法找出具有意义的行为模式，然后据此预测未来股价的运动趋势。

K线图又称蜡烛图，起初用于记录米市的价格走势，后来被引入西方资本市场，因其外形似蜡烛，且寓意美好，被广泛用于股票的技术分析，是进行股票技术分析最常用的一种图表。它用平面直角坐标系的形式表示股价和股票交易量随时间变化的轨迹，以纵坐标表示股价或股票交易量，以横坐标表示股票交易时间。如果交易时间以天数表示，纵坐标表示股价，那么股票在某一天的价格波动可以用一根与纵坐标平行的直线来表示。日K线图示例如图3-4所示。

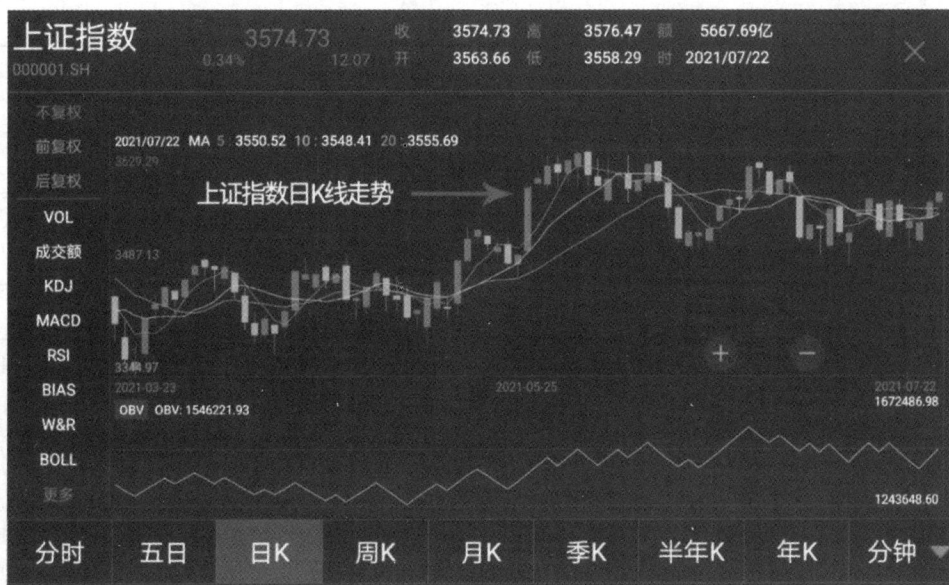

图3-4　日K线图示例

　　K线图由一根根的K线组成，每一根K线都反映了相应时间周期内的价格变动。因K线有阴阳之分，代表着涨跌的不同，因而阴K线图和阳K线图在构成上有所差异。K线图一般由上影线、实体、下影线三部分构成，包含四个价位信息：开盘价、收盘价、最高价、最低价。阳线–阴线示例如图3-5所示。

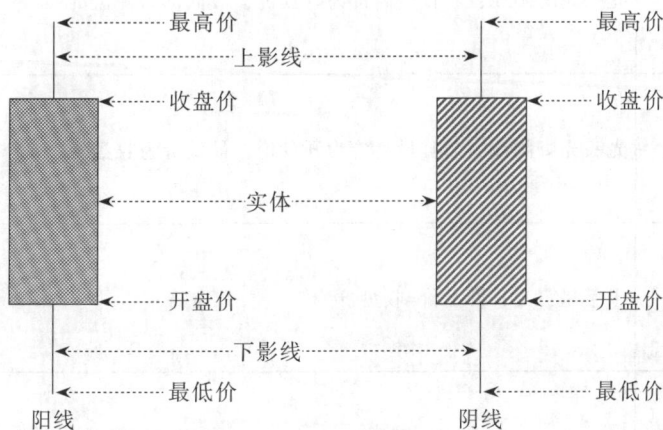

图3-5　阳线–阴线示例

　　在阳K线图中，当天收盘价高于开盘价，两条线用红色实线连起来画成一个实心方框，叫阳线实体；最高价与收盘价之间用一根中心竖线连接，叫上影线；最低价与开盘价之间用一根中心竖线连接，叫下影线。

　　在阴K线图中，当天收盘价低于开盘价，两条线用绿色实线连起来画成一个实心方框，叫阴线实体；最高价与开盘价之间用一根中心竖线连接，叫上影线；最低价与收盘价之间用一根中心竖线连接，叫下影线。

　　K线图的基本特征见表3-7，常见的K线图见表3-8。

表 3-7   K线图的基本特征

项目	备注
上影线	它的长度决定股价所遭遇的压力强度，上影线越长，说明上方所抛售股票的卖方越凶悍
下影线	它的长度决定股价所拥有的承接力度，当股价被打压不断下行时，下影线越长，意味着股价越接近普遍认可的低价区域，买入股票的人气越旺
实体	它的大小决定股价在运行趋势中所保持的速度
阳K线	实体越长，说明该个股在股价上涨的趋势中保持积极的增长态势，股价很急切地上升。实体越短，说明该股股价在上升趋势中保持保守态势，利多的消息已经逐渐淡化，股价已经接近高价位或没有明显的上行助力，需要等待新的信息对其产生影响
阴K线	实体越长，说明该个股在股价下行的趋势中保持强烈的下降态势，股价很迅速地下降。实体越短，说明该股股价在下降趋势中保持保守的态势，利空的消息已经逐渐淡化，股价已经接近低价位或没有明显的下行助力，需要等待新的信息对其产生影响

表 3-8   常见的K线图

图形	说明
	光头光脚阳线：当日最高价为收盘价，最低价为开盘价
	光头光脚阴线：当日最高价为开盘价，最低价为收盘价
	十字星：当日开盘价=收盘价
	T字形：当日开盘价=收盘价=最高价
	倒T字形：当日开盘价=收盘价=最低价
	一字形：最高价=最低价=开盘价=收盘价

三、债券分析基础知识

2018年以来，市场上有多只债券违约，信用债市场违约达到历史新高。从 Wind 的统计数据来看，2018年债券违约的数量和违约金额均大幅高于往年，私募产品爆雷、公募基金踩雷，特别是 P2P 集中爆雷，已经成为2018年以来社会与行业不可回避的话题。信用债违约事件有所增加，一直受到广泛关注。

对于投资者而言，要在这种情况下进行债券投资，就要对自己拟购买的产品具有一定的鉴别能力。购买债券型理财产品时，要认真研究、反复斟酌，要对久期、到期收益率和收益率曲线、债券评级等有基本的理解与认识。

（一）久期

久期在数值上和债券的剩余期限近似，但又有别于债券的剩余期限。在债券投资中，久期用来衡量债券或者债券组合的利率风险，它对投资者有效把握投资节奏有很大的帮助。一般来说，久期和债券的到期收益率成反比，和债券的剩余年限及票面利率成正比。但对于一只普通的附息债券来说，如果债券的票面利率和其当前的收益率相当，该债券的久期就等于其剩余年限。还有一个特殊情况是，若一只债券是贴现发行的无票面利率债券，那么该债券的剩余年限就是其久期。另外，债券的久期越大，利率的变化对该债券价格的影响也越大，因此风险也越大。在降息时，久期大的债券价格上升幅度较大；在升息时，久期大的债券价格下跌幅度也较大。因此，投资者在预期未来升息时，可选择久期小的债券。

（二）到期收益率

以国债为例，国债的价格虽然没有股票那样波动剧烈，但它品种多，期限、利率各不相同，常常让投资者眼花缭乱、无从下手。其实，新手投资国债时，仅靠到期收益率即可作出基本的判断。到期收益率的计算公式为：

到期收益率＝［固定利率＋（到期价买进价）/持有时间］/买进价

一旦掌握了国债到期收益率的计算方法，就可以随时计算出不同国债的到期收益率或持有期内收益率。准确计算自己所关注的国债的收益率，并将其与当前的银行利率进行比较，才能作出准确的投资决策。

（三）收益率曲线

债券的收益率曲线反映的是某一时点上不同期限债券的到期收益率水平。收益率曲线可以为投资者的债券投资提供很大的帮助。

债券的收益率曲线通常表现为四种情况：

1.正向收益率曲线

它意味着在某一时点上，债券的投资期限越长，收益率越高。也就是说，社会经济正处于增长期（这是收益率曲线最常见的形态）。

2.反向收益率曲线

它表明在某一时点上，债券的投资期限越长，收益率越低。这就意味着社会经济进入了衰退期。

3.水平收益率曲线

它表明收益率的高低与投资期限的长短无关，也就意味着社会经济出现了极不正常的情况。

4.波动收益率曲线

它表明债券的收益率随投资期限不同呈现出波浪变动，也就意味着社会经济未来有可能出现波动。

（四）评级

评级是由评级机构对发债主体或者债券的还款能力进行评价。国家财政发行的国库券和中央银行发行的金融债券，由于有政府担保，因此不参加债券信用评级。地方政府或非国家银行金融机构发行的某些有价证券，则有必要进行评级。

债券信用评级一方面方便投资者进行债券投资决策，另一方面也可以减少信誉高的发行人的筹资成本。

下面以标准普尔（见表3-9）和国内中诚信国际（见表3-10）的评级指标为例，说明各项评级指标的含义。

表3-9　　　　　　　　　　　　　　　　**标准普尔评级指标**

评级等级	评级符号	评级说明
投资级别	AAA	偿还债务能力极强（Extremely strong），为标准普尔授予的最高评级级别
	AA	偿还债务能力很强（Very strong）
	A	偿还债力能力强（Strong），但略微易受外在环境及经济状况变动的不利因素所影响
	BBB	具有适当（Adequate）偿债能力，但还债能力较可能因不利经济状况而减弱。其中，"BBB-"为市场参与者认为的最低投资级评级
投机级别	BB	相对于其他投机级级别评级，违约的风险更低。但持续存在的重大不稳定因素，或不利的商业、金融、经济状况，可能导致发债人没有足够能力偿还债务。其中，"BB+"为市场参与者认为的最高投机级评级
	B	违约可能性较"BB"级高，发债人目前仍有能力偿还债务，但不利的商业、金融、经济条件可能削弱发债人偿还债务的能力和意愿
	CCC	目前有可能违约，发债人能否履行财务承诺将取决于商业、金融、经济条件是否有利。当遭遇不利的商业、金融或经济环境时，发债人可能会违约
	CC	违约的可能性高。违约尚未发生，但预计会实际发生
	C	目前违约的可能性高，且最终违约追偿比率预计会低于其他更高评级的债务
	D	发债人未能按期偿还债务，或违反推定承诺；也可在破产申请已被提交或采取类似行动时使用

表3-10 中诚信国际评级指标

等级符号	含义
AAA	受评对象偿还债务的能力极强，基本不受不利经济环境的影响，违约风险极低
AA	受评对象偿还债务的能力很强，受不利经济环境的影响，违约风险很低
A	受评对象偿还债务的能力较强，较易受不利经济环境的影响，违约风险较低
BBB	受评对象偿还债务的能力一般，受不利经济环境影响较大，违约风险一般
BB	受评对象偿还债务的能力较弱，受不利经济环境影响很大，有较高违约风险
B	受评对象偿还债务的能力较大地依赖于良好的经济环境，违约风险很高
CCC	受评对象偿还债务的能力极度依赖于良好的经济环境，违约风险极高
CC	受评对象基本不能偿还债务，违约很可能会发生
C	受评对象不能偿还债务

注：除AAA级、CCC级及以下等级外，每一个信用等级可用"+""-"符号进行微调，表示略高或略低于本等级。

投资级别以上的债券一般在BBB以上，其还债能力较强。BBB及以下的债券，发债主体不理想，违约风险大，但是票面利率很高。有些投资人会购买"高收益债"，高收益债的收益确实高，但是风险大，往往是垃圾债，投资级别不高。因此，个人投资者在进行债券投资时，应结合上述内容并综合考虑个人投资的实际情况，谨慎地作出选择。

四、基金分析基础知识

（一）基金交易常用术语

在基金首次募集期购买基金的行为称为认购；在基金成立后购买基金的行为称为申购；一般情况下，认购期购买基金的费率比申购期购买基金的费率低。认购期购买的基金一般要经过封闭期才能赎回，申购的普通开放式基金在申购成功后第二个交易日即可赎回。

赎回是指投资者直接或通过代销机构间接向基金管理公司提出将部分或全部基金投资退出的要求，并将相应的资金款项等退回至该投资者账户的过程。

转换是指投资者在持有某基金公司的开放式基金后，可将其持有的基金份额直接转换成该基金公司管理的其他开放式基金的基金份额，而不需要先赎回已持有的基金，再申购目标基金的一种业务模式。

买入是指投资者通过证券公司在证券交易所竞价买入或大宗买入其他投资者持有的场内基金份额的过程。买入不同于申购，买入只是投资者之间的交易过程，不会创设新的基金份额，基金的总份额不会增加。

卖出是指投资者通过证券公司在证券交易所竞价卖出或大宗卖出投资者持有的场内基金份额的过程。卖出不同于赎回，赎回后基金的总份额将会减少，而卖出则不会。

（二）基金选择基本方法

1.看基金公司

一家好的基金公司一般有卓越的研究团队，辅助基金经理进行深度分析、审慎决策并把控风险。随着时间的推移，团队也会不断地吸引优秀人才加入。

我们在衡量一家基金公司时，首先要看这家公司的人员配置，看它是否有优秀的投研团队，而且人员变动不能过于频繁，特别是核心人物及高层管理者，如果人员变动过于频繁，会产生很多不稳定因素，很可能波及旗下基金的业绩表现。对于普通投资者来说，靠我们自己去考察一家基金公司是比较困难的，所以，可以通过专业的基金评级机构查看基金公司的评级情况。

我国金融市场上的基金评级机构主要有：中国证券报、晨星网、银河证券基金研究中心等。

2.看基金经理

基金经理作为基金的最终掌管人，要对该基金的每一笔投资负责，因此基金经理直接决定基金业绩的好坏，甚至可以说，我们就是奔着基金经理去选择基金的。我们经常听到，因为某基金更换了基金经理，导致该基金发生了大规模赎回的现象。

选择基金经理主要考察以下三个方面：

（1）从业年限

这是看基金经理的从业经验，一般来说，基金经理从业3~5年甚至更长时间的，经历过完整的牛熊周期，在面对市场波动时更能随机应变，心态也相对更好。随着时间的积累，基金经理的投资经验也会变得更丰富。在同等条件下，具有更长从业年限的基金经理更有优势。

（2）个人履历

一般来说，高学历的基金经理更有优势。有些基金经理在履职前有过其他工作经历，有的和现有的投资工作相关，有的则不相关。我们可以通过基金经理工作的变动情况，了解基金经理的过往工作轨迹，从而辅助判断其投资的模式。但是，如果基金经理跳槽次数过多也不是好事，因为他要适应新环境的挑战，而且不稳定的工作环境也不利于基金管理工作的开展。

（3）投资风格

基金经理都会形成自己的投资风格，他们坚持自己的投资理念，偏好成长股或价值股，偏保守或偏激进，喜欢长期持有或注重择时选股。基金每个季度初都会公布上一季度的仓位变动情况，我们可以通过基金经理的近期及历史仓位变动衡量其投资风格及能力。

此外，还要看基金经理的投资风格和投资理念是否能够长期保持和发扬，虽然不能保证基金经理的投资风格在每一年都赚钱，但他一定要有自己的投资风格。如果基金经理的投资风格一直在变，可能说明他自己的投资风格和投资理念还不成熟，就不建议选择他管理的基金。

3.看过往业绩

虽然基金的过往收益不能代表未来收益，但可以体现过去基金经理的管理能力。我们可以查询基金经理正在管理的基金，以及之前曾经管理过的基金的收益情况，结合市场行情，参考一些业绩指标，作为选择的标准。

4.历史收益率

我们可以查看基金过往的收益率走势与大盘指数或业绩基准（一般为沪深300指数）并进行对比，这样就可以纵向看基金成立以来完整的业绩相对表现，要选择长期跑赢业绩基准的基金。在对比过程中，可比较的数据越多，参考性就越强。而有些新进的基金经理因为执业时间较短，管理过的基金少，就不能通过过往收益来进行比较。

5.各区间业绩排名

很多投资者喜欢看短期同类业绩排名，比如近3个月、今年以来、近1年等，甚至还有人把"近1年收益率"当成投资预期，这都是不对的。我们应该关注基金多个区间的业绩排名情况，横向比较过往表现，包括近2年、近3年的长期表现，不需要每期收益都是冠军，选择各区间排名都在前1/3的就好。

6.夏普（Sharpe）比率

夏普比率相当于基金的"性价比"指标，用来判断基金的收益风险比。例如，某基金的夏普比率是1.8，那就意味着承担每单位风险的收益是1.8元。对比两只或多只基金，如果其他条件相同，建议选择夏普比率高的那只。

7.最大回撤率

最大回撤率是一个重要的风险指标，表示在一段时间内基金净值下降到最低值时所产生的净值回落最大幅度，即客户在这段持有期间可能遭受的最大损失。需要注意的是，不是最大回撤率越大，未来的反弹所产生的业绩回报就越大。最大回撤率代表过往风险，在相同条件下，建议选择回撤率小的基金。

育德育人 3-1

全面注册制落地[①]

党的二十大报告明确提出"健全资本市场功能，提高直接融资比重"。中国证监会主席易会满指出，注册制是全面深化资本市场改革的"牛鼻子"工程，是发展直接融资特别是股权融资的关键举措，也是完善要素市场化配置体制机制的重大改革。

2023年是贯彻党的二十大精神的开局之年。资本市场的首要任务是以重点突破带动整体推进，全力以赴抓好全面注册制改革。2023年2月1日，中国证监会就全面实行股票发行注册制主要制度规则向社会公开征求意见。由此，历经4年试点的全面注册制时代正式开启，标志着中国资本市场全面推行注册制改革更进一步，有助于夯实直接融资体系制度基石，提升投融资效率，有利于资本市场长期健康发展。

中国证监会表示，全面注册制改革是关乎资本市场全局的重大改革，推动股票发

---

① 周汇. 资本市场迈向高质量发展［J］. 证券市场周刊，2023（6）：14-15.

行注册制改革行稳致远重在三个方面：

第一，牢牢把握注册制改革的本质。注册制改革的本质是处理好政府与市场的关系，把选择权交给市场，审核全过程公开透明，接受社会监督，加强市场约束和法治约束。为此，要坚持市场化、法治化的改革方向，适应实体经济特别是科技创新的需要，提升发行上市制度的包容性和投融资的便利性。

第二，坚持放管结合。注册制改革不是"一放了之"，而是要充分考虑中国国情、诚信环境和资本市场所处的发展阶段，严把上市公司质量关。对加强事前、事中、事后全过程监管进行了系统优化和安排。同时，科学、合理保持IPO常态化，保持一二级市场协调发展。

第三，加强改革统筹。注册制改革是全方位、系统性的改革，必须坚持系统观念，统筹完善多层次资本市场体系，统筹推进发行、上市、交易、退市等基础制度改革，统筹抓好中国证监会自身建设。

从总体上看，全面注册制改革坚持市场化方向，突出把选择权交给市场这一本质，同步加强监管，推进一揽子改革，健全资本市场功能，提高直接融资比重，更好促进经济高质量发展。

项目二

投资风险与投资原则

提到投资，许多人头脑中或许立刻浮现出这样一句话"市场有风险，投资需谨慎"，这句话在银行、证券机构大厅也随处可见。投资者在进行投资决策时，是否能够根据自身的风险承受能力和风险偏好，针对金融机构销售的不同风险等级的产品，选择适当风险等级的产品进行投资，以避免投资超过自身风险承受能力的产品，就显得尤为重要。

案例导入

认清你的风险等级

小金刚参加工作，收入虽然不高但较为稳定，他一直通过网上银行购买银行低风险理财产品（风险等级为R1、R2）。2021年年末，小金看到身边的朋友通过买基金获得了不错的收益，就在某APP上随意挑选了一款网红股票型基金重仓买入，想博一个高收益。当该APP提示小金该产品的风险等级已超出其风险承受能力时，他选择重新测评。小金在"家庭年收入"勾选了"100万元以上"，在"投资经验"勾选了"大部分投资于股票、基金、外汇等高风险产品，且有8年以上经验"，这使得测评出的风险承受能力达到激进型，适合购买所有风险等级的产品。近期，小金打算赎回该基金用来结婚，却发现该基金净值大幅下跌，本金亏损达30%。

请问：小金在这个投资过程中最大的问题是什么？什么是风险等级？

■ 学习目标

素质目标

1.了解投资中的风险并进行防范，增强金融安全意识；

2.培养投资组合配置的意识。

知识目标

1.能够理解投资风险；

2.能够描述投资产品的收益和风险。

能力目标

1.学会测评投资者的风险承受能力；

2.能够作出正确的投资决策。

■ 思维导图

本次学习之旅我们将学习到以下内容（如图3-6所示）：

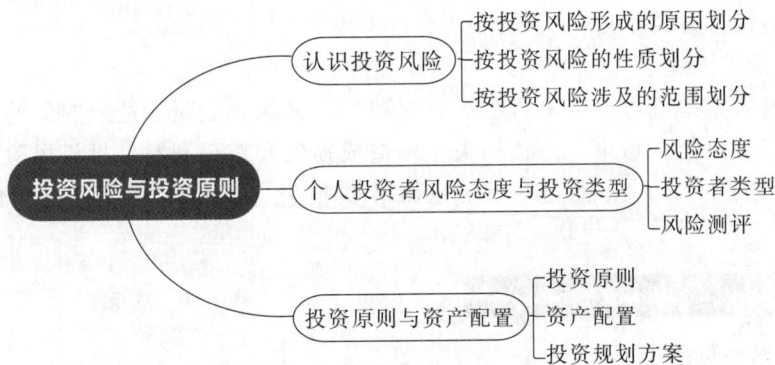

图3-6 本项目思维导图

任务一　认识投资风险

投资风险是指投资主体为实现其投资目的而对未来经营、财务活动可能造成的亏损或破产所承担的风险。投资风险是投资主体决定是否投资所进行预测分析的最主要内容。

投资风险管理与控制的关键就是区分风险的类型，识别在投资过程中隐含了哪些风险。投资风险依据不同的分类标准可以分为以下几类：

一、按投资风险形成的原因划分

（一）自然风险

自然风险是指由于自然因素的不规则变化给投资主体造成的风险，如地震、洪水和台风等。

（二）社会风险

社会风险是指由于不可预知的个人行为或团体行为给投资主体带来的风险，如欺诈、盗窃、玩忽职守等。

（三）经济风险

经济风险是指在投资活动中，由于经营管理不善或市场因素变化而引起的风险，包括经营风险、价格风险、利率风险和通货膨胀风险等。经济风险是市场的必然产物与固有现象，因而是投资风险管理的核心问题。

（四）技术风险

技术风险是指由于技术设计及管理不周而产生的风险，如系统故障、工程质量不达标或环境污染等引发的风险。

二、按投资风险的性质划分

（一）纯粹风险

纯粹风险是指不能带来获利机会、无获得利益可能的风险。纯粹风险只有两种可能的后果：造成损失或不造成损失。纯粹风险造成的损失是绝对的，一般与自然力的破坏或人的行为失误有关。

（二）投机风险

投机风险是指既可能带来机会、获得利益，又隐含危险、造成损失的风险。投机风险有三种可能的后果：造成损失、不造成损失和获得利益。投机风险如果使活动主体蒙受了损失，全社会不一定也跟着受损失，其他人甚至可能因此而获得利益。

三、按投资风险涉及的范围划分

（一）系统风险

系统风险是指由那些影响所有公司的因素引起的风险，如战争、通货膨胀、经济衰退等。系统风险涉及所有投资对象，不能通过多元化投资来分散，因此也称为不可分散风险或市场风险。例如，一家企业欲通过购买股票投资另一家企业，不论其购买哪一家企业的股票，都要承担市场风险，因为在经济衰退时，各种股票的价格都会不同程度地下跌。

（二）非系统风险

非系统风险是指由发生在个别公司的特有事件而引起的风险，如罢工、新产品开发失败、没有争取到重要合同、诉讼失败等。这类事件是随机发生的，因而可以通过多元化投资来分散，即发生于一家公司的不利事件可以被其他公司的有利事件所抵消，通俗地讲，就是"将鸡蛋放在不同的篮子里要比放在一个篮子里被打碎的风险要小得多"，因此非系统风险也称为可分散风险或公司特有风险。

财经思考 3-2

公司退市对投资者意味着什么？这属于哪种投资风险？[①]

2022 年是被称为史上最严退市新规落地实施的第二年，这一年，A 股有 46 家公司退市，相当于过去 3 年的总和。其中，42 家为强制退市，占比超过九成。

A 股市场过去常被投资者诟病"退市难"，不仅资产质量较差的企业长期拖累市场整体表现，个别公司乱停牌、长时间停牌等问题也比较突出。例如，退市的新亿（股票代码为 600145.SH）曾停牌长达 54 个月。

虽说股票退市属于正常的新陈代谢，但是投资者的风险不容小觑，投资者应认清公司退市的巨大杀伤力，并在公司业绩出现退市征兆时迅速撤离。

请思考：公司退市意味着什么？这属于哪种投资风险？如果遇到公司主动退市，股民的资金要怎么办？

任务二　个人投资者风险态度与投资类型

一、风险态度

由于每个人的性格、社会经历、文化程度、判断能力等是不同的，他们对风险与收益所持有的态度也必然会产生差异。投资者的风险态度可分为风险厌恶型、风险偏好型和风险中立型。

（一）风险厌恶型

风险厌恶型投资者对待风险的态度是消极的，他们不愿为增加收益而承担风险，非常注重资产安全，极力回避风险，边际收益使他们满足的程度可能不及边际风险带来的恐惧。此群体的投资主要以储蓄存款和政府债券等无风险证券为主。

（二）风险偏好型

风险偏好型投资者重视风险分析和规避，不因风险的存在而放弃投资机会。此群体一般有雄厚的资金、冒险精神、乐观的心态、熟练的技巧、无后顾之忧的家庭，他们主要投资高风险的股权资产，比如股票、期货、期权等

（三）风险中立型

风险中立型投资者可以接受通货膨胀的风险，但不敢承担高风险，表现为有一定的冒险精神，不满足于平均收益。此群体主要以投资分散型投资组合为主，比如中等风险的基金产品，以及同时投资债券和股票的投资组合。

二、投资者类型

一般来说，投资者类型可分为 5 级（也有些银行将投资者类型分为 6 级），分别是

[①] 李简. A 股退市新规落地，"垃圾股"快速出清，"钉子户"成为历史 [EB/OL]. [2022-09-19]. https://m.thepaper.cn/baijiahao_19955080.

进取型、成长型、平衡型、稳健型和保守型。

（一）进取型

进取型投资者一般比较年轻，有专业知识和技巧，敢于冒险，社会负担较轻。他们敢于投资股票、期权、期货、外汇、股权、艺术品等高风险、高收益产品与投资工具，追求更高的收益和资产的快速增值。

他们投资的产品风险评级包括低风险、中低风险、中风险、中高风险和高风险，即所有风险评级产品，他们主要投资高风险产品，比如股票。

（二）成长型

成长型投资者一般有一定的资产基础、一定的知识水平，风险承受能力较强，愿意承担一定的风险，但又不敢过度冒险。

他们投资的产品风险评级包括低风险、中低风险、中风险和中高风险，高风险产品不在他们投资的范围内，他们主要投资中高风险产品，比如指数基金。

（三）平衡型

一般来说，平衡型投资者既不厌恶风险，也不追求风险，对任何投资都比较理性，往往分析不同的金融市场、工具和产品，从中寻找风险适中、收益适中的产品，获得社会平均水平的收益，同时承担社会平均水平的风险。

他们投资的产品风险评级包括低风险、中低风险和中风险，中高风险和高风险产品不在他们的投资范围内，他们主要投资中风险产品，比如混合基金。

（四）稳健型

稳健型投资者偏向保守，对风险的关注更胜于对收益的关心，他们更愿意选择风险较低，而不是收益较高的产品，主要人群为中老年人。

他们投资的产品风险评级包括低风险和中低风险，中风险、中高风险和高风险产品不在他们的投资范围内，他们主要投资中低风险产品，比如债券基金、银行理财或直接购买债券等。

（五）保守型

保守型投资者一般是步入退休阶段的老年人群，一般来自低收入家庭，家庭成员较多、社会负担较重，还有性格保守的投资者。他们对投资风险的承受能力相对较低，选择一项产品或投资工具时，首先考虑的是保本，而不是收益。

他们投资的产品风险评级只有低风险，中低风险、中风险、中高风险和高风险产品不在他们的投资范围内，他们主要投资中低风险产品，比如国债、存款、保本型理财产品、货币与债券基金等。

三、风险测评

投资者在正规持牌金融机构购买金融产品前，金融机构会要求普通投资者（专业投资者除外）进行风险承受能力评估。根据问卷的回答结果进行评估后，投资者被划分为五个等级，由低到高分别是：C1（风险承受能力最低类别）、C1（保守型）、C2（谨慎型）、C3（稳健型）、C4（积极型）、C5（激进型）。各个风险等级的名称在不同的金融机构中有不同的命名，但均划分为五个等级。

素养拓展 3-4

测一测你的风险承受能力等级

以中国平安银行官网的风险测评为例，请扫描下面的二维码，测一测你的风险承受能力等级。

与投资者的风险承受能力等级相对应，理财产品的风险等级也分为五级（见表 3-11）：R1（低风险）、R2（中低风险）、R3（中风险）、R4（中高风险）、R5（高风险）。通常来说，风险越高，收益率越高。

风险承受能力
测试

表 3-11　　　　　　　　　　　　　　理财产品风险等级

R1-低风险	国债、地方政府债、政策性银行金融债、交易所逆回购、银行间债券质押式回购、转融通
R2-中低风险	AA+级别及以上债券、优先股、交易所现货黄金
R3-中风险	AA级别信用债、可转债、A股普通股、B股股票、创业板
R4-中高风险	AA-级别信用债、交易所正回购、新三版股票、港股通股票、风险警示股票、场内期权、ETF基金、黄金交易所T+D、股票质押回购、约定回购式证券、融资融券
R5-高风险	A+级别及以下信用债、无评级信用债、中小企业私募债、退市整理期股票、分级基金、场内债券、期货

在了解了个人所属的投资者类型与产品的风险类型后，就可以选择适合自己的投资产品了。表 3-12 是某基金网站的投资者与产品的等级匹配表，供大家参考。

表 3-12　　　　　　　　　　　　投资者与产品的等级匹配表

投资者分类结果	投资者分级结果	可直接匹配的产品或服务风险等级
普通投资者	C1-最低风险等级	R1-低风险（且不得购买或接受其他风险等级产品和服务）
	C1-保守型	R1-低风险
	C2-相对保守型	R1-低风险、R2-中低风险
	C3-稳健型	R1-低风险、R2-中低风险、R3-中风险
	C4-相对积极型	R1-低风险、R2-中低风险、R3-中风险、R4-中高风险

任务三　投资原则与资产配置

一、投资原则

（一）平衡收益

高收益意味着高风险，低收益对应低风险。投资收益和风险是相互匹配的，一定要先衡量自己的抗风险能力，把风险控制在可承受范围内，然后再制定相应的收益目标。

（二）量力而行

投资规划要综合考虑当下的情况和长远的安排，不要以他人为模板，制定超出自己能力范围的目标。制订过高的投资收益计划，不仅没办法达到预期目标，还会打击自信，对以后的投资造成不好的影响。

（三）不盲目投资

投资不应该是一时的兴趣，也不是一件一蹴而就的事。它需要非常专业的基础知识和投资技巧，需要花大量的时间去了解市场环境、了解公司背景、了解政策趋势等。投资不是碰运气，它需要用付出换取回报。

（四）控制欲望

我们在投资时，要应对的第一个敌人就是贪婪。贪婪会使我们忽略风险，让我们在市场价格上涨时，因欲望错过获利的好时机，不能及时地落袋为安；让我们在市场价格下跌时，忙于抄底，遇到价格断崖式下跌也不肯放手，结果被市场割肉。所以，任何时候都要设定止盈点和止损点，并严格遵守，避免因贪婪造成损失。

二、资产配置

资产配置是指根据投资需求将投资资金在不同资产类别之间进行分配，通常是将资产在低风险、低收益证券与高风险、高收益证券之间进行分配。

对于个人及家庭的投资理财，我们需要了解标准普尔家庭资产分配图（如图3-7所示），它将家庭资产分成4个部分：

1.家庭资产中40%的部分是保本升值的钱，这部分资产有本金要求，收益稳定且能持续增长。也就是说，这部分钱只追求长期稳定的收益，其前提是本金要安全。

2.家庭资产中30%的部分是生钱的钱，这部分资产肩负着赚钱的使命，要求能博取较高的投资收益，可以承担相应的风险。

3.家庭资产中20%的部分是保命的钱，这部分资产要专款专用，主要是购买意外险、重疾险，确保在家庭出现重大变故时能支付大笔的开支。

4.家庭资产中10%的部分是要花的钱，这部分资产是作为短期消费的，约为家庭3至6个月的日常开支。

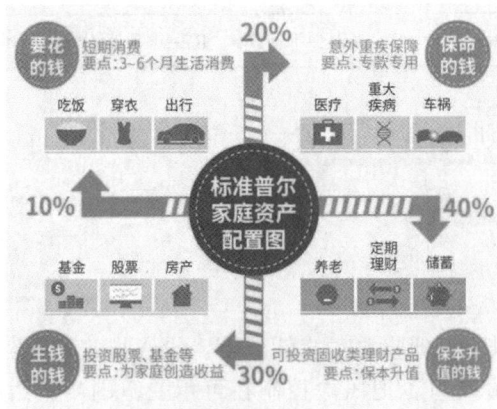

图3-7 "标准普尔家庭资产分配图

三、投资规划方案

（一）检查自己的资产状况，制定理财目标

要理财，首先要了解自己的资产状况，要清楚地知道自己到底有多少钱可以用来理财、有多少钱可以用来投资。要确保在不影响日常开销的前提下进行投资。而理财目标是指引投资理财活动的"灯塔"，只有明确了理财目标，才能制定出相应的理财计划和投资策略。理财目标要根据投资者自身资产的多少来确定，切不可打肿脸充胖子，承担不必要的风险。

（二）了解自己的风险承受能力和风险偏好，选择适合自己的理财产品

在了解了自己的资产状况之后，要根据不同的投资能力进行投资，因为每个投资者可承受的风险程度是不同的。

（三）合理分配自己的资产

个人投资理财要注意分散投资，合理分配自己的资产，不要把鸡蛋放在同一个篮子里。投资时，不能把全部资金投入一个理财产品中，要优化配置资产，将不同特点的理财产品进行合理组合。这样就可以保证在一个理财产品出现问题时，其他理财产品能够保本，使自己的投资不至于血本无归。这是比较重要的一件事。

（四）根据市场变化调整投资策略

投资有风险，投资理财行业千变万化。投资者对自己的投资理财产品进行监控和调整投资策略能使投资者在万变的市场中达到最好的投资效果，也能避免承受不必要的风险。如投资者不具备这种调整的能力，建议投资者选择一些较为简单的投资理财产品进行投资。

育德育人 3-2

加强和完善现代金融监管 守住不发生系统性风险底线[①]

防范化解金融风险，事关国家安全、发展全局、人民财产安全，是实现高质量发展必须跨越的重大关口。党的二十大报告指出，"高质量发展是全面建设社会主义现代化国家的首要任务"。这就要求金融系统按照党中央决策部署，把防控金融风险放在更加突出的位置，健全和完善金融风险的防范、预警和处置机制，持续强化金融风险防控能力。

2018年以来，按照党中央确立的"稳定大局、统筹协调、分类施策、精准拆弹"的基本方针，金融系统坚决打好防范化解重大金融风险攻坚战，取得了重要阶段性成果，金融风险整体收敛、总体可控，金融体系经受住了复杂环境的冲击考验。

当前，百年变局和世纪疫情交织叠加，国内外经济金融环境发生深刻变化，不稳定不确定不安全因素明显增多，金融风险诱因和形态更加复杂。党的二十大报告指出，"我国发展进入战略机遇和风险挑战并存、不确定难预料因素增多的时期，各种'黑天鹅''灰犀牛'事件随时可能发生。"就金融领域而言，我们必须要增强忧患意

---

① 佚名. 加强和完善现代金融监管 守住不发生系统性风险底线 [EB/OL]. [2022-11-10]. https://www.financialnews.com.cn/pl/sl/202211/t20221110_259028.html.

识，坚持底线思维，时刻绷紧"守住不发生系统性风险底线"这根弦，事实上，这也是多年来我国金融业成功抵御多次重大风险考验所积累的宝贵经验。

党的二十大报告要求，"深化金融体制改革，建设现代中央银行制度，加强和完善现代金融监管，强化金融稳定保障体系，依法将各类金融活动全部纳入监管，守住不发生系统性风险底线。"

加强和完善现代金融监管，是防范化解金融风险的重要保障。首先，要深化金融供给侧结构性改革。党的二十大报告强调"坚持把发展经济的着力点放在实体经济上"。这对于金融行业来说，必须回归本源，把服务实体经济放在首要位置，提高金融服务实体经济质效；要引导金融资源更精准地流向先进制造业、战略性新兴产业、小微企业、"三农"等实体经济重点领域和薄弱环节；要完善多层次广覆盖差异化金融机构体系，引导督促中小银行深耕本地，服务当地经济发展；要健全资本市场功能，提高直接融资比重。

近年来，我国宏观审慎监管框架更趋健全，金融控股公司、系统重要性金融机构监管等制度性文件相继出台；在微观审慎监管方面，严监管氛围基本形成，依法监管能力明显提高。强化审慎监管，要坚守监管主责主业，把好金融机构准入关，加强和完善公司治理，特别是加强对股东资质、股权关系的穿透核查和股东行为监管，坚决纠正违规关联交易，防止大股东操纵和内部人控制。依法将各类金融活动全部纳入监管，纠正"有照违章"，打击"无证驾驶"。强化金融反垄断和反不正当竞争，依法规范和引导资本健康发展，防止资本在金融领域无序扩张。

财经实践3-1

一个公式选好基金："4433法则"

1."4433法则"的含义

"4433法则"是用来挑选基金的一种方式，即一只好的基金要同时满足以下条件：

（1）近1年业绩排名在同类基金中位列前1/4；

（2）近2、3、5年业绩排名在同类基金中位列前1/4；

（3）近3个月业绩排名在同类基金中位列前1/3；

（4）近6个月业绩排名在同类基金中位列前1/3。

可以看出，它的核心理念就是兼顾基金长期（法则中的"44"）和短期（法则中的"33"）业绩表现进行筛选。

2."4433法则"实操

在基金投资实操中，我们可以使用"4433法则"，借助一些基金平台的排名功能，按照"4433"的顺序，逐一对比和筛选。经过"4433法则"的筛选，往往可以将成百上千只基金减少至几十只，再结合其他关键性指标，更有利于我们进行最终的投资判断。

现在我们利用"天天基金网"的基金排序功能（如图3-8所示，很多基金平台都有此功能，可自行选择），运用"4433法则"，对股票基金进行筛选。

全部(7434)	股票型(1447)	混合型(3884)	债券型(1922)	指数型(1077)	QDII(181)	LOF(331)	FOF(155)		2020-03-07
比较	序号	基金代码	基金简称	日期	单位净值	累计净值	日增长率	近1周 近1月 近3月 近6月 近1年 近2年 近3年 今年来 成立来	自定义

图3-8 "天天基金网"操作图解1

第一步，按股票类型来排，点击股票基金进入，先按近3年的业绩来排名，点击"近3年"，从高到低排列。这里的股票基金共有1 447只，1/4就是361只，也就是取排名前361位的股票基金。

由于篇幅有限，为了方便观察，所以只截取了前10位的股票基金（如图3-9所示），在实际操作中，要列出前361位的股票基金。

比较	序号	基金代码	基金简称	日期	单位净值	累计净值	日增长率	近1周	近1月	近3月	近6月	近1年	近2年	近3年
☐	1	001643	汇丰晋信智造	03-05	2.9899	2.9899	-0.39%	-1.34%	5.13%	18.52%	48.98%	79.38%	211.29%	203.33%
☐	2	003853	金鹰信息产业	03-05	2.9549	3.1214	-0.46%	-2.80%	-8.10%	9.49%	25.37%	48.78%	121.65%	199.62%
☐	3	001644	汇丰晋信智造	03-05	2.9127	2.9127	-0.39%	-1.35%	5.09%	18.38%	48.61%	78.50%	208.39%	199.01%
☐	4	000960	招商医药健康	03-05	3.2060	3.2060	0.69%	-2.43%	-11.12%	9.49%	7.05%	63.49%	172.85%	194.94%
☐	5	004997	广发高端制造	03-05	3.0099	3.0099	-0.63%	-0.76%	-1.50%	17.97%	40.79%	116.03%	249.05%	189.25%
☐	6	004851	广发医疗保健	03-05	3.2646	3.2646	-0.32%	-4.15%	-15.21%	6.10%	4.10%	54.07%	187.20%	188.57%
☐	7	160632	鹏华酒	03-05	0.9370	2.2800	1.08%	-3.70%	-16.71%	2.76%	19.81%	89.87%	168.65%	183.79%
☐	8	161725	招商中证白酒	03-05	1.2521	2.8832	1.18%	-3.68%	-16.99%	4.21%	21.15%	90.13%	160.12%	183.36%
☐	9	004075	交银医药创新	03-05	3.2687	3.2687	-0.13%	-3.87%	-15.41%	4.85%	2.47%	55.02%	168.12%	182.15%
☐	10	000913	农银医疗保健	03-05	2.7517	2.7517	-0.30%	-6.52%	-14.93%	6.73%	3.36%	43.11%	147.10%	174.73%

图3-9 "天天基金网"操作图解2

第二步，再按近1年来排，点击"近1年"，从高到低来排名（如图3-10所示），还是取前361位的股票基金。现在可以看一看，这次得到的361只股票基金和上第一步得到的361只股票基金有没有相同的。如"广发高端制造"，不管是按近3年排，还是按近1年排，它都包含在内。

比较	序号	基金代码	基金简称	日期	单位净值	累计净值	日增长率	近1周	近1月	近3月	近6月	近1年	近2年	近3年
☐	1	005968	创金合信工业	03-05	3.0010	3.0010	-0.81%	-5.03%	-10.14%	27.10%	49.24%	119.52%	203.01%	---
☐	2	005969	创金合信工业	03-05	2.9460	2.9460	-0.82%	-5.04%	-10.19%	26.88%	48.74%	118.01%	198.93%	
☐	3	004997	广发高端制造	03-05	3.0099	3.0099	-0.63%	-0.76%	-1.50%	17.97%	40.79%	116.03%	249.05%	189.25%
☐	4	519714	交银消费新驱	03-05	1.9820	4.7710	0.15%	-2.12%	-7.73%	6.10%	20.12%	94.12%	126.35%	126.35%
☐	5	161725	招商中证白酒	03-05	1.2521	2.8832	1.18%	-3.68%	-16.99%	4.21%	21.15%	90.13%	160.12%	183.36%
☐	6	160632	鹏华酒	03-05	0.9370	2.2800	1.08%	-3.70%	-16.71%	2.76%	19.81%	89.87%	168.65%	183.79%
☐	7	003624	创金合信资源	03-05	2.2103	2.2103	-2.23%	-5.39%	1.30%	21.37%	47.08%	87.36%	136.14%	85.58%
☐	8	000991	工银战略转型	03-05	3.3400	3.3400	-0.45%	2.58%	3.89%	9.76%	26.56%	86.49%	169.35%	166.14%
☐	9	003625	创金合信资源	03-05	2.1610	2.1610	-2.23%	-5.39%	1.27%	21.22%	46.72%	86.44%	135.76%	84.21%
☐	10	006604	嘉实消费精选	03-05	2.2083	2.2083	0.15%	-1.76%	-11.81%	11.73%	20.86%	86.32%	---	

图3-10 "天天基金网"操作图解3

第三步，再按近6个月来排（如图3-11所示），这次取的是前1/3，也就是前482

位的股票基金。这里同样可以看到"广发高端制造",但它不在前10位里,而是在第14位,所以它也是包含在前1/3里的。

比较	序号	基金代码	基金简称	日期	单位净值	累计净值	日增长率	近1周	近1月	近3月	近6月	近1年	近2年	近3年
☐	1	003834	华夏能源革新	03-05	2.5150	2.5150	-0.83%	-1.57%	-7.88%	24.07%	59.28%	81.07%	144.41%	139.07%
☐	2	540008	汇丰晋信低碳	03-05	3.0453	3.1453	-1.19%	-2.12%	1.04%	20.14%	49.56%	79.18%	156.27%	111.04%
☐	3	005968	创金合信工业	03-05	3.0010	3.0010	-0.81%	-5.03%	-10.14%	27.10%	49.24%	119.52%	203.01%	---
☐	4	001643	汇丰晋信智造	03-05	2.9899	2.9899	-0.39%	-1.34%	5.13%	18.52%	48.98%	79.38%	211.29%	203.33%
☐	5	005969	创金合信工业	03-05	2.9460	2.9460	-0.82%	-5.04%	-10.19%	26.88%	48.74%	118.01%	198.93%	---
☐	6	001644	汇丰晋信智造	03-05	2.9127	2.9127	-0.39%	-1.35%	5.09%	18.38%	48.61%	78.50%	208.39%	199.01%
☐	7	003624	创金合信资源	03-05	2.2103	2.2103	-2.23%	-5.39%	1.30%	21.37%	47.08%	87.36%	136.14%	85.58%
☐	8	003625	创金合信资源	03-05	2.1610	2.1610	-2.23%	-5.39%	1.27%	21.22%	46.72%	86.44%	135.76%	84.21%
☐	9	009147	建信新能源行	03-05	1.6404	1.6404	0.15%	-1.17%	-8.40%	17.42%	46.20%	---	---	---
☐	10	000594	大摩进取优选	03-05	3.5090	3.5090	-0.06%	-1.54%	-2.55%	21.67%	42.99%	72.94%	126.68%	116.20%
☐	11	501057	汇添富中证新	03-05	2.0054	2.0054	-0.02%	-0.49%	-10.07%	12.33%	41.75%	67.84%	114.18%	---
☐	12	501058	汇添富中证新	03-05	1.9892	1.9892	-0.02%	-0.50%	-10.09%	12.26%	41.58%	67.41%	113.09%	---
☐	13	005927	创金合信新能	03-05	2.0560	2.0560	-0.04%	-0.97%	-6.18%	18.54%	40.93%	53.11%	98.02%	---
☐	14	004997	广发高端制造	03-05	3.0099	3.0099	-0.63%	-0.76%	-1.50%	17.97%	40.79%	116.03%	249.05%	189.25%
☐	15	165520	信诚中证80	03-05	1.4680	1.5220	-3.36%	-3.99%	8.98%	19.80%	40.75%	58.47%	68.98%	34.18%

图3-11 "天天基金网"操作图解4

第四步,再按近3个月来排序(如图3-12所示),还是取前1/3。在第16位,我们仍然看到了"广发高端制造"。

比较	序号	基金代码	基金简称	日期	单位净值	累计净值	日增长率	近1周	近1月	近3月	近6月	近1年	近2年	近3年
☐	1	005968	创金合信工业	03-05	3.0010	3.0010	-0.81%	-5.03%	-10.14%	27.10%	49.24%	119.52%	203.01%	---
☐	2	005969	创金合信工业	03-05	2.9460	2.9460	-0.82%	-5.04%	-10.19%	26.88%	48.74%	118.01%	198.93%	---
☐	3	003834	华夏能源革新	03-05	2.5150	2.5150	-0.83%	-1.57%	-7.88%	24.07%	59.28%	81.07%	144.41%	139.07%
☐	4	000594	大摩进取优选	03-05	3.5090	3.5090	-0.06%	-1.54%	-2.55%	21.67%	42.99%	72.94%	126.68%	116.20%
☐	5	003624	创金合信资源	03-05	2.2103	2.2103	-2.23%	-5.39%	1.30%	21.37%	47.08%	87.36%	136.14%	85.58%
☐	6	003625	创金合信资源	03-05	2.1610	2.1610	-2.23%	-5.39%	1.27%	21.22%	46.72%	86.44%	135.76%	84.21%
☐	7	540008	汇丰晋信低碳	03-05	3.0453	3.1453	-1.19%	-2.12%	1.04%	20.14%	49.56%	79.18%	156.27%	111.04%
☐	8	001158	工银新材料新	03-05	1.4470	1.4470	-0.41%	-3.73%	-7.36%	19.88%	34.86%	70.84%	127.52%	112.48%
☐	9	165520	信诚中证80	03-05	1.4680	1.5220	-3.36%	-3.99%	8.98%	19.80%	40.75%	58.47%	68.98%	34.18%
☐	10	001718	工银物流产业	03-05	3.2570	3.2570	-0.03%	1.18%	1.78%	18.96%	36.16%	64.16%	134.65%	143.42%
☐	11	005927	创金合信新能	03-05	2.0560	2.0560	-0.04%	-0.97%	-6.18%	18.54%	40.93%	53.11%	98.02%	---
☐	12	001643	汇丰晋信智造	03-05	2.9899	2.9899	-0.39%	-1.34%	5.13%	18.52%	48.98%	79.38%	211.29%	203.33%
☐	13	001644	汇丰晋信智造	03-05	2.9127	2.9127	-0.39%	-1.35%	5.09%	18.38%	48.61%	78.50%	208.39%	199.01%
☐	14	005928	创金合信新能	03-05	2.0142	2.0142	-0.04%	-0.99%	-6.23%	18.34%	40.45%	52.05%	95.29%	---
☐	15	005660	嘉实资源精选	03-05	2.3511	2.3511	-1.81%	-2.96%	-3.58%	18.07%	34.73%	85.10%	120.16%	---
☐	16	004997	广发高端制造	03-05	3.0099	3.0099	-0.63%	-0.76%	-1.50%	17.97%	40.79%	116.03%	249.05%	189.25%

图3-12 "天天基金网"操作图解5

我们就这样一步一步地进行筛选，在排名里找出共同的基金。因为这里举例取的是前十几位，所以数量并不多，如果按前361位来取，可以得到多只基金，在其中继续筛选，就可以选出适合自己的基金了。

这样筛选出来的基金相对来说是历史业绩比较好的，后续趋势也相对稳定一些。不过我们还是建议，选出适合自己的基金后，要再根据每只基金的具体情况进行分析，这样更保险一些。

3."4433法则"的局限性

当然，这种方法也有局限性，比如不能用来判断新产品，因为新产品没有历史业绩；再比如，它忽略了对公募基金风险水平的判断，所以可能选到波动较大的产品。但是就整体来看，这种方法还是有很大可能让我们选到好产品的。对于挑选出来的产品，我们建议大家再考虑以下几个方面的因素，来进行一些修正：

第一点，我们发现，应用"4433法则"最主要的不是挑选的过程，而是对于基金产品的分类。如果没有好的分类标准，那就干脆按照投资风格的标准分类，这样做比较好。基金分类其实非常复杂，缺少基础知识的话，不建议采用个性化分类。

第二点，符合"4433法则"的产品还要验证是否发生过基金经理变更，买基金其实就是买基金经理的投资能力，这一点大家肯定都知道。如果选择的产品在判断周期内发生过基金经理调整，那么这个结果就是无效的，需要剔除。

第三点，要考虑选出的产品规模是否过大或者过小，规模太大或太小都不好。规模太小，不能展示基金经理的水平；规模太大，会影响基金经理能力的发挥。比较理想的规模在50亿元到80亿元。

第四点，在同样的条件下，建议大家选择大基金公司的产品，这个原因就不说了，大家都懂。

总的来说，"4433法则"可以比较简单地帮助大家筛选出历史业绩表现优秀且稳定的产品，比较适合入门级投资者筛选产品，通过这一个法则就能完成筛选，新的基金投资者不妨试试看。

要求：请根据上述步骤选出1~2只目标投资基金，并说明每个步骤的详细信息。

■ 课后巩固

一、小组讨论

1.2022年11月，人力资源和社会保障部等5部门公布了《个人养老金实施办法》，明确建立个人养老金制度。个人养老金实行个人账户制，缴费完全由参加人个人承担，自主选择购买符合规定的储蓄存款、理财产品、商业养老保险、公募基金等金融产品，实行完全积累，按照国家有关规定享受税收优惠政策。这意味着我国养老制度进入了3.0时代。请结合此次改革背景，了解目前有哪些个人养老基金产品。

2.查找资料，了解金融衍生品投资有哪些，它们分别有哪些特点。

3.了解近年来居民在投资理财方面有哪些变化趋势。

4.查找资料，了解历史上发生过哪些历史性风险、发生的背景和特点是什么。

5.试讨论后疫情时代下，影响资产配置的因素有哪些？

二、技能实训

1.运用Excel函数公式也可以计算复利终值、复利现值，试着查找资料了解这些函数，并完成以下案例的计算：

假设你5年后想从银行取出10 000元，年利率为6%，按复利计算，现在应该存入银行的现金是多少？

若某人现在存入银行10 000元，年利率为6%，按复利计算，5年后复利终值是多少？

若有一笔年金，分期支付，每期支付1 000元，年利率为6%，这笔年金的现值是多少？

若有一笔年金，分期支付，每期支付1 000元，年利率为6%，这笔年金在第五期时的终值是多少？

2.智能投顾是人工智能导入传统的理财顾问服务，并非由实体的机器人帮助客户理财，而是通过网络在线上互动，依据需求者设定的投资目的及风险承受度，通过计算机程序的算法，提供自动化的投资组合建议。它不像传统的面对面理财服务需要许多服务人员，其目的在于提升效率。我国众多智能金融平台已经推出智能投顾，致力于为投资者提供自动化、智能化的投资服务，提升用户体验。请选择一款银行APP，通过体验其智能投顾了解它的办理流程，并说明智能投顾根据个人风险偏好选出的产品组合。

模块四

消费与信贷

众所周知，拉动经济增长的有三驾马车：投资、消费、净出口。在很长一段时间，投资和进出口是我国经济的重要组成部分。2008 年金融危机之后，拉动内需、提高国内居民消费水平，成为我国一项主要经济措施。伴随着消费扩张而来的就是信贷市场的扩张，各类形式的信贷越来越受到消费者的青睐。

项目一

认知消费

消费是消费者在消费市场的一种购买行为，是资金支出的一种形式。消费发生的必要条件是消费者必须有消费能力，消费不能超出消费者自身的消费能力；否则，就会形成借贷，增加自身的风险。消费有生产消费和个人消费，在本书中我们重点讨论个人消费。

案例导入

慈禧和窝窝头①

慈禧在清朝后期权势滔天，吃穿用度都要最好的，据说一顿饭有100多道菜。民间传说，1900年，八国联军攻入紫禁城，慈禧仓皇出逃，来到西安。到了西安后，慈禧饥肠辘辘，想吃东西，就让大太监李莲英去找吃的。最后，经过千辛万苦，也只找来了几个窝窝头。慈禧第一次吃窝窝头，觉得自己从来没吃过这么好吃的食物。后来，慈禧又回到了京城，又吃到了山珍海味，但她总觉得这些饭菜都没有她在西安吃到的窝窝头好吃。

根据这个例子，我们要思考两个问题：

1.为什么慈禧觉得窝窝头好吃？

2.为什么慈禧觉得曾经的山珍海味没有那么好吃了？

学习目标

素质目标

1.培养正确的消费观，量力而行，不过度消费；

2.培养踏实认真、理智务实的人生态度；

3.培养举一反三、条理清晰的逻辑思维。

知识目标

1.正确理解偏好和效用概念；

2.理解边际效用、边际效用最大化概念；

3.理解和掌握无差异曲线；

4.理解和掌握预算约束线；

5.理解和计算消费者剩余。

能力目标

1.能够运用无差异曲线和预算约束线分析消费情况；

---

① 吴冰. 经济学基础教程［M］. 北京：北京大学出版社，2018.

2.能够通过绘图计算消费者剩余。

■ 思维导图

本次学习之旅我们将学习到以下内容（如图4-1所示）：

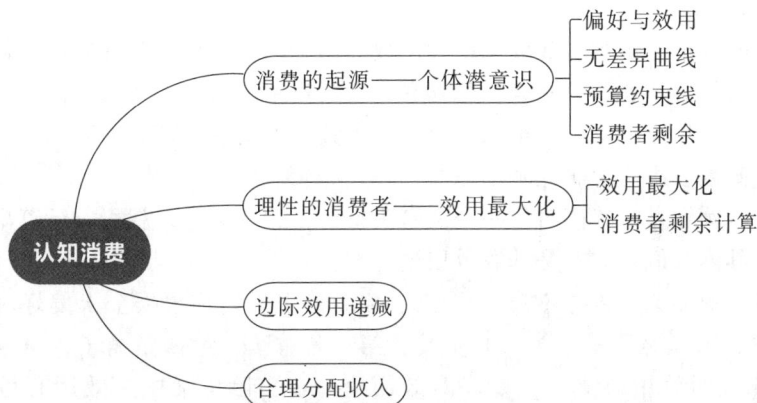

图4-1 本项目思维导图

任务一 认识消费的起源——个体潜意识

一、偏好与效用

（一）偏好

偏好是微观经济学的一个概念，是指消费者根据自己的意愿，对可供选择的物品进行的排列。偏好具有主观性和相对性。偏好的主观性体现在每个人对同一事物的偏好不同，含有自身的主观判断，比如"甲之蜜糖，乙之砒霜"，对同一个事物，有的人认为是"蜜糖"，有的人认为是"砒霜"。类似的还有"萝卜白菜各有所爱"等。偏好的相对性体现在不同时刻、不同条件下，对同一个事物的偏好会有所不同。比如案例导入中的慈禧，在逃亡过程中吃不到山珍海味，觉得窝窝头特别好吃，等回到皇宫后，发现曾经好吃的山珍海味也索然无味了。也就是说，对于同一个事物，外在条件不同，得出的认知也不同。

（二）效用

1.效用的概念

效用是消费一个单位产品所带来的满足感的量。总效用是指消费者在一定时间内从一定数量的商品的消费中所得到的效用量的总和。平均效用是总效用除以商品数量所得到的单位商品的效用。边际效用是指消费者消费的最后一个单位产品所带来的效用。

假如有一袋面包，你吃一片面包的总效用是10，吃两片面包的总效用是18，吃三片面包的总效用是24，吃四片面包的总效用是28。

平均效用=总效用÷总数量=28÷7=4

第一片面包的边际效用=10

第二片面包的边际效用=18-10=8

第三片面包的边际效用=24-18=6

第四片面包的边际效用=28-24=4

2.效用的分类

在效用的度量上，有基数效用论和序数效用论两种观点。基数效用论认为，效用可以用具体的数值来表示，并能加总求和；序数效用论认为，效用是次序概念，不能确定具体数值，只能用第一、第二、第三等序数来说明各种商品的效用大小。在本书中，主要以基数效用论为研究基础。

例如，案例导入中慈禧对每一个窝窝头打分，进行量化，就可以计算出总效用和边际效用的具体数值，这就是基数效用论。

再例如，有苹果、梨、橘子、香蕉、葡萄等水果，你根据个人偏好对其从高到低进行排序：第一是苹果，第二是葡萄，第三是香蕉，第四是橘子，第五是梨。这种按序数来说明效用的情况就是序数效用论。在实际生活中，效用有很多应用场景，人们会不自觉地将生活中的很多事物进行排序，优先选择对自己效用最大的事物。

（三）边际效用分析

1.边际效用的概念

总效用是指消费者在一定时间内从一定数量的商品的消费中所得到的效用量的总和。总效用函数为：

TU=f（Q）

其中，Q是消费者对一种商品的消费量。

边际效用是指消费者增加一单位商品的消费所带来的效用增量。边际效用函数为

MU=ΔTU（Q）/ΔQ

当ΔQ趋近于0时，有：

$$MU = \lim_{\Delta Q \to 0} \frac{\Delta TU（Q）}{\Delta Q} = \frac{dTU（Q）}{dQ}$$

2.边际效用递减规律

边际效用递减规律是指在一定时间内，在其他商品的消费数量保持不变的条件下，随着消费者对某种商品消费量的增加，消费者从该商品连续增加的每一消费单位中所得到的效用增量减少，即边际效用递减。

边际效用递减规律的原因有：一是生理或心理的原因。由于生理等因素的限制，对同一种商品的多次消费带来的满意度是逐渐减少的，甚至会使人产生厌恶的感觉。二是物品用途的多样性。一个物品在不同用途上的效用也不同，消费者总是把物品优先用到能带来最大效用的用途上。比如期末考试复习时间的分配，如果花5小时复习数学，可以提高数学成绩10分，花6小时，可以提高11分；如果花1小时来复习英语，英语成绩可以提高5分。由于物品用途的多样性，会让你减少时间复习数学，抽出时间复习英语，最终提高总成绩。总效用和边际效用举例见表4-1。

表 4-1   总效用和边际效用举例

馒头（个）	总效用（TU）	边际效用（MU）
1	10	10
2	18	8
3	24	6
4	27	3
5	28	1
6	26	−2

我们用曲线表示总效用和边际效用，如图 4-2 所示。

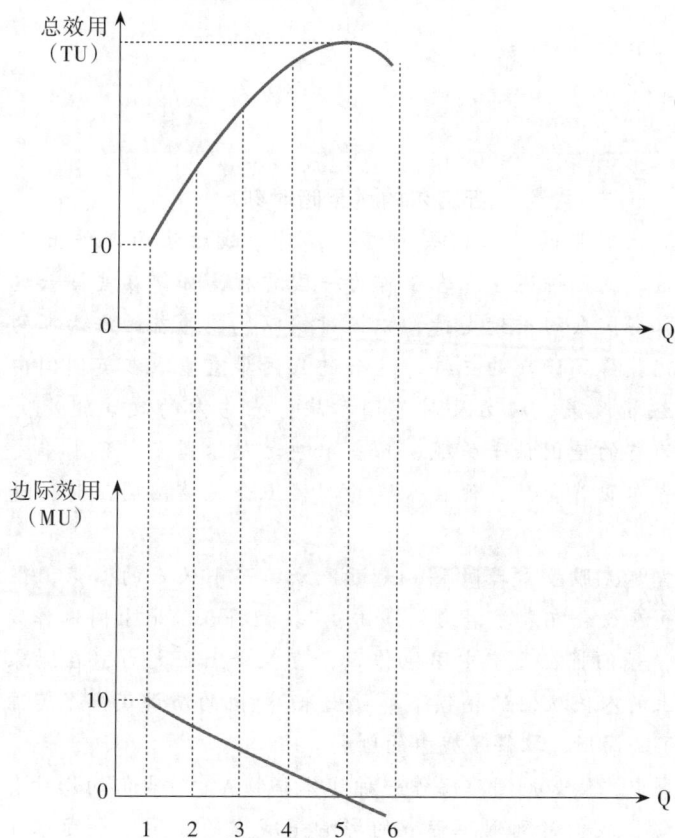

图 4-2　总效用曲线和边际效用曲线

（四）消费者均衡

消费者的需求一般取决于自己的主观欲望和客观购买力，主观欲望是无限的，而客观购买力是有限的。如何平衡主观欲望和客观购买力的关系，使消费者的效用最大化，就是我们接下来要讲解的内容。

1.消费者均衡的含义

消费者均衡研究消费者如何把有限的货币收入分配在各种商品的购买中以获得最大的效用。或者说，消费者均衡是研究单个消费者在既定收入下实现效用最大化的均衡条件。

2.消费者均衡的条件

如果消费者的货币收入是固定的，市场上商品的价格是已知的，当消费者所购买的各种商品的边际效用与价格之比相等，即消费者购买各种商品的最后一元钱所带来的边际效用相等时，就达到了消费者均衡。在进行消费者行为分析时，基数效用论者通常假定货币的边际效用是不变的。

一般来说，假定有两种商品：商品1和商品2，消费者的收入为I，商品价格分别为P_1和P_2，消费数量为Q_1和Q_2，两种商品的边际效用是MU_1和MU_2，消费者均衡的条件是：

$$\begin{cases} \dfrac{MU_1}{P_1} = \dfrac{MU_2}{P_2} \\ P_1Q_1 + P_2Q_2 = I \end{cases}$$

素养拓展4-1

丘吉尔的《至暗时刻》[1]

丘吉尔是二战时期的"三巨头"之一，对于战胜法西斯作出了非常重要的贡献。电影《至暗时刻》讲述了丘吉尔作为一国首相，如何在波谲云诡的英国政坛纵横捭阖，最终取得民众的一致支持，积极对抗以德国为首的法西斯的故事。丘吉尔并不是一开始就获得了民众的支持，这个过程困难重重。在英国国内，以张伯伦为首的政党认同绥靖政策，极力反对英国参战，丘吉尔的政策处处受阻；在英国国外，以罗斯福为首的美国袖手旁观，丘吉尔缺乏政治盟友，独木难支。在极其困难的条件下，丘吉尔腹背受敌，他在家里的阁楼上会见英国国王时，也承认了自己的担忧和害怕。

最终，丘吉尔克服了心理障碍，走近民众，了解民众的心声，得到了民众的支持。他鼓起勇气在议会发表了著名的演讲："我们将在陆地上同他作战，我们将在海洋上同他作战，我们将在天空中同他作战，直至借上帝之力，在地球上肃清他的阴影，并把地球上的人民从他的枷锁下解放出来。"他的演讲获得了英国全国上下的支持，最终打败了法西斯，取得了战争的胜利。

在这个故事中，假如把困难比作一种具体事物A，对我们的影响会带来效用。根据丘吉尔的反馈，我们看到困难带来的影响是减少的。第一个困难A带来的效用是10，第二个困难A带来的效用是8，第三个困难A带来的效用是4，以此类推，边际效用在递减，也就是说困难对我们的效用是递减的。这也告诉我们在学习过程中，无论遇到任何困难，都要积极应对，不能放弃，这样才能战胜困难。

---

[1] 根据电影《至暗时刻》编写。

二、无差异曲线

（一）消费者偏好的假定

消费者偏好有三个基本假定：

1.消费者偏好的完全性

消费者偏好的完全性是指消费者可以明确给出对商品的偏好判断，比如某消费者认为自己对商品 A 的偏好大于对商品 B 的偏好，对商品 B 的偏好大于对商品 C 的偏好，那么就有对商品 A 的偏好大于对商品 C 的偏好等。比如，小金对苹果的偏好大于对梨的偏好，对梨的偏好大于对葡萄的偏好。他很明确地表达了对物品的偏好，不存在模棱两可的状态，不可能存在既喜欢苹果又不喜欢苹果的状态。

2.消费者偏好的可传递性

消费者偏好的可传递性是指消费者对商品的偏好可以相互传递，比如对商品 A 的偏好大于对商品 B 的偏好，对商品 B 的偏好大于对商品 C 的偏好，则该消费者对商品 A 的偏好也会大于对商品 C 的偏好。例如，小金对苹果的偏好大于对梨的偏好，对梨的偏好大于对葡萄的偏好，那么小金对苹果的偏好肯定大于对葡萄的偏好，因为偏好是可以传递的。

3.消费者偏好的非饱和性

消费者偏好的非饱和性是指消费者对任何商品的消费都没有饱和点，总是对效用大的商品偏好更大，对同一类商品总是认为数量多的商品比数量少的商品好。由于个体欲望的无限性，人们对商品的需求是没有限度的，所以总是认为多比少好。比如，有人认为 2 个苹果比 1 个苹果好，3 个苹果比 2 个苹果好。

（二）无差异曲线的概念

无差异曲线是用来表示消费者偏好相同的两种商品的所有组合的曲线。或者说，它是表示能够给消费者带来相同的效用水平或满足程度的两种商品的所有组合的曲线。

假设消费者只购买两种商品 X 和 Y，按照其效用的不同，我们将各商品组合做成无差异曲线表格。效用组合见表4-2。

表4-2　　　　　　　　　　　　　　　　效用组合

效用组合	组合 1		组合 2		组合 3	
	X	Y	X	Y	X	Y
A	10	30	20	20	30	10
B	30	20	25	25	20	30
C	30	40	35	35	40	30

观察表4-2可以看出，在效用组合 A 中，组合 1、组合 2、组合 3 的总效用都是40；在效用组合 B 中，总效用都是50；在效用组合 C 中，总效用都是70。根据偏好的非饱和性，消费者更偏好效用大的商品，那么消费者对各个组合的偏好是 A<B<C。如果将各个组合的点描绘在图中，就形成了无差异曲线（如图4-3所示）。

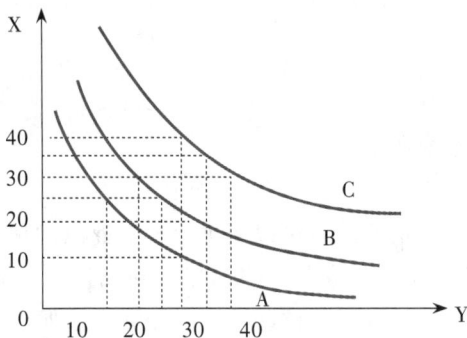

图4-3　无差异曲线

（三）无差异曲线的基本特征

第一，在同一坐标平面上的任何两条无差异曲线之间，可以有无数条无差异曲线。离原点越远的无差异曲线代表的效用水平越高，离原点越近的无差异曲线代表的效用水平越低。比如图4-3中的无差异曲线，A的效用小于B的效用，B的效用小于C的效用，A的效用同样小于C的效用。

第二，在同一坐标平面上的任何两条无差异曲线不会相交。因为各条无差异曲线代表的效用不同，所以不会相交。

第三，无差异曲线向右下方倾斜，且凸向原点。

素养拓展4-2

如何作出选择？①

有一本书叫《杀鹌鹑的少女》，里面有这么一段话："当你老了，回顾一生，就会发觉：什么时候出国读书，什么时候决定做第一份职业，何时选定了对象而恋爱，什么时候结婚，其实都是命运的巨变。只是当时站在三岔路口，眼见风云千樯。你作出选择的那一日，在日记上相当沉闷和平凡，当时还以为是生命中普通的一天。"

在现实生活中，我们经常会遇到各种各样的选择，选择决定了我们这一生的命运走向，这些选择就是我们面对的各种无差异曲线。你上学时，可以选择学习音乐和物理，或者选择学习舞蹈和数学。在比较大的事情上，比如你选择做什么职业、和什么样的人结婚、追求什么样的目标，都是对人生的重大考验。每一个决定都要慎重，多年之后你会发现，正是当下的一个小小选择决定了未来的走向。无论人生中的哪一次选择都是人生中一次重要的选择，不要忽视它，用你所学习过的知识和经验去作出最正确的选择！

三、预算约束线

（一）预算线的含义

预算线又称预算约束线，表示在消费者的收入和商品的价格给定的条件下，消费者的全部收入所能购买的两种商品的各种组合。

---

①　根据图书《杀鹌鹑的少女》（陶杰. 杀鹌鹑的少女［M］. 香港：凤凰出版社，2012.）编写。

预算线的方程为：

$P_1Q_1 + P_2Q_2 = I$

其中，I是消费者的既定收入，P_1和P_2是商品1和商品2的价格，Q_1和Q_2是商品1和商品2的数量。

假定某消费者有收入100元，商品1的价格是每件10元，商品2的价格是每件20元。如果消费者的收入全部用来购买商品1，可以购买10件产品；如果消费者的收入全部用来购买商品2，可以购买5件商品。我们据此画出消费者的预算线（如图4-4所示）。

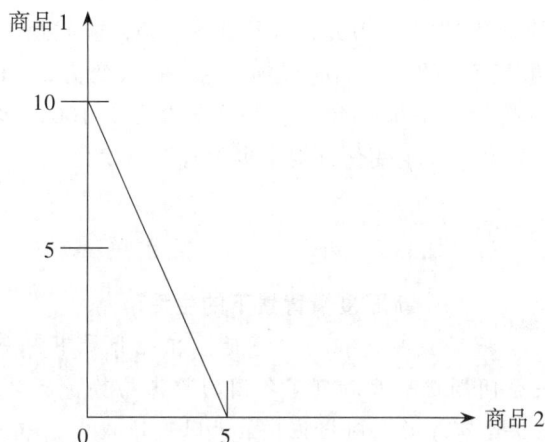

图4-4 消费预算线

（二）预算线的变动

通过上述分析可知，预算线的位置与收入和价格有关，纵截距是I/P_1，横截距是I/P_2，斜率是$-P_1/P_2$，因此如果I、P_1、P_2有一个量发生变动，预算线就会移动。预算线移动的方式有以下四种：

1. 两种商品的价格不变，当收入变化时，相应的预算线发生平移

P_1和P_2不变，但收入变化，那就是斜率不变，横纵截距同比例变动，因此预算线发生平移。假如某消费者有1 000元收入，商品1的价格是每件10元，商品2的价格是每件20元，此时纵截距是100，横截距是50，斜率是-2。如果该消费者的收入增加到2 000元，那么纵截距是200，横截距是100，斜率还是-2。

2. 收入不变，两种商品的价格同比例变动，相应的预算线发生平移

价格同比例变动，斜率不变。收入不变，价格增加，预算线向左平移；价格减少，预算线向右平移。假如某消费者的收入是1 000元，A商品的价格是每件10元，B商品的价格是每件20元，纵截距是100，横截距是50，斜率是-2。若该消费者的收入不变，A商品的价格和B商品的价格同时扩大2倍，那么A商品的价格是每件20元，B商品的价格是每件40元，此时纵截距是50，横截距是25，斜率还是-2，但预算线发生了平移。

3. 收入不变，一种商品的价格不变，另一种商品的价格变动，则截距发生变化

如果收入不变，其中一种商品的价格发生变动，则斜率变动。如果P_1增加，则

纵截距减少；如果P_1减少，则纵截距增加。如果P_2增加，则横截距减少；如果P_2减少，则横截距增加。如果某消费者的收入是1 000元，A商品的价格是每件10元，B商品的价格是每件20元，纵截距是100，横截距是50，斜率是-2。若该消费者的收入不变，A商品的价格增加，变为每件20元，B商品的价格不变，则纵截距是50，相比之前有所减少，而横截距不变。同理，B商品的价格增加也会使横截距减少。

4.消费者的收入和两种商品的价格同比例、同方向发生变化，预算线不发生变化

若收入、价格P_1、P_2同比例、同方向变化，则斜率、纵截距和横截距都不会发生变化，因此预算线不会发生移动。如果某消费者的收入是1 000元，商品A的价格是每件10元，商品B的价格是每件20元，纵截距是100，横截距是50，斜率是-2。若该消费者的收入和两种商品的价格同时增加1倍，收入变为2 000元，商品A的价格是每件20元，商品B的价格是每件40元，那么纵截距是100，横截距是50，斜率是-2。可见，纵横截距并没有发生变化，斜率也没有发生变化。

财经思考4-1

新冠疫情背景下的生活[①]

2019年底至今，新冠肺炎疫情在全球蔓延，在此背景下，全球经济下滑，由此衍生的一系列国际关系问题进一步加剧了各国的紧张局势，使全球经济进一步恶化。虽然由于中国采取了快速有序的应对措施，最大限度地减少了中国经济的损失，但是对比疫情之前，经济还是受到了严重的影响。尤其是2022年以来，疫情带来的负效应越来越大。受疫情影响，很多企业倒闭、就业越来越困难。与此相对应，财政收入减少，再加上要应对疫情，很多地方的行政、事业单位都在降薪，比如之前深圳公务员降薪引起了广泛讨论。[②]全国上下都要"勒紧裤腰带"过日子。国家要做好各项工作的预算，个人也要合理安排好自己的预算。作为个人，我们要根据自己的收入安排自己的消费，减少不必要的消费，尽量不要超前消费，更不要借贷消费，这样才能更好地应对危机，平稳度过疫情期。

四、消费者剩余

消费者剩余是指消费者愿意支付的金额与实际支付的金额之间的差额。消费者剩余是消费者的一种心理感觉，不是实际得到一笔钱。比如你计划去买一双鞋，预算是200元，到了商场后你发现，鞋子的价格比你的预算低，你心里有一种赚到了的感觉，这就是消费者剩余。消费者剩余是纽约大学的马歇尔教授在《经济学原理》这本书中提出来的。

消费者剩余衡量的是实际支付金额和愿意支付金额之间的差额，实际支付金额一定，愿意支付的金额越高，消费者剩余越大。消费者剩余体现的是边际效用递减规律和市场价格之间的关系。消费者对同一商品的效用是随着数量的增加而减少的，效用

---

① 根据网络资料自编。
② 佚名. 深圳处级公务员薪资被调整，年薪下降15万，"降薪潮"真的来了［EB/OL］.［2023-03-27］. https://m.163.com/dy/article/IOQSUV150553UXAP.html.

减少，消费者愿意支付的价格就低。而市场价格是由市场的供需关系决定的，在一定时期内相对比较稳定。就同一物品来说，随着消费数量的增加，消费者获得的消费者剩余是逐渐减少的。

财经实践4-1

识破"消费者剩余"的心理骗局①

现在很多商家通过打折、大甩卖等方式吸引消费者购物，赚取高额利润，这种方式就是利用了消费者的心理，蕴含的经济学思维就是消费者剩余。一开始，商家给商品定一个高价，拉高消费者的心理阈值，让第一批有支付意愿且支付能力强的消费者进行消费，对于高收入消费者来说，有一部分消费者剩余，商家也获取了一部分利润。之后，商家进行打折优惠，这时候有支付意愿的消费者进行购买，获得另一部分消费者剩余，商家也获取了另一部分利润。最后，商家进行大甩卖，有支付意愿的消费者购买，消费者获得消费者剩余，商家也获取了最后一部分利润。在整个销售过程中，商家通过不断调整价格，利用消费者的心理，赚取了所有的利润。所以，消费者要了解商家的心理，学会理性消费，不要盲目消费、过度消费，不要掉入商家的陷阱。

任务二　理性的消费者——效用最大化

一、消费者均衡计算

假定你有10元钱，决定购买矿泉水和面包，矿泉水的价格是每单位1元，面包的价格是每单位2元。矿泉水和面包的边际效用与单位边际效用见表4-3。

表4-3　　　　　　　矿泉水和面包的边际效用与单位边际效用

商品数量	矿泉水（每单位1元）		面包（每单位2元）	
	边际效用	每1元边际效用	边际效用	每1元边际效用
1	10	10	22	11
2	8	8	20	10
3	6	6	18	9
4	4	4	16	8
5	2	2	14	7
6	1	1	12	6

---

① 根据"消费者剩余"的概念编写。

从表4-3中可以看出，当你买1单位矿泉水和2单位面包时，每1元的边际效用都是10。如果买1单位矿泉水和2单位面包，共花费5元，就没有达到最大效用，因为还有5元没有用完。

当你买2单位矿泉水和4单位面包时，每1元的边际效用都是8。如果买2单位矿泉水和4单位面包，正好花费10元钱，达到最大效用。因此，最大效用是：

10+8+22+20+18+16=94

由上述例子可以看出，假设只有两种商品，在收入为I的条件下，要达到消费者效用最大化，除了要达到消费者均衡条件外，还要收入刚好用完。

如果消费者购买的是多种商品，我们可以假设价格分别是P_1，P_2，P_3，P_4，…，P_n，数量分别为Q_1，Q_2，Q_3，Q_4，…，Q_n，所产生的边际效用分别为MU_1，MU_2，MU_3，MU_4，…，MU_n，则消费者均衡且效用最大化的条件为：

$$P_1 \cdot Q_1 + P_2 \cdot Q_2 + P_3 \cdot Q_3 + ... + P_n \cdot Q_n = I$$

$$\frac{MU_1}{P_1} = \frac{MU_2}{P_2} = \frac{MU_3}{P_3} = ... = \frac{MU_n}{P_n}$$

素养拓展4-3

关于"延迟满足"[①]

20世纪60年代，斯坦福大学的米歇尔教授开展了一项实验，给一群3~6岁的小孩每人一颗棉花糖，并告诉这些孩子，如果能忍住15分钟不把这颗糖吃掉，就会得到两颗糖。结果，有些孩子马上就把糖吃掉了，有些孩子等了一会儿也把糖吃掉了；而有些孩子通过自言自语或者唱歌来转移自己的注意力，最终在15分钟之后，成功地收获了两颗糖。这个实验的最初目的是研究为什么有人可以"延迟满足"而有人却只能"投降"的心理过程。但是，米歇尔偶然发现，那些在实验中有差异化表现的孩子在青春期后的表现也大不相同，于是，实验团队对参与实验的600多名孩子进行了长达几十年的追踪，发现了这样一个现象：当年那些愿意为获得两颗糖而付出等待的小孩，在长大之后有更好的人生表现。比如，获得更高的考试分数，拥有更健康的体魄，能够更好地融入社会。其实这些孩子的"延迟满足"就是通过控制自己的欲望，来实现自己的效用最大化的典型例子。

在实际生活中，有很多与效用相关的事件。比如有几样食物，有你喜欢吃的，有你不喜欢吃的，也有你觉得还可以的。一般情况下，你吃这些食物的顺序是怎样的呢？你是先吃喜欢的食物，后吃讨厌的食物；还是先吃讨厌的食物，后吃喜欢的食物？每个人可能会给出不一样的答案。先吃喜欢的食物的人，可能不太喜欢延迟满足，属于"今朝有酒今朝醉"的类型。从他自己的角度来看，这样的选择效用最大，并且可以提前享受。而先吃不喜欢的食物的人能控制自己的欲望，延迟满足，最大程度地扩大自己获得的效用，实现效用最大化。每种类型的人都根据自己的认知选择出效用最大化的方式。

---

① 改编自佚名. 延迟满足实验［EB/OL］.［2023-06-17］. https://baike.baidu.com/item/%E5%BB%B6%E8%BF%9F%E6%BB%A1%E8%B6%B3%E5%AE%9E%E9%AA%8C/2928144?fr=ge_ala.

二、消费者剩余的计算

假如小李到商场买鞋，计划200元买一双，结果到商场后发现，一双鞋只要150元，消费者剩余是多少？如果一双鞋要180元，消费者剩余是多少？如果一双鞋要210元，消费者剩余是多少？消费者剩余的计算公式为：

消费者剩余（CS）=愿意支付的价格−实际支付的价格

计算出的消费者剩余可填写在表4-4中。

表4-4　　　　　　　　　　　　　　消费者剩余　　　　　　　　　　　　　　单位：元

意愿支付的价格	实际支付的价格	消费者剩余
200	150	
200	180	
200	210	

消费者剩余还可以通过图形的方式更直观地展现出来。假设需求曲线的函数是$Q=20-2P$，消费者剩余曲线如图4-5所示。

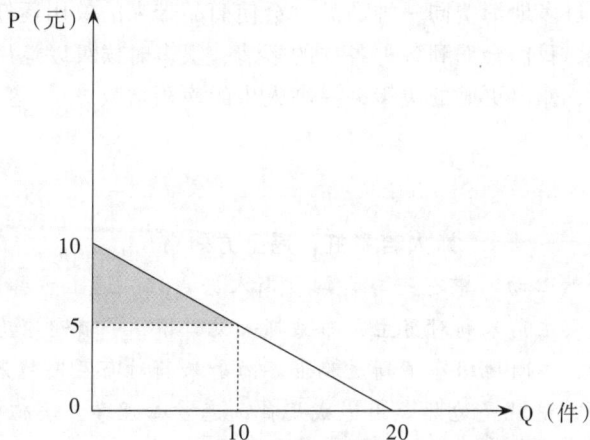

图4-5　消费者剩余

当需求量是10件时，消费者愿意支付的价格是5元。如果商品的价格是3元，则每件商品的消费者剩余是2元。

在图4-5中，消费者剩余是阴影三角形的面积，即：

$CS=1/2×底×高=1/2×10×5=25$（元）

案例讨论4-1

消费中的乐趣[①]

2023年"五一"假期刚过，有人出去旅游，有人赶回家和亲人短暂相聚，有人在家休整，多样的"五一"假期生活让每个人都找到了自己的休闲方式。各大商家为

[①]　李贝贝. 官方出手昆山两房企因"擅自大幅度降价销售"遭处罚 多城为房价设"跌停板"[EB/OL].［2023-05-09］. https://baijiahao.baidu.com/s?id=1765405382764981025&wfr=spider&for=pc.

了在假期里提高效益，各种优惠手段层出不穷，其中包括房地产商。经过疫情的冲击，房地产市场低迷了很长一段时间，借助此次假期的机会，很多房地产商也推出了促销政策。其中有个新闻引起了热议，江苏昆山有两家房地产企业大幅降价销售，被住建局处罚，要求其暂停销售，进行整改。对于在此期间购买了相关房子的消费者来说，他们买到的房子其实是比他们的预期价格要低，他们获得了实惠，相当于打了七折，这部分优惠就是消费者剩余。因为消费者计划支付的金额大于实际支付的金额，比如本来准备好要100万元买进，结果只用了70万元，消费者就会产生一种赚了的心理，这种心理感受就是消费者剩余。消费者剩余是一种心理体验，会让消费者在消费中感受到快乐，进而刺激消费者继续消费，提高商家的经济效益。

思考：在实际生活中，类似的消费者剩余的例子有很多，请说说你遇到的消费者剩余的情况。

任务三　幸福生活的开始——用好消费理论

我们在之前的内容里讲了边际效用理论。根据边际效用递减规律，由于消费者生理或心理的限制，过多地消费同一种商品，会使商品带来的效用逐渐减少。

在日常生活中，我们会遇到各种各样的事情，很多时候可以运用消费者行为理论来指导我们的生活，作出更好的决策，提高人生的幸福指数。

案例讨论4-2

斯人若彩虹，遇上方知有①

经典电影《怦然心动》中有一句台词"斯人若彩虹，遇上方知有"。故事中的男女主角从小相识，女主角朱莉对男主角布莱斯一见钟情，一直追求布莱斯，通过各种方式向布莱斯示好，不断地给布莱斯送鸡蛋。随着朱莉对布莱斯越来越好，布莱斯对朱莉却越来越厌烦，这就是边际效用递减规律的恋爱心理学。类似的例子还有很多，比如期末复习的时候，随着你对同一门课投入的时间越来越多，一开始考试分数可以不断提高，但达到一个界限后，无论你投入多少时间和努力，都难以突破瓶颈，这也是边际效用递减规律。再比如，家喻户晓的《西游记》中，孙悟空看管蟠桃园，这些延年益寿的桃子对普通人来说是宝物，但对于爱吃桃子的孙悟空来说，在这么大的蟠桃园中，这些桃子并没有被珍惜，他经常吃个桃尖就扔掉了，最终酿成大祸。根据这些故事，请大家用边际效用递减规律来思考以下问题：

1.进入大学后，大家不免会遇到恋爱的问题，如果你恋爱了，你如何让自己的恋爱更顺利呢？

2.在大学里，期末考试要考的内容很多，你如何分配自己的时间呢？

3.为什么孙悟空不珍惜蟠桃园里的桃子？在物质生活比较丰富的今天，你会如何对待你的食物呢？

---

① 根据电影《怦然心动》编写。

财经思考 4-2

钻石和水哪个更值钱呢？

有一句经典广告语"钻石恒久远，一颗永流传"。在我们的日常生活中，人们普遍认为钻石是价值很高的商品，它象征着财富。在传统婚礼中，钻石更是必不可少的代表爱情的物品。正因为如此，钻石的价格也是非常昂贵的，而且越名贵的钻石越值钱，因为它是钻石主人身份的象征。与此同时，我们日常生活中必不可少的水是我们的生命之源，但水的价格比较便宜，没有人会因为自己有一瓶水就觉得高人一等。为什么钻石对我们没有使用价值却价格昂贵，而作为生命之源的水却价格便宜呢？

请同学们用效用理论来解释一下这种现象。

素养拓展 4-4

美国的"超前消费"[①]

19世纪中期，美国胜家缝纫机就创造出分期付款模式，但这种模式在彼时还远未达到普及的程度，可以分期付款购买的商品种类十分有限，只限于家具、钢琴等耐用品的购买，而且这种负债消费仍被看作挥霍财富的行为。到了20世纪，美国在一战后迎来了空前的经济繁荣，国民收入大幅增加，消费需求也随之扩大。各类商家纷纷推出分期付款模式来进一步刺激消费，人们的消费观念也在各种广告宣传的迅猛攻势之下悄然发生着转变。"花明天的钱，享今天的福""不必等待，现在就行动"等极具诱惑力的广告词成为当时诱导消费的一大法宝；美国研究信用消费的专家若夫·努根特在《消费信用和经济稳定性》一书中提到：到19世纪20年代末，用分期付款方式购买耐用品的美国人占90%。

20世纪初期，美国的消费文化转型对于此后美国的经济发展起到了至关重要的作用，超前消费带动了新的消费热点，使得消费结构更为合理，又反过来促进了生产，有利于消费与生产保持良性循环；同时，信贷消费市场的完善也让许多个体消费者享受到更高水准的生活。但是，超前消费无节制地发展，造成了经济的虚假繁荣，为经济危机的发生埋下了种子。无论是1929—1933年的大萧条还是2008年的华尔街金融海啸，都与美国野蛮生长的超前消费有关。

育德育人 4-1

树立正确的消费观[②]

党的二十大报告指出，中国式现代化是人口规模巨大的现代化，是全体人民共同富裕的现代化，是物质文明和精神文明相协调的现代化，是人与自然和谐共生的现代

---

① 改编自佚名. 消费心理学："超前消费"脆弱又迷人 [EB/OL]. [2023-04-15]. https://zhuanlan.zhihu.com/p/622222251.

② 佚名. 消费心理学："超前消费"脆弱又迷人 [EB/OL]. [2023-04-15]. https://zhuanlan.zhihu.com/p/622222251.

化，是走和平发展道路的现代化。中国经济在过去几十年取得了巨大成就，成绩斐然，提高了中国人民的物质生活条件，实现了全面小康社会。在物质文明提高的同时，精神文明却没有跟上，尤其是各类西方思想的入侵，让越来越多的人迷失在消费主义的陷阱里。

从前有一个关于中国老太太和美国老太太买房的经典故事，讲的是两位老太太到了天堂以后，中国老太太说自己终于在临终前用一生积蓄买了套房子，美国老太太说她终于在临终前把买房的贷款还完了。在很长一段时间里，美国老太太被作为一个正面案例，来鼓励中国人要提前消费、贷款消费。在这种背景下，各商家为了更好地吸引消费者，用各种节日、优惠活动等吸引消费者进行消费，消费主义大行其道。近些年来，随着人民物质生活的日益丰富，越来越多的人开始追求精神生活，断舍离、极简主义等观念逐渐兴起，很多人开始反思自己的消费观念。

作为当代大学生，我们要树立正确的消费观念，不要盲目消费，要结合自己的实际情况，有计划地进行消费。物质可以让人的生活改善，但只有物质会让人逐渐迷失。只有保证物质文明和精神文明同时发展，才符合中国现代化的本质，才能满足人们对美好生活的需求，才能真正提高人生的幸福感。

思考：作为当代大学生，举例谈谈你自己的消费观念。

项目二

信贷

现代经济快速发展，商品经济是当前经济的主流。在消费市场上，消费者用资金购买所需要的商品，来满足自己的需求。要满足需求就需要资金，如果在消费时没有足够的资金，就要通过一些方法从其他地方借出资金，这就是信贷。

案例导入

没钱的时候如何消费？[①]

小金决定周末去商场购物。他上午就早早出发了，到了商场后，小金购买了一些原计划要购买的商品，但他计划要买的一台电器突然涨价了，自己手里的预算不充足，差了1 000元钱，可他又想今天买到这台电器，于是小金就想了一些办法。他打电话给自己的好朋友A，向A借1 000元钱，A只能借给他500元；他又打电话给另一个朋友B，B也说可以借给他500元，但条件是小金回家时，给他带他爱吃的面包。小金答应了，他借到了1 000元钱，最终买下了这台电器。

在回家的路上，小金发现自己的手机快没电了，手机不能用的话会有很多不便，

---

① 魏敏，党盟. 信贷业务与风险管理［M］. 北京：清华大学出版社，2021.

因此他想借用商场的付费充电宝充电。在借用充电宝的时候，是需要支付押金的，或者使用信用积分来借。最后小金用信用积分借出了充电宝，消费了2元。

请问：小金在这个过程中，有多少种借贷行为，有几种借贷形式？

▧ 学习目标

素质目标
1.培养正确的消费观，量力而行，远离网贷、校园贷；
2.培养理性分析能力、按客观规律做事的务实精神；
3.培养家国情怀和爱国主义精神，担当起建设国家的使命。

知识目标
1.理解信贷的概念和分类；
2.理解个人消费信贷的分类；
3.理解并学会计算实际利率。

能力目标
1.能够运用信贷知识解决实际生活中的借贷问题；
2.能够计算分期付款产品的实际利率。

▧ 思维导图

本次学习之旅我们将学习到以下内容（如图4-6所示）：

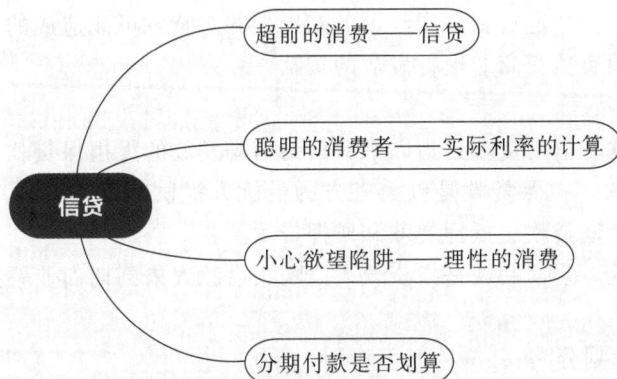

图4-6 本项目思维导图

任务一 超前的消费——信贷

一、信贷的含义与分类

（一）信贷的含义

信贷是指以还本付息为条件的价值运动形式。信贷有广义和狭义之分，广义信贷是指以银行为中介、以存贷为主体的信用活动的总称，包括存款、贷款和结算等业务。狭义的信贷指银行的贷款。

信贷是解决资金短缺的一种方式。最早的小额信用贷款起源于20世纪70年代的孟加拉国，穆罕默德·尤努斯创办了孟加拉国农业银行——格莱珉银行，该银行提倡人权，要建立普惠的金融体系，以解决一部分有想法、肯创业的年轻人的"第一桶金"问题。这种小额信用贷款推动了当地经济社会的发展，尤努斯也于2006年获得了"诺贝尔和平奖"。

（二）商业银行信贷的分类

1.按偿还期限划分

（1）短期贷款。短期贷款是指贷款期限在1年以内（含1年）的贷款。

（2）中期贷款。中期贷款是指贷款期限在1年以上（不含1年）5年以下（含5年）的贷款。

（3）长期贷款。长期贷款是指贷款期限在5年以上（不含5年）的贷款。

2.按贷款主体划分

（1）自营贷款。自营贷款是指贷款人以合法方式筹集资金自主发放的贷款，其风险由贷款人承担，并由贷款人收回本金和利息。

（2）委托贷款。委托贷款是指由政府部门、企事业单位及个人等委托人提供资金，由贷款人（即受托人，一般为商业银行）根据委托人确定的贷款对象、用途、金额、期限、利率等代为发放、监督使用并协助收回的贷款。贷款人（受托人）只收取手续费，不承担风险。

（3）特定贷款。特定贷款是指经国务院批准并对贷款可能造成的损失采取相应补救措施后，责成国有独资商业银行发放的贷款。

3.按信用主体划分

（1）信用贷款。信用贷款是指以借款人的信誉发放的无担保贷款。

（2）担保贷款。担保贷款是以第三方为借款人提供相应的担保为条件发放的贷款。担保贷款有保证贷款、抵押贷款和质押贷款。

（3）票据贴现。票据贴现是指贷款人以购买借款人未到期商业票据的方式发放的贷款。

4.按贷款用途划分

（1）流动资金贷款。流动资金贷款是指商业银行为满足企（事）业法人或国家规定可以作为借款人的其他组织在生产经营过程中临时性、季节性的资金需求，保证生产经营活动的正常进行而发放的本外币贷款。

（2）固定资产贷款。固定资产贷款是指银行对企业的固定资产投资发放的贷款。

（3）消费贷款。消费贷款是指商业银行等金融机构向消费者个人发放，满足其购买消费品需求的贷款。

素养拓展 4-5

全球最大债务人——美国①

第二次世界大战以后，美国作为战胜国，逐渐发展壮大。美苏争霸战以苏联解体落幕，结束了世界两大阵营的冷战，之后美国成为世界第一强国。随之而来的是，美元的地位也越来越高，成为世界通用货币，很多国家和地区都将美元作为外汇储备的主要货币。

多年来，美国通过在全世界借债来推动本国经济发展。2023年6月美国在全球的债务已高达31.4万亿美元。美国为了偿还债务，大量发行美元，造成美元贬值。借钱给美国的国家，其债权也大大贬值。尤其是2008年由美国次贷危机引起的全球经济危机，导致以美元为外汇储备的国家经济受到波及，中国也不例外。美国的"庞氏骗局"绑架了全球很多国家，这些债权国担心美国不能还债，只能被动接受美国的金融决策。近些年来，美国国内矛盾叠加，通货膨胀加剧，为了转移矛盾，美国在全球挑起各类争端，对全球和平造成巨大威胁。因此，借贷对于个人来说是一项简单的经济决策，但对于国家来说，可能会决定整个世界的走向。

二、个人消费信贷

（一）个人消费贷款的概念

消费贷款是指商业银行等金融机构向消费者个人发放，满足其购买消费品需求的贷款。消费贷款主要是满足消费需求，提高消费者当期的消费水平。随着银行业务的发展，个人消费贷款业务也得到了巨大发展，更好地满足了个人提前消费的需要，激发了市场活力，缓解了个人需求与购买能力之间的矛盾。

（二）个人消费贷款的特点

1.贷款金额小

一般消费贷款的借款人主要解决即期消费问题，贷款额度小，额度从几万元到几十万元不等。需要注意的是，消费者对每笔贷款的维护成本一样，单位成本比较高。

2.贷款人分散

消费贷款的借款人是全国各地的消费者，这些消费者分布非常广泛，银行开展业务存在一定的难度，但众多的消费贷款对银行来说收益也是很可观的。

3.贷款期限长，风险大

个人消费贷款一般期限较长，比如住房贷款等，还款周期长，可能是消费者一生的时间。如果在还款过程中出现问题，就可能导致贷款无法偿还，成为呆账、坏账，增大了借贷双方的风险。

---

① 佚名．美国的国家债务规模居全球首位达到31.4万亿美元，进一步引发了国际社会对美国政府支出和借贷成本的担忧，外交部回应［EB/OL］．［2023-06-08］．https://baijiahao.baidu.com/s?id=1768138038668747687&wfr=spider&for=pc.

（三）个人消费贷款的分类

1.个人住房贷款

个人住房贷款是指贷款人向借款人发放的用于购买自用普通住房的贷款。安居乐业对每个中国人来说都是刻在基因里的印记。对普通人来说，仅靠个人储蓄难以负担高额房价，需要利用贷款来解决部分资金难题，这部分贷款就是个人住房贷款。个人住房贷款包括商业贷款和公积金贷款，商业贷款的利率相对较高，公积金贷款的利率相对较低。个人住房贷款改变了中国的房地产市场，改变了中国经济发展现状。

2.个人汽车贷款

个人汽车贷款是指贷款人向借款人发放的用于购买汽车的贷款。个人汽车贷款的原则是"设定担保，分类管理，特定用途"。设定担保是指借款人申请个人汽车贷款需要提供所购汽车作为抵押或提供其他有效担保；分类管理是指贷款所购车辆种类和用途不同，对个人汽车贷款设定不同的贷款条件；特定用途是指个人汽车贷款专项用于借款人购买汽车，不允许挪作他用。个人汽车贷款的期限也有限制，不得超过5年，其中二手车贷款期限不超过3年。

3.个人助学贷款

个人助学贷款是指贷款人向借款人发放的用于支付上学费用的贷款。个人助学贷款可以解决贫困家庭资金短缺的问题，帮助有能力、有希望的贫困学生满足自己入学的愿望。教育是国家发展大计，全社会要通过各种途径帮助学生解决受教育过程中可能面对的问题。个人助学贷款主要包括国家助学贷款、商业性助学贷款和出国留学贷款三个产品类别。

素养拓展4-6

知恩图报，饮水思源[①]

2022年，湖南小伙刘志成将装有1万元钱和一张纸条的纸盒，交给自己的高中母校，只为兑现当年的承诺。这件事引发了社会的广泛关注。

刘志成的父母在菜市场摆摊维持生活，他的两个姐姐还在上大学，家庭负担重。2015年，他参加高考后，为减轻家里的负担，选择去深圳打工补贴家用。因为通信不便耽误了时间，刘志成与高考志愿填报擦肩而过。为了改变命运，他决定复读，但复读费用需要1万元。他试着给所在高中耒阳正源学校的罗校长发了一条短信说明情况，两天后，他收到罗校长的回复："可以减免费用1万元。"刘志成下定决心好好学习，并决定"在大学毕业两年之内，一定回来还钱"。复读一年后，刘志成顺利考入长沙理工大学，毕业后成为一名电气工程师。刘志成省吃俭用，第一年就还清了大学四年借的3万元国家助学贷款，第二年他就来归还高中时的"欠款"。刘志成在信中汇报了自己的近况，感谢学校在他困难时伸出援手，并表示自己要做一个为家、为

---

① 佚名. 湖南小伙大学毕业2年归还中学校长资助费用，学校继续用作助学金［EB/OL］.［2022-05-10］. https://t.ynet.cn/baijia/32746220.html.

国、为民、为校的好青年。

这个故事让很多网友感动，一方面是学校的善举帮助一名学生实现了梦想，另一方面是学生知恩图报、饮水思源，实现了自己的诺言。个人助学贷款帮助许多经济困难家庭的孩子改变了自己的命运，他们又反哺社会，为祖国发展作出更大贡献。

财经思考 4-3

买房还是不买房，这是个问题①

2019 年年底，新冠肺炎疫情肆虐全球，全球经济受到影响，居民收入下降。如果说 2019 年以前，欣欣向荣的经济是财富的积累阶段，人们对社会方方面面的预期都非常积极，房地产市场一如既往地火热，那么 2019 年以后，各国为抗击疫情的财政投入以及疫情带来的各类消耗，都导致了经济衰退，而逐渐衰退的经济是财富的消耗阶段。2021 年，我国出台了各项抑制房地产市场的决策，房地产市场受到一定程度的遏制，房价有了小幅度下降。那么现阶段我们要不要买房呢？

近期大家应该看到一些消息，说华为的任正非提出把"活下来"作为未来 3 年的主要任务，要把"寒气"传递给每一个人。结合当前的国际政治、经济、军事现状，可以预期未来 3 年是经济相对困难的时期。一旦经济收缩，个人可支配收入减少，为了更好地应对不可抗拒的生存难题，应该做好各方面的准备，应该维持更多的现金流，减少在投资领域的投入，比如股市、房地产等。

任务二　避开欲望陷阱，做聪明的消费者

一、做聪明的消费者——储蓄、投资、贷款

作为消费者，我们花费的每一分钱都希望得到最大的效用，消费者对于自己的资金安排都有一定的考量。消费者可以把自己的资金存到银行，来赚取利息；也可以拿到市场上进行投资，获取回报率；还可以通过向银行借贷，以小博大，用杠杆撬动更大的经济利益，获得更多的效用。对于消费者来说，什么时候安排储蓄，什么时候进行投资，什么时候去银行贷款，都是要认真考虑的，最根本的考量就是自己的投资回报率。

如果市场比较低迷，商业银行通过降低利率来增加市场流通货币量，这时消费者应该把钱投入到市场中，此时的贷款利率也相对较低，更有利于消费者投资。如果市场比较繁荣，商业银行想抑制通货膨胀，会提高利率，消费者此时将资金存到银行里可以获取较高的利息。但要注意的是，银行利率一定要高于通货膨胀率，不然存到银行还是不划算的事。

---

① 佚名. 任正非：华为要把活下来作为主要纲领，未来三年现金流是重中之重 [EB/OL]. [2022-08-24]. https://business.sohu.com/a/579388243_263944?scm=9010.8000.0.0.60.

案例讨论4-3

认识通货膨胀

从资本主义制度建立开始，全球已经发生了多次通货膨胀，给全球经济带来了非常大的负面影响。比如1929年开始的大萧条，经济衰退、工人下岗，整个社会处在动荡不安之中，大萧条就是通货膨胀的一种表现形式。

通货膨胀可以分为温和通胀、严重通胀以及恶性通胀。一般来说，温和通胀是通胀率低于10%的通胀，从一定程度上讲，通胀率低于3%的温和通胀可以刺激消费。因为根据菲利普曲线，短期内失业率和通货膨胀率成反比，通货膨胀率高，则失业率低。失业率低就可以创造更多的经济价值，有利于经济增长。而严重通胀可能给经济带来巨大冲击，最突出的表现就是货币贬值，经济危机。比如一些通胀率严重的国家，一张货币的数字大到难以读出其面值，这给国家发展和人民生活带来很大的阻碍。至于恶性通胀，通常带来的就是物价飞涨，经济停滞，政治动荡，进而会影响国家安全稳定。

通货膨胀产生的原因有需求拉动通胀、成本推动通胀以及混合式通胀，我们只有认识通胀产生的原因，才能有效地遏制严重通胀的发生。通货膨胀的本质是发行的货币过多，供过于求。在通货膨胀期间，个人由于担心货币贬值过快，一般愿意把钱放在自己手里，不愿意存在银行。

思考：在通货膨胀时期，债权人和债务人哪个能获得好处？

素养拓展4-7

中国"超前消费"观念的发展[①]

分期付款在中国的首次出现可以追溯到1907年。据记载，1907年，天津日商开设的加藤洋行为了推销80银元一辆的自行车，推出了分期付款方式。其广告称："以三个月内为限：头一月付洋三十元，第二月三十元，第三月二十元。若付现洋，每辆七十五元。"而上文提到的创造了分期付款的胜家缝纫机也曾在天津出现过，1908年，胜家缝纫机在天津的一则广告这样写道："包教包会，保用五年；能缝衣服，以及鞋袜；普通缝纫，乃最合宜；分期付款，甚周通融；先交十元，每日一角；每月三元，就能够用。"不过，超前消费观念在中国迟迟没有形成风气，一方面是由于我国居民收入还无法与发达国家比肩，另一方面也因为在中国人心目中，超前消费等同于"寅吃卯粮"的行为，是要受到谴责的。

二、避开欲望陷阱——理性消费

消费可以带动整个社会经济快速发展，强大国家整体经济实力，这是有利的一面；但也要看到它带来的不利一面，消费主义让很多人迷失自己，丧失伦理道德，不

---

① 佚名. 消费心理学："超前消费"脆弱又迷人［EB/OL］.［2023-04-15］. https://zhuanlan.zhihu.com/p/622222251.

择手段地赚钱，败坏社会风气，给社会主义核心价值观的弘扬带来负面影响，不利于共同富裕目标的实现。尤其对于那些价值观还没有形成的青少年来说，由于他们缺乏对自身和社会的清醒认识，盲目消费，盲目攀比，掉入消费主义的陷阱，给整个社会的良性、健康发展带来隐患。

案例讨论4-4

警惕校园贷

随着我国经济的快速发展，人们的物质生活极大丰富，越来越多的人开始追求物质享受，各种攀比层出不穷，比豪车豪宅，比奢侈品等。这种风气在全社会蔓延，最终渗透到象牙塔——大学校园里。对一些还没有形成正确价值观的大学生来说，这种影响是很危险的。大学生之间也是各种攀比，比衣服、鞋子的品牌，比用的手机、电脑等，对一些家境普通甚至贫寒的同学来说，这种攀比会深深地刺痛他们的自尊心，就会导致一些同学铤而走险，走上借校园贷消费的道路。

校园贷的利息非常高，可能当初只是为了买一部苹果手机，借了10 000元钱，后期却像填不满的无底洞一样，越还越多，最终落入难以挽回的境地。由于大学生担心父母知道自己的情况而受到责备，他们就背着父母通过各种途径还款，甚至出现裸贷或卖器官还款等情况。最终也难以填补这些无底洞，出现自杀的悲惨结果。

请根据你对校园贷的理解，回答如下问题：

1.作为一名大学生，应如何树立正确的价值观、消费观？

2.假如你的周围出现了这种攀比风气，你会如何在这种环境里自处？

财经实践4-2

读书改变命运①

在物质财富越来越丰富的今天，人们通过各种方式追逐财富，很多人都已经忘了自己的初心。随着西方文化的入侵，消费主义大行其道，尤其是曾经流传很广的老太太买房的故事，就是中国老太太存了一辈子的钱买了房子，美国老太太贷款买房住了一辈子，这个故事宣传的价值观就是要贷款消费，提前享受，这在很长一段时间里影响了中国人的消费观。当今社会，金钱成为衡量个人成功与否的一个重要标准，读书对于一些人来说不再重要，"读书无用论"大行其道。很多在校大学生受到影响，不珍惜学校的时光，甚至误入歧途，通过校园贷消费，让自己掉入绝望的陷阱。

前几年，黄国平博士论文的致谢感动了很多人，他讲述了一个出身贫寒的博士通过自己的艰苦努力最终改变命运的故事，感动了万千网友。一个人一定要有正确的价值观，通过自己的努力，提高自己，不急于求成、不急功近利，踏踏实实地努力，一定可以让自己过上想过的生活，通过努力得来的幸福更踏实、更长久。

① 佚名.刷屏的中科院博士回信了！《致谢》全文公布［EB/OL］.［2021-04-19］. https://baijiahao. baidu.com/s?id=1697449228992492233&wfr=spider&for=pc.

任务三　分期付款是否划算

大家现在购买产品更多的是在网络上进行，比如淘宝、京东等。假如你想购买一部新手机，但心心念念的手机价格比较贵，要 6 000 元，你在短期内没有这么多钱，但你又实在想购买，就看到淘宝上有分期付款项目，你决定通过分期付款购买。假如你每月还款 540 元，还 12 个月，请问贷款利率是多少？

为便于同学们理解，我们简化计算，不考虑复利和时间价值。

实际支付的费用=540×12=6 480（元）

实际利息=6 480-6 000=480（元）

实际利率=480÷6 000×100%=8%

此时你可以对比一下当时的银行贷款利率，看看这个利率是否过高。

通过对消费与信贷模块的学习，我们应该对消费和信贷有更加清晰的认识。作为消费者，我们应该充分考虑自己的消费能力、消费需求，量力而行、合理消费，在自己的预算范围内达到效用最大化。同学们要学会运用自己所学的知识解决自己在生活中遇到的问题，提高自己的幸福指数。比如，学会用预算线控制自己消费的范围，用无差异曲线衡量消费物品的效用，用边际效用递减规律分析指导学习、工作和生活。大学生要养成正确的价值观，理性消费，不盲目攀比，不参与校园贷，远离网贷。

同学们走向社会后，将有自己的收入，在特殊情况下也可以借贷消费。借贷是解决资金匮乏的一种方式，但要在自己的能力范围内，通过正规的借贷渠道进行借贷，不能借网贷、高利贷，要保证自己的财务状况稳定。借贷是把"双刃剑"，用得好可以解决当前的困境，甚至可能带来丰厚的回报；用得不好可能雪上加霜，加重自己的困境。这就需要大家充分考虑自身的状况，正确使用借贷这把"双刃剑"。

案例讨论 4-5

远离网贷，谨慎消费

校园贷是网贷的一部分，网贷覆盖的范围要更广。随着经济社会的发展，资金流动越来越频繁，一些急需资金的借款人通过银行借款面临条件多、时间长的问题，难以解决燃眉之急，就会借利息较高的网贷。网贷的借贷人通常是急需资金的人，要在短时间内补上缺钱的漏洞，却可能陷入更严重的困境。有些网贷是很不规范的，甚至有违法犯罪的情况，借贷人如果不能按时还款，就会被暴力催债，导致身心受损，家破人亡，造成了非常恶劣的社会影响。

网贷本身是一把"双刃剑"，可以应对一些紧急情况，但也会有饮鸩止渴的风险，这些风险是我们要关注的。大家以后走向社会，难免会遇到资金紧张的情况，不同于在校时的购物需求，网贷的资金额度可能要更大，还款风险也更大。

请问：如果你走向社会，如何面对网贷？

素养拓展 4-8

信贷消费在中国的发展①

1985年，当信贷消费已经在发达国家广为流行的时候，中国第一张信用卡——中国银行珠海分行推出的"中银卡"才姗姗来迟。与如今真正意义上的信用卡不同的是，"中银卡"发行的目的主要是吸收更多存款，持卡人必须先往账户里存一定金额的备用金；当备用金账户余额不足时，持卡人才可以在发卡银行规定的信用额度内透支消费。以今天的眼光来看，这张信用卡的象征意义远大于它的使用价值。进入20世纪90年代，信贷消费在中国仍未成为主流，国内消费低迷，储蓄率太高，在这种背景下，为了让人们接受信贷消费，"中美老太太"的故事应运而生，在某种程度上促进了信贷消费的发展。随着这个故事的流行，国民开始意识到中美消费观念的差异，逐渐对信贷消费卸下了心防。

2009年，我国出台了《消费金融试点管理办法》，消费金融正式进入大众视野。此后，随着互联网的发展，各种方便的透支消费工具遍地开花，超前消费的观念大踏步地走进了年轻人的生活。根据央行2019年公布的数据，我国信用卡和"一卡通"发卡总量已经接近8亿张；同年支付宝发布的报告显示，在中国近1.7亿"90后"中，开通"花呗"的人数超过6 500万，即平均每10个"90后"中就有近4个人使用"花呗"进行信贷消费。种种数据都表明，超前消费正在深刻影响我们的生活。

育德育人 4-2

正确处理信贷和实体经济的关系

党的二十大报告指出，"新时代的伟大成就是党和人民一道拼出来、干出来、奋斗出来的"！随着经济的发展，各行各业都得到了充分发展，信贷作为金融行业的重要部分，为各行各业提供支撑，帮助资金困难的企业和个人渡过难关，促进了经济的增长。但需要注意的是，信贷属于虚拟经济的一部分，只能辅助经济发展，不能成为经济发展的基石，不然就会形成泡沫，为经济危机埋下隐患。

因此，我们要大力发展实体经济，为经济发展打下坚实的基础。这不仅可以推进经济发展，还能提供更多的就业岗位，维持社会的稳定发展。社会发展靠的是每个人的共同努力、共同奋斗。每一个大学生都要形成正确的信贷观念，正确地认识信贷带来的好处和坏处，不要陷入消费信贷的陷阱，踏实努力，用奋斗和双手拼出美好未来！

思考：你是如何看待实体经济发展和信贷之间的关系的？

■ 课后巩固

一、小组讨论

1.2019年新冠肺炎疫情暴发以来，中国经济受到哪些影响？中国消费市场受到哪

---

① 改编自佚名. 消费心理学："超前消费"脆弱又迷人［EB/OL］.［2023-04-15］. https://zhuanlan.zhihu.com/p/622222251.

些影响？

2.今年"双 11"你购物了吗？对比你以前的消费，你的消费行为有没有变化？

3.现在国家对校园贷、网贷管控比较严格，你如何保证你的日常财务稳定，不会走向借网贷的道路呢？

4.学习消费者行为理论对于你以后的生活有什么积极影响？

二、技能实训

1.假如你有20元钱，一瓶可乐4元。你买第一瓶可乐的效用是10元，第二瓶是8元，第三瓶是5元，第四瓶是3元，第五瓶是1元，请问总效用是多少？

2.请你打开一款购物APP，找到一件价格比较贵、需要分期付款的产品，计算你实际支付的金额与一次付清金额的差额是多少。

模块五

社会保障与保险

　　社会保障是指国家通过立法对国民收入进行分配和再分配，对社会成员特别是生活有特殊困难的人们的基本生活权利给予保障的社会安全制度，目标是满足公民基本生活需要。社会保障覆盖不到的地方，就可以用商业保险进行补充。

项目一

社会保障

社会保险、社会救助、社会福利是社会保障体系的三个基本组成部分。其中，社会保险由国家立法强制执行，用人单位必须为职工个人购买社会保险，不遵守的单位就要受到相关部门处罚。它的强制性主要是为了保障劳动者的权益。

案例导入

企业应依法为职工缴纳社会保险[①]

2015年6月，史某到某物流公司工作，双方签订了书面劳动合同。物流公司自2018年11月份开始为史某缴纳养老保险等社会保险至2020年11月份。史某因确认劳动关系、追索工资、经济补偿金、工伤待遇等，向当地劳动人事争议仲裁委员会提起仲裁申请，该委员会受理后裁决物流公司一次性支付史某经济补偿金44 668.32元。物流公司不服裁决，在法定期限内向法院提起诉讼。

法院经审理认为，史某自2015年6月到物流公司工作后，公司一直到2018年11月才为史某缴纳养老保险等社会保险，属于未依法为职工缴纳社会保险之情形，物流公司应向史某支付经济补偿金44 668.32元。

【点评】

因用人单位过错未为劳动者建立社会保险账户或者虽建立了社会保险账户但存在缴纳险种不全、缴费年限不足等情形的，劳动者依据《中华人民共和国劳动合同法》第三十八条规定，以用人单位未依法为其缴纳社会保险费为由提出解除劳动合同并主张经济补偿的，一般应予支持。

用人单位已为劳动者建立社会保险账户且险种齐全，但存在缴费基数低等情形的，劳动者的社会保险权益可通过用人单位补缴或者社会保险费征收机构强制征收的方式实现，在此情形下，劳动者以此为由主张解除劳动合同并主张经济补偿的，一般不予支持。

▧ 学习目标

素质目标

1.了解社会保障制度在保证社会经济发展和社会稳定方面发挥的重要作用，增强制度自信；

2.学习我国在保障民生方面作出的重要贡献，培养民族自豪感。

[①] 佚名. 典型案例二：未依法为职工缴纳社会保险，劳动者有权请求解除与用人单位的劳动关系，并要求用人单位支付经济补偿金［EB/OL］.［2022-08-22］. http://lyysfy.sdcourt.gov.cn/lyysfy/372111/372112/8758398/index.html.

知识目标

1.了解社会保障的体系和结构；

2.掌握"五险一金"的内容。

能力目标

1.能够进行简单的"五险一金"的计算；

2.能够熟练查询个人社保参保情况。

思维导图

本次学习之旅我们将学习到以下内容（如图5-1所示）：

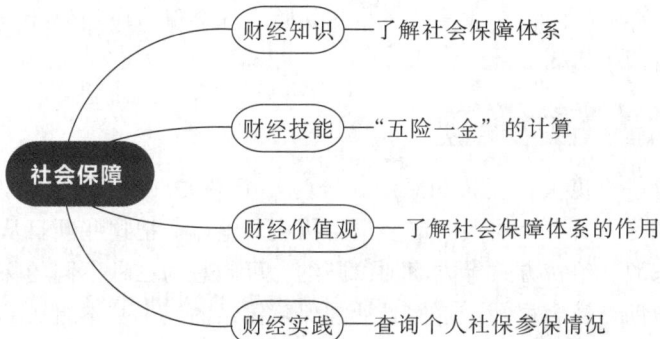

图5-1　本项目思维导图

任务一　认识社会保障制度

社会保障制度是相对于家庭保障而言的，是现代国家最重要的社会经济制度之一。在古代农业社会中，家庭是社会的细胞，它既是生产单位，也是生活单位，人们在遇到疾病、伤残、衰老、生育以及灾害等而造成暂时或永久性失去劳动能力，或者发生生存危机时，主要是靠家庭成员帮助或亲朋邻里照应渡过难关。当时的政府虽然也采取一些面向全社会的救济、救灾措施，但都是有限的。因此，从总体上讲，近代以前，人们的生活保障处于家庭保障时代。只有进入近代工业社会以后，生产的社会化才引发了生活保障的社会化，才有了真正意义或典型意义上的社会保障。因此，社会保障的定义是对现代社会保障本质特征的概括。

一、社会保障的定义

关于社会保障的定义，在各国的政策、文献和有关论著中的具体说法不尽相同，人们往往根据本国社会保障实施的具体情况和对它的理解来描述，但就所包含的共同点而言，我们可以对社会保障的定义概括如下：

社会保障是以政府为责任主体，依据法律规定，通过国民收入再分配，对暂时或永久失去劳动能力以及由于各种原因而生活发生困难的国民给予物质帮助，保障其基本生活的制度。

这一定义包含以下四个要点：

第一，社会保障的责任主体是政府。国家是对社会进行管理的最高权力机关，政府是具体执行国家权力的行政机构，唯有政府才能通过国民收入的再分配，对全社会实行生活保障。

第二，社会保障得以实施的依据和保证是相应的社会立法。现代社会是法制社会，社会保障制度必须以健全、完备的法律体系为支撑，使社会保障制度的运作制度化、规范化。

第三，社会保障的资金来源是通过国民收入再分配形成的社会基金。

第四，社会保障的目标是满足公民的基本生活需求，对那些由于各种原因处于生活困难或面临生存危机的社会成员给予生活保障。社会保障应能使社会的每个成员达到维持生存所需的生活标准。

二、社会保障的基本体系结构

社会保障是一个庞大、复杂的系统，分为几个层次，各层次又由许多项目构成。社会保障体系就是由其各个层次的诸多项目构成的整体。把这些项目从保障对象、保障目标、资金来源、给付方式等方面加以归纳，可归总为三种不同的保障形式，即社会保险、社会救助、社会福利，它们是社会保障体系的三个基本组成部分。此外，还有上述三种保障混合的形式以及一些补充保障形式如企业员工福利、慈善事业、互助保障等。

（一）社会保险——保障基本生活需求

所谓社会保险就是以国家为责任主体，对有工资收入的劳动者在暂时或永久丧失劳动能力，或者虽有劳动能力却因失去工作丧失生活来源的情况下，通过立法手段，运用社会力量，给予一定程度的收入损失补偿，保证其基本生活的制度。

社会保险是社会保障体系的核心部分，这是因为它的保障对象是劳动者，即人口中最多、最重要的部分。它所承担的风险也最多，包括劳动者在整个生命周期中发生的使他们失去工资收入的生、老、病、伤、残、失业等风险，它占用的资金也是社会保障基金中最多的。

社会保险与社会救助、社会福利相比，具有如下特点：

1.强制性。通过国家立法推行，要求符合一定条件的劳动者必须参加。

2.互济性。参加者定期缴纳保险费，建立社会保险基金，当其中有人遭遇风险而蒙受经济损失时，可以按规定领到一定数量的保险金，实行风险分担、互助共济。

3.储备性。参加者按照规定缴纳费用作为基金，储存待用。就个人而言，从参加社会保险开始便按规定长期缴费，等于为自己储蓄了一笔资金，供遭遇风险时使用；就社会而言，它也是一种储备基金。

4.补偿性。社会保险给予参与者的物质帮助，限于收入损失时的补偿，即劳动者在劳动中断、收入中断时才有权得到给付。但是社会保险的给付金额并不与工资相等，如果与工资相等，那就不是社会保险了。因此，从社会保险那里得到的收入损失补偿，不可能是百分之百的。

由此可以看出，社会保险的一个显著特点是：它是一种缴费制的社会保障，它实行权利与义务相关的原则，必须尽到缴纳保险费的义务，才有享受收入补偿的权利。

（二）社会救助——最后一道安全网

社会救助（或称"低保制度"）是依据法律规定，政府和社会对因自然灾害或其他原因而无法维持最低生活水平的无收入和低收入的个人或家庭给予帮助，满足其生存需要的制度。

社会救助是最早产生并且至今仍然发挥重要作用的社会保障制度。因为社会救助的对象是社会保险这道安全网保护不了的人群——社会保险是需要缴费的，而无收入和低收入的人是没有能力缴费的，所以社会救助是社会保障体系的必要组成部分，对社会安全和人的生存起到兜底的作用，被称为"最后一道安全网"。

社会救助有以下几个主要特点：社会救助对象具有选择性，资金来源及其给付具有单向性，待遇标准通常为较低层次且有一定的救助时限，资格认定和标准具有相对性。

为了建成较为有效的"最后一道安全网"，社会救助应该遵循以下几个基本原则：

1.基本生活需求原则。低保制度应把着眼点放在对居民最低生活需求的保障上，实现"兜底"。要面对的是现实存在的贫困问题，使陷入贫困的社会成员能够维持生存进而摆脱贫困；同时，保障水平不能过高，以防止出现"养懒人"的现象。

2.普遍性原则。凡收入低于当地政府规定的低保标准的居民，不论其身份地位、有无职业，均可获得救济。

3.法治化原则。最低生活保障的平稳运行，有赖于以法律的形式将各项政策措施加以确定，并依法管理。只有这样，才能增强工作的稳定性、系统性和权威性。

4.公民基本权利原则。在历史上，接受救济曾被视为一种迫不得已、降低人格的行为，人们曾把对贫困者的救济视为一种恩赐、施舍、怜悯。这种认识有悖于现代人权理念，基本生活救助是公民在现代社会应该享有的基本权利。我国宪法明确规定公民在年老、疾病或者丧失劳动能力的情况下，有从国家和社会获得物质帮助的权利。因此，在开展低保相关工作时，必须切实维护居民个人的尊严。

（三）社会福利——社会保障的最高层次

在社会保障体系中，社会福利是指政府和社会组织通过建立文化、教育、卫生等设施，免费或优惠提供服务，以及以实物发放、货币补贴等形式，向全体社会成员或特定人群给予帮助，以保证和改善其物质文化需求的制度。

社会福利的内容包括以下几方面：

1.未成年人福利。未成年人泛指不满18周岁的自然人，主要包括劳动年龄或学校毕业年龄以前的婴儿、幼儿、儿童、少年。

未成年人的福利主要包括：（1）未成年人普遍福利。如国家和各部门举办的托幼事业、学前教育、儿童健康指导、娱乐活动、儿童少年营养、学生免费午餐、医疗保健、优生咨询、体格免费检查、儿童卫生中心服务、早产儿照顾、家庭看护、营养示范教育、义务教育、大众传播工具发展、未婚母婴照顾、未成年人福利专业人员培训等。(2)不幸未成年人福利。如残疾儿童、流浪儿童救助，对领养未成年人的监护人员给予补贴，未成年死亡补助等。(3)生活困难家庭的未成年子女补助。

婴幼儿福利往往和母亲享受的福利结合在一起，构成"妇女儿童福利"。

2.老年人福利。享受这种福利的对象为老年人，而不论其是否享有退休金。老年人福利包括的项目有老年人优待旅行和娱乐、老年人免费健康状况检查、敬老院和托老所事业、老年人电话服务、老年人家庭服务、老年人俱乐部服务、长寿老人补助等。

3.残疾人福利。包括向残疾人免费提供假肢、康复训练、就业训练，举办有残疾人参与的福利生产、盲童学校、聋哑学校、智障教育等福利项目。

4.劳动者福利。指在业者和失业者享受的社会福利服务，如集体福利设施的营建和服务、农副业产品补贴、困难生活补助、房租优待等。

此外，还有专为女性劳动者提供的女职工福利，此处不重点介绍。

根据资金来源和服务提供方式以及管理方式不同，社会福利可分为国家举办的福利事业、地方举办的福利事业、企事业单位举办的福利事业、社区举办的福利事业、民间团体举办的福利事业。这里讲的民间团体举办的福利事业，包括宗教团体举办的福利事业、私人举办的福利事业和福利服务。

应该指出，在不同的国家，社会福利的内容不尽相同，有的多一些，有的少一些；在同一个国家，在不同时期、不同发展阶段，社会福利所包括的内容也可能不相同。一般地，一国的经济发展水平越高，它的社会福利所包括的内容就越广泛；在经济欠发达国家，社会福利的内容就不可能太多。

育德育人 5-1

在发展中保障和改善民生——增强社会主义制度自信[①]

党的二十大报告中提出的关于社会保障的表述有哪些含义？多层次社会保障体系如何健全？

一、我国社保事业发展取得重大成就

党的十九大报告指出，全面建成覆盖全民、城乡统筹、权责清晰、保障适度、可持续的多层次社会保障体系。党的二十大报告提出，健全社会保障体系，健全覆盖全民、统筹城乡、公平统一、安全规范、可持续的多层次社会保障体系。十年来，我们建成了世界上规模最大的教育体系、社会保障体系、医疗卫生体系，人民群众的获得感、幸福感、安全感更加充实、更有保障、更可持续，共同富裕取得新成效。这是对我国社保事业发展取得重大历史成就的高度肯定。

党的二十大报告关于社会保障的表述，包含五方面的含义。

第一，完善多层次、多支柱养老保险体系，促进多层次医疗保障有序衔接，建立长期护理保险制度，积极发展商业医疗保险。这是社会保障体系自身发展完善的

---

① 柯锐．汪泓：二十大对促进我国社会保障事业高质量发展提出新要求．[EB/OL]．[2022-10-19]．https://www.bjnews.com.cn/detail/1666177327169159.html．

必然要求，更好地体现了社会公平正义，满足人民群众多样化、多层次的差异化需求。

第二，提高养老、医疗、失业、工伤保险的统筹层次。即完善基本养老保险全国统筹制度，推动基本医疗保险、失业保险、工伤保险省级统筹。这结合了当前我国发展的阶段性特征和要求，有利于均衡地区间养老保险基金、医保基金，合理缩小社会保障领域的城乡差异，同时为异地结算带来了便利。

第三，实施渐进式延迟法定退休年龄政策。这有利于应对人口老龄化趋势、匹配人均预期寿命增长、适应劳动力结构变化等问题，对我国经济的长期均衡发展具有重大意义。

第四，完善公共服务平台建设，健全监管体系，加快完善全国统一的社会保险公共服务平台，全国一体的经办服务体系和信息系统有助于实现社会保险基本公共服务标准化。健全社保基金保值增值和安全监管体系，确保了各项社会保险基金收支平衡，保障制度的长期稳定运行。

第五，健全分层、分类社会救助体系，坚持男女平等，保障妇女儿童、残疾人的合法权益。这体现了社会保障制度是保障基本民生，促进社会公平，维护社会稳定的兜底性、基础性制度安排。

党的二十大报告对进一步完善我国社会保障事业提出了明确的思路，对促进我国社会保障事业高质量发展、可持续发展提出了全新的要求。

二、加快扩大社会保险覆盖面是完善我国社会保障体系的重大举措

我国社会保险制度体系日趋完善，2012年以来，我国基本养老保险参保人数从7.88亿人增加到10.07亿人，失业保险参保人数从1.52亿人增加到2.18亿人，工伤保险参保人数从1.9亿人增加到2.67亿人，我国建立了世界上最大的社会保障体系，但灵活就业人员、平台经济就业者等部分群体仍面临参保项目较少、保障不全、保障水平低等难题。同时，企业年金、职业年金覆盖面有待扩大，第三支柱产业发展有待提速。

加快扩大社会保险覆盖面是完善我国社会保障体系的重大举措，是可持续发展的内在要求，是实现共同富裕，巩固脱贫成果的有力保障，是完善劳动力市场的重要保证，对于改善民生，促进社会公平具有重要意义。

三、我国的社会保障制度

世界各国社会制度、发展状况等不同，因此社会保障体系并不完全一致。我国作为处于初级阶段的社会主义国家，社会保障体系虽然还未尽善尽美，但其轮廓已经清晰可见，如图5-2所示。

我国的社会保障体系从广义上讲可分为四个层次，即社会保险、社会救助、社会福利和社会优抚。民众口中常说的"社保"则更多地是指代社会保险。在本书下一个任务中，我们来学习我国社会保险的内容。

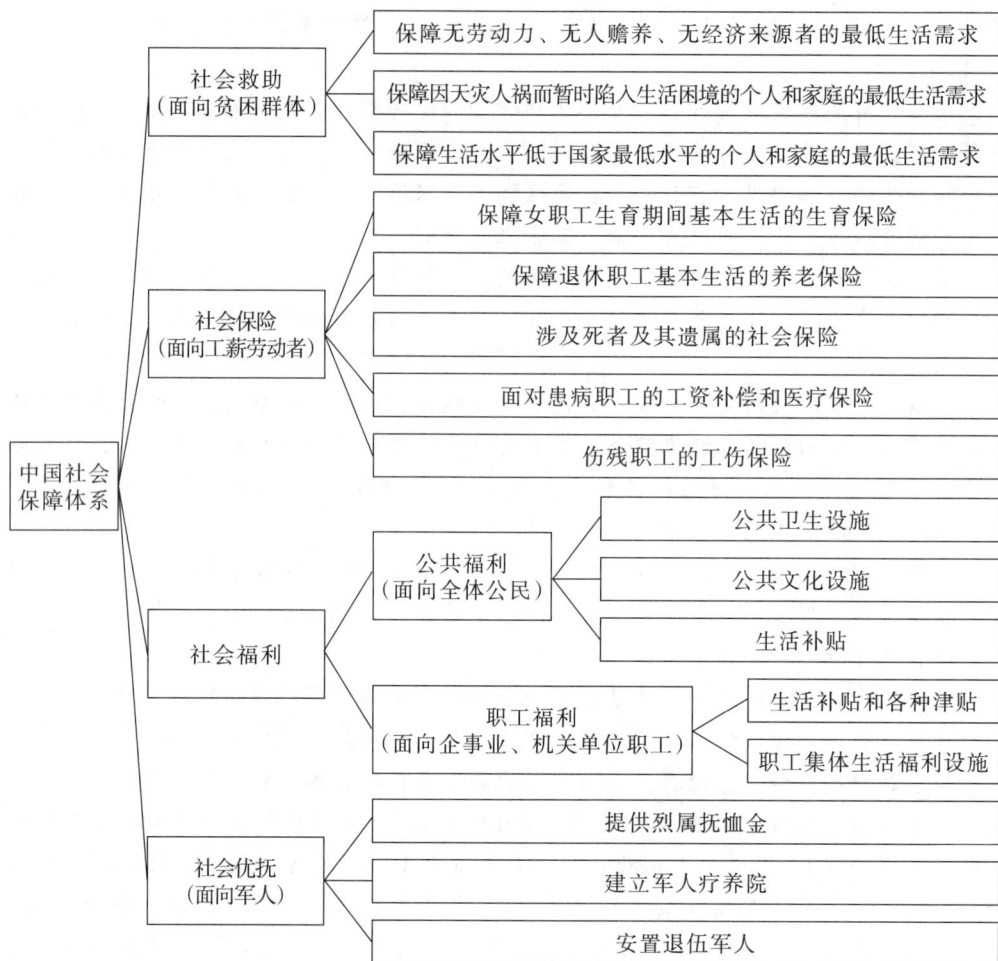

图5-2　中国社会保障体系

素养拓展5-1

用电子社保卡亮证服务查看社保卡电子证照[①]

一、什么是社保卡电子证照？

社保卡电子证照是将实体社保卡的基础关键要素进行电子化存储和展示的一种文件形式（OFD格式文件），遵循《全国一体化在线政务服务平台 电子证照 社会保障卡》标准。

电子社保卡是社保卡的线上形态，是社保卡电子证照的具体表现形式。大家可以理解为，电子社保卡承载并包括了社保卡电子证照，想用社保卡电子证照的时候，人们打开手机中的电子社保卡就好啦。

---

① 佚名. 方便用 | 用电子社保卡亮证服务查看社保卡电子证照 [EB/OL].［2020-7-7］. http://rst.sc.gov.cn/rst/gzjz/2020/7/7/b8e29d73525643978425981bfe2d3d35.shtml.

二、社保卡电子证照有什么用？

您前往政务大厅办事时，如果没有携带实体社保卡，您有两种方式通过手机证明身份：

一种方式是展示电子社保卡二维码，由工作人员扫码获取人员身份信息；

另一种方式是双击电子社保卡卡面进行"亮证"，展示社保卡电子证照，供工作人员视读核验。

而对于全流程通过手机线上办理的业务，则可以通过电子社保卡的身份认证、缴费支付能力进行办理。

因此，社保卡电子证照更适用于需要用电子证件替代纸质证件的场景；电子社保卡的应用场景更多，两者在内涵上相衔接。

三、我如何从电子社保卡上查询社保卡电子证照？

步骤1：在电子社保卡页面中，点击右上角"查看证件"。如图5-3所示。

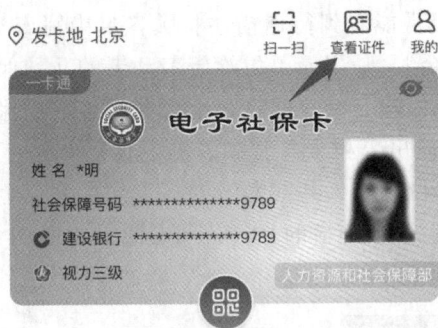

图5-3　电子社保卡页面操作图解1

步骤2：输入您的电子社保卡密码后，即可使用"亮证"功能，查看您的社保卡详细信息，包括社会保障号码、社保卡号、银行账号等。如图5-4所示。

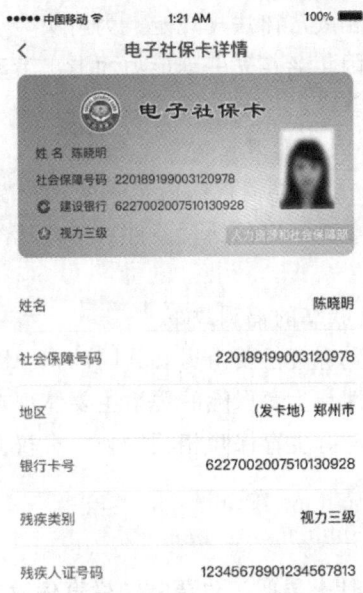

图5-4　电子社保卡页面操作图解2

四、机构如何使用社保卡电子证照？

对于各地区、各部门的政务服务部门而言，在本人授权的情况下，政务服务人员可通过查询接口，或扫描电子社保卡二维码，经由国家政务服务平台或全国社保卡服务平台，调取群众的社保卡电子证照，用于核实本人身份，并可将该证照下载至本地业务系统中作为记录留痕使用。如此下来，群众忘带社保卡时，也能够在政务服务大厅识别身份、办理业务。

目前，人力资源社会保障部已经建立全国社保卡电子证照库，并与国家政务服务平台实现对接，各地区各部门可以按需调用相关服务。

任务二　社会保险中"五险一金"的计算

我们在招聘信息里经常能看到待遇描述相关栏目中写着"含五险一金"，这到底是什么意思呢？"五险一金"，是用人单位给予劳动者的几种保障性待遇的合称。我国的社会保险主要包括养老保险、医疗保险、生育保险、工伤保险、失业保险，合称为"五险"，"一金"指的是住房公积金。其中，养老保险、医疗保险、失业保险这三种保险及住房公积金是由单位和个人共同缴纳的；工伤保险、生育保险完全是由单位承担的。因此，"待遇含五险一金"指的是，公司会给员工缴纳"五险一金"，该公司出的费用公司会出。

一、"五险一金"的具体内容

"五险一金"属于社会保障体系中社会保险的内容，它的具体内容包括：

（一）养老保险——老有所依、老有所养

养老保险是指国家依据相关法律法规规定，为解决劳动者在达到国家规定的解除劳动义务的劳动年龄界限或因年老丧失劳动能力而退出劳动岗位后而建立的一种保障其基本生活的社会保险制度。

（二）医疗保险——让人人都看得起病

医疗保险简称"医保"，是为补偿疾病所带来的医疗费用的一种保险。被保险人生病后，医疗保险机构按照事先规定的给付条件和待遇标准，向被保险人提供医疗服务或为其报销医疗费用。

（三）生育保险——男女共享的福利政策

生产行为由女性完成，生育责任要由男女共同承担。因此，生育保险不仅与女性有关，与男性也有关系。男性与生育保险的关系主要体现在以下几个方面：生育保险费由男女共同承担；男性也享有生育保险相关权利，有权休"父育假"。

财经思考 5-1

为什么男职工也要缴纳生育保险？

男职工也要缴纳生育保险，这是一种公平的做法。事实上，生育保险本来只要向女职工收取每月工资的2%即可，但是这样会导致女职工的工作成本增加，而且在就业市场上本来就存在对女性的歧视，这样更增加了女职工在企业中受老板歧视的可能性。因此，为了体现公平和减少歧视，男女一视同仁，统一支付月薪的1%作为生育保险。

（四）工伤保险——因工负伤的保障

工伤保险是指劳动者在生产经营活动中或在规定的某些特殊情况下所遭受的意外伤害、职业病，以及因这两种情况造成劳动者死亡、暂时或永久性丧失劳动能力时，劳动者及其家属能够从国家、社会得到的必要的物质补偿。

（五）失业保险——丢了饭碗的过渡期帮助

失业保险是指国家通过立法强制建立失业保险基金，对非因本人原因失去工作、中断收入的劳动者，提供限定时期的物质帮助以及再就业服务的一项社会保险制度。

（六）住房公积金——强制性的储蓄金

是指国家机关和事业单位、国有企业、城镇集体企业、外商投资企业、城镇私营企业及其他城镇企业和事业单位、民办非企业单位、社会团体及其在职职工，对等缴存的长期住房储蓄。住房公积金本质上来说是一种专款专用的、强制性的储蓄金，是只能用于购买、建造、翻建、大修职工住房或缴纳房租的储蓄款项。

二、"五险一金"要交多少

"五险一金"的缴纳金额等于缴费基数乘以缴纳比例。缴费基数以员工上一年度月平均工资或入职首月工资为准，但如果职工上一年度的月平均工资或入职首月工资不足上一年度全市职工月平均工资的60%，那么缴费基数按上一年度全市职工月平均工资的60%进行计算；如果职工上一年度的月平均工资或入职首月工资高于上一年度全市职工月平均工资的300%，那么缴费基数按上一年度全市职工月平均工资的300%进行计算。缴纳基数和缴纳比例每个地区的规定都不同，具体要前往当地劳动部门查询。以下是2022年7月广州市"五险一金"的缴纳基数和缴纳比例（见表5-1）。

表5-1　　　　　　　广州市"五险一金"缴纳基数和缴纳比例　　　　　金额单位：元

"五险一金"	上限	下限	单位缴纳比例	个人缴纳比例
养老保险	24 930	4 588	15%	8%
医疗保险（含生育保险）	36 072	7 214	5.45%（含生育保险0.45%）	2%
失业保险	36 072	2 300	0.32%、0.48%、0.8%	0.2%
工伤保险	无	2 300	根据行业类别不同，缴纳比例有所不同，从0.2%到1.4%不等	0%
住房公积金	36 072	2 300	5%~12%	5%~12%

如果小金毕业后第一份工作在广州，基本工资是一万元，那么小金的"五险一

金"缴纳情况如下（见表5-2）：

表5-2　　　　　　　　　　　小金"五险一金"缴纳金额　　　　　　　　　金额单位：元

"五险一金"	缴纳基数	单位缴纳比例	个人缴纳比例	单位缴纳金额	个人缴纳金额
养老保险	10 000	15%	8%	1 500	800
医疗保险（含生育保险）	10 000	5.45%	2%	545	200
失业保险	10 000	0.32%	0.20%	32	20
工伤保险	10 000	0.20%	0%	20	0
住房公积金	10 000	5%	5%	500	500
总计		25.97%	15.2%	2 597	1 520

财经实践5-1

"五险一金"你会算吗？

小金同事的基本工资是7 000元，那么这位同事的"五险一金"缴纳情况会是怎样的？

素养拓展5-2

"粤省事"小程序里如何查询个人的社保参保情况？

"粤省事"是我国首个集成民生服务微信小程序，也是广东省"数字政府"改革建设的重要成果，用户通过"实人+实名"身份认证核验，即可在小程序通办多项民生服务事项。我们可以在"粤省事"查询到个人的社保参保情况。

一、查询养老保险、工伤保险、失业保险

具体操作如下：

1.使用微信搜索"粤省事"进入粤省事小程序；

2.进入小程序后，在小程序主页中向下拉，点击"热门服务"中的"社保"；

3.进入社保业务大厅页面后，点击页面中的"参保缴费状态查询"即可在线查询个人社保的缴费情况；

4.在缴费状态查询页面中，可清晰地看到参保状态、缴费单位、缴费金额等信息，点击页面上方还可选择查看不同保险的缴费详情。

二、查询医疗保险、生育保险

具体操作如下：

1.使用微信搜索"粤省事"进入粤省事小程序；

2.进入小程序后，在小程序主页中向下拉，点击"热门服务"中的"医保"；

3.进入"医保业务大厅"页面后，点击页面中的"医保缴费状态查询"即可在线查询个人医保的缴费情况，点击页面中的"医保缴费/支出明细查询"即可在线查询医保缴费/支出明细；

4.在"医保业务大厅"可点击切换医保和生育保险，分别查询两项保险的参保情况。

项目二

认知保险

在上一项目的学习中，我们了解了社会保障，它其中的一个组成部分是社会保险。社会保险所提供的保障往往是最基础的，如在医疗保险方面，它提供的药物选择范围往往受到限制，因此报销金额有限，而商业保险的诞生弥补了社会医保的不足。

案例导入

生病了谁出医药费

小金的父亲金爸爸48岁，有"五险一金"，2018年8月他在某人寿保险公司为自己投保了一款10万元保额的健康险，每年缴纳保险费4 631元。金爸爸于2020年5月不幸患肺癌并住院治疗77天，总共花医药费12万元（其中甲类药花费2万元，乙类药花费5万元，自费药花费5万元）。出院后金爸爸通过医保按比例报销了52 190元，剩余67 810元的医药费由金先生自己支付。保险公司在金爸爸确诊疾病之时立即赔付了100 400元重疾金（400元为红利），之后报销了医药费10 000元，并且每天补贴50元（共补贴3 850元），商业保险合计赔付114 250元。商业保险为金爸爸提供了及时雨，让他在癌症早期就有经济保障，并且得到及时的救治。

▓ 学习目标

素质目标

1.了解保险合同签订的基本规定，了解法治社会的重要性，培养自觉守法的意识；

2.了解保险基本原则与道德风险的关系，培养恪守道德、坚守法律的自觉性。

知识目标

1.掌握社会保险和商业保险的联系与区别；

2.熟悉合同的基本内容；

3.明确常见的商业保险的分类。

能力目标

1.学会运用保险四大基本原则；

2.掌握人寿保险保费的计算。

▓ 思维导图

本次学习之旅我们将学习到以下内容（如图5-5所示）：

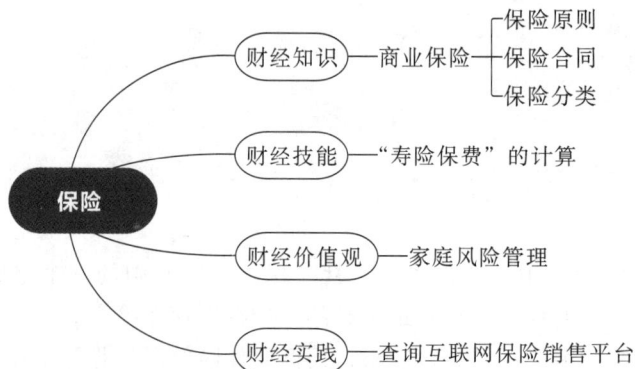

图 5-5　本项目思维导图

任务一　认知商业保险

由于对保险营销的印象不好，大多数人对商业保险了解不多，实际上商业保险与人们的生活密切相关。就拿平时网络购物来说，运费险便是一类商业保险。

一、商业保险和社会保险的联系与区别

常常听到有人说："我已经买了社保了，不用再买保险了。"这种说法是否正确呢？其实商业保险和社会保险并不是矛盾的。商业保险和社会保险是什么关系？我们一般可以理解为：商业保险是社会保险的有效补充。

从功能上看，两者都是社会风险化解机制，社会保险是多层次社会保险体系中的主体，商业保险可以作为社会保险的补充，是多层次社会保险体系中的一个组成部分。

商业保险与社会保险的区别如下：

1.性质不同。社会保险具有保障性，不以营利为目的；商业保险具有经营性，以追求经济效益为目的。

2.建立基础不同。社会保险建立在劳动关系的基础上，只要形成了劳动关系，用人单位就必须为职工办理社会保险；商业保险自愿投保，以合同契约形式确立双方的权利义务关系。

3.管理体制不同。社会保险由政府职能部门管理，商业保险由企业性质的保险公司经营管理。

4.对象不同。参加社会保险的对象是劳动者，其范围由法律规定，受资格条件的限制；商业保险的对象是自然人，投保人一般不受限制，只要愿意投保并愿意履行合同条款即可。

5.保障范围不同。社会保险解决绝大多数劳动者的生活保障；商业保险只解决一部分投保人的问题。

6.资金来源不同。社会保险的资金由国家、企业、个人三方面分担；商业保险的

资金只有投保人保费这一单一来源。

7.待遇计发不同。社会保险的待遇给付原则是保障劳动者基本生活，保险待遇一般采取按月支付的形式，并随社会平均工资增长每年调整；商业保险则按"多投多保，少投少保，不投不保"的原则确定理赔标准。

8.时限不同。社会保险是稳定的、连续的；商业保险是一次性的、短期的。

9.法律基础不同：社会保险由劳动法及其配套法规来规范，商业保险则由经济法、商业保险法及其配套法规来规范。

素养拓展5-3

我国保险思想意识的起源

早在商朝，扬子江上一个叫刘牧的商人，采用把货物分散到不同的船上进行运输的方式，来分摊货物水运的风险，之后这种方式在商人中传播开来。可以说，这是我国古代最朴素的保险思想意识。我们无法考证这位商人的资料，只能面对着滚滚江水来缅怀先人的智慧。

我国自古就有"老有所终，壮有所用，幼有所长，鳏寡孤独废疾者皆有所养"的说法，可以说这是最朴素的保险思想。春秋时期，各诸侯国形成了一整套仓储制度。孔子提出了"耕三余一"的思想，提议将每年收获粮食的1/3储藏起来，连续积储3年便可存足1年所需的粮食。到了汉代，汉文帝建立了"常平仓"制度，用于积谷防饥、调节粮价、积粮备荒。在粮食价低的时候，适当提价大量收购；在粮食价高的时候，适当降价进行出售。这一措施避免了"谷贱伤农"、"谷贵伤民"，帮助古人度过了许多自然灾害，以至后面各朝各代都竞相效仿，20世纪，美国总统罗斯福在其新政中也引入了这个思想。古代保险思想在隋唐时期达到了鼎盛阶段，出现了"官仓"和"义仓"制度，中国在国家支配下建立了完整的仓廪系统，以赈灾自助为目的，还承担了兵饷、俸禄、平准等职责。可以说，这是我国古代非常完善而成熟的一套社会保险组织体系。

明永乐朝以后，我国出现了负责押运货物和保障安全的镖局，到后来，镖局不仅保护财物安全，也保障人身安全。这是特定历史条件下的一种社会团体组织，也是我国古代的一种保险形式。随着历史的发展，镖局出现了六大镖系：信镖、票镖、银镖、粮镖、物镖、人身镖，正如现代保险业不同的保险标的一样。

二、商业保险的定义和原则

商业保险是社会经济保障制度的重要组成部分，社会保险和商业保险要协调搭配，家庭中的保障应是社保先行，商保垫后。

我们一般所说的保险指的就是商业保险，所谓商业保险是指通过订立保险合同运营，以营利为目的的保险形式，由专门的保险企业经营。商业保险关系是由当事人自愿缔结的合同关系，投保人根据合同约定，向保险公司支付保险费，保险公司根据合同约定的可能发生的事故因其发生所造成的财产损失承担赔偿保险金的责任，或者当被保险人死亡、伤残、疾病或达到约定的年龄、期限时承担给付保险金的责任。

作为一项社会性服务，保险运行要遵循一定的原则，否则就会损害社会利益。保险运行的四大基本原则是保险利益原则、最大诚信原则、损失补偿原则和近因原则。

（一）保险利益原则

保险利益是指投保人或者被保险人对保险标的具有的法律上承认的利益。它体现了投保人或被保险人与保险标的之间存在的利益关系。衡量投保人或被保险人对保险标的是否具有保险利益的标志是看投保人或被保险人是否会因保险标的的损害或丧失而遭受经济上的损失。

保险利益成立需要满足以下三个方面的条件。

1.保险利益必须是合法的利益。投保人或被保险人对保险标的所具有的利益要为法律所承认，因为只有在法律上可以主张的利益才能受到国家法律的保护（如婚姻关系）。比如某人为抢占的房屋购买家庭财产保险就不具有合法性。

2.保险利益必须是经济利益。保险利益必须是可以用货币计量的经济利益，由于保险保障是通过货币形式的经济补偿或给付来实现其职能的，如果投保人或被保险人的利益不能用货币计量，那么保险人的承保和补偿就难以进行。因此，不能用货币计量价值的利益也就不能成为保险利益，如精神创伤、刑事处罚、政治打击等。

3.保险利益必须是确定的利益。保险利益必须是投保人或被保险人对保险标的在客观上或事实上已经存在或可以确定的利益。

案例讨论 5-1

不是为谁都可以买保险

某年9月25日，王某为庆祝女友贺某的生日，偷偷在某保险公司为贺某购买了一份意外伤害保险，保险金额为10万元，指定自己为受益人。次年6月26日，贺某在某市不幸溺水身亡。后王某作为受益人向该保险公司提出索赔申请。该保险公司经过调查，得知投保时贺某对保险一事并不知情，于是委托该市公安局做了笔迹鉴定，鉴定结论为投保单上的签名不是贺某本人签的。之后保险公司以王某为贺某投保未征得贺某同意，王某对贺某不具有保险利益，保险合同无效为由拒赔。王某不服，向保险监督管理机构投诉。保险公司的拒赔决定是否正确？

【点评】本案是因保险利益（可保利益）所引起的合同是否有效的投诉和争议。王某和贺某之间是男女朋友关系，他们之间是否具有保险利益、保险合同是否有效是本案的争论焦点。在本案中，王某与贺某之间只是男女朋友关系，并不具有合法的婚姻关系，即不是法定具有保险利益的关系人，因此王某对贺某不具有保险利益。根据《中华人民共和国保险法》（简称《保险法》）的规定，在订立合同时，投保人对被保险人不具有保险利益的，合同无效。保险公司不负有赔偿保险金的义务。在本案中，王某为贺某投保的意外伤害保险中包含死亡责任，但贺某并未确认签名，即贺某未表示同意。这不仅违反了法律关于保险利益的规定，而且违反了《保险法》第34条，即以死亡为给付保险金条件的合同，未经被保险人同意并认可保险金额的，合同无效。因此王某与保险公司订立的合同从一开始就是无效合同，保险公司拒赔是正确的。

（二）最大诚信原则

经商的法宝，诚信是立身之本，商业保险作为一项营商活动，也不例外。最大诚信原则可表述为：保险合同当事人在订立保险合同时及在合同有效期内，应依法向对方提供足以影响对方作出是否缔约及缔约条件的全部实质性重要事实；同时绝对信守合同订立的约定与承诺。否则，受到损害的一方，可以以此为理由宣布合同无效或不履行合同的约定义务和责任，还可以就由此遭受的损害要求对方予以赔偿。

重要事实一般是指对保险人决定是否承保或以何种条件承保起影响作用的事实，它影响保险人决定是否接受投保人或被保险人的投保和确定收取保险费的数额。例如，有关投保人或被保险人的详细情况、有关保险标的的详细情况、危险因素及变化情况、以往的损失赔付情况以及以往遭到其他保险人拒绝承保的事实等。

育德育人 5-2

保险活动应遵循最大诚信原则，违反如实告知义务，
保险活动当事人自行承担法律后果[①]

某年 8 月 22 日，刘某某因肺部恶性肿瘤在医院住院 4 天，并在此前有多次购药、诊断历史。当年 11 月 3 日，刘某某之子刘某作为投保人，以刘某某为被保险人，通过手机 App 向某人寿保险股份有限公司提交电子版人身保险投保书，在投保过程中，刘某对电子投保书中设置的健康告知栏中健康询问事项全部进行了否定勾画。第二年 6 月，刘某某因病住院治疗，被诊断为右肺鳞癌，同年 8 月 16 日死亡。其后，刘某向某人寿保险股份有限公司提出理赔申请，双方随后发生纠纷，刘某起诉至人民法院。

【点评】保险活动中，当事人行使权利、履行义务时应当遵循最大诚信原则。本案中，从刘某某购药、就诊，其子刘某投保的全过程来看，刘某在投保时对刘某某的身体状况是明知的。在此情况下，其在投保书中设定的健康告知栏内仍进行了全否定性的勾画，导致某人寿保险股份有限公司在保险合同订立的过程中未能了解刘某某的真实身体情况，严重影响了该公司的承保决定，因此对刘某要求保险公司给付保险金的诉讼请求应当不予支持。

（三）损失补偿原则

保险合同生效之后，当保险标的发生保险责任范围内的损失时，保险人给予被保险人的经济赔偿数额，恰好弥补其因保险事故所造成的经济损失，但不能因损失而获得额外收益。

补偿能够使被保险人保全其应得的经济利益或使受损标的迅速恢复到损失前的经济状态。任何超过保险标的的实际损失的补偿，都会使被保险人获得额外利益，这就违背了损失补偿原则。

---

① 改编自马学文. 市二中法院发布人身保险合同纠纷典型案例［EB/OL］.［2022-12-09］. https://mp. weixin.qq.com/s?__biz=MzU4MzYyMzM1MQ==&mid=2247519435&idx=1&sn=a2810f7b1fbb6526deda2ed13ee82484&chksm=fda4fb13cad372059b702ca0de061e9724009597abd3df0214dc616117dbaa4d64cc7f777c95&scene=27.

案例讨论5-2

保险公司为何不按实际车价理赔？

小张的姐姐一直在经商，公司利润增长可观，于是想趁机把开了多年的一辆朗逸给换了。而小张正好有买车的想法，于是就从姐姐那里以25 000元的"亲情价"买了这辆二手朗逸。

在过户之后，小张便为这辆车以新车的价格投了保。车辆在今年6月份出险后，保险公司初步评估的维修费用为35 000元左右，但是事后，保险公司发现这辆车的"买入价"仅为25 000元时，便"改口"说最多只能赔25 000元。

小张不理解，为什么以新车价进行的投保，却不能按照新车价来赔呢？小张认为，保险公司的说法和做法都很不合理，他想在向法院提起诉讼前，先向律师进行一些法律咨询。

【点评】根据《保险法》相关规定，投保人和保险人未约定保险标的的保险价值的，保险标的发生损失时，以保险事故发生时保险标的的实际价值为赔偿计算标准。

小张购买的二手车的保险价值应该是此车目前同款车型新车购置价再按照国家规定计提折旧后的价值，用新车购置价确定保险金额显然就超过了保险价值，违反了《保险法》的规定。这种情况下，保险公司赔偿的金额不会超过车辆的保险价值。因此这辆车出险时折旧后的价值如果超过35 000元，则小张应该得到保险公司35 000元的赔偿。如果出险时折旧后的价值低于35 000元，则保险公司只能按照折旧后的价值赔偿。

另一个问题是小张从姐姐处购买此车的价格为25 000元，可以视为实际价值，保险公司视为保险价值也并无不当。因此小张可以要求保险公司重新评估出险时车辆的实际价值，以确定保险价值与保险金额。

（四）近因原则

近因原则是判断保险事故与保险标的损失之间的因果关系，从而确定保险赔偿责任的一项基本原则。在保险经营实务中，近因原则是处理理赔案所必须遵循的重要原则之一。

近因是指引起保险损害最有效的、起主导作用或支配作用的原因，而不一定是在时间上或空间上与保险损害最接近的原因。近因原则是指在确定是否为保险事故时以风险损害发生的近因为要件的原则，即：在风险事故与保险标的的损害关系中，如果近因属于保险风险，那么保险人应负赔付责任；若近因不属于保风险，则保险人不负赔偿责任。

近因原则理论上并不复杂，但实际应用时却有一定困难。下面针对几种常见的情况进行具体分析。

1.单一原因造成的损害

造成保险标的的损害的原因只有一个，这个原因就是近因。若该项近因属于保险风险，保险人就负赔付责任；若该项近因属于不保风险或除外责任，则保险人不承担赔付责任。如某人投保了企业财产保险，地震引起其房屋倒塌，使机器设备受损，若此险种列明地震不属于保险风险，则保险人不予赔偿；若列明地震为保险风险，则保险人应承担赔偿责任。

2.同时发生的多种原因造成的损害

多种原因同时导致损害，即各原因的发生无先后之分，且对损害结果的形成都有直接与实质的影响效果，那么原则上它们都是损害的近因。至于保险人是否承担保险责任，可根据以下两种情况决定。

（1）多种原因均属保险风险，保险人负责赔偿全部损失。比如暴雨和洪水均属保险责任，其同时造成家庭财产损失时，保险人负责赔偿全部损失：

（2）多种原因中，既有保险风险，又有除外风险，保险人的责任视损害的可划分性而定。如果损害是可以划分的，那么保险人就只负责保险风险导致的损害部分的赔偿；如果损害难以划分，那么保险人按比例赔付或与被保险人协商赔付。

3.连续发生的多种原因造成的损害

多种原因连续发生，即各原因依次发生，持续不断，且具有前因后果的关系。若损害是由两个以上的原因所造成的，且各原因之间的因果关系未中断，那么最先发生并造成一连串事件的原因为近因。如果该近因为保险风险，那么保险人应负责赔偿损害。反之，则不应赔偿损害。具体分析如下：

（1）连续发生的原因都是保险风险，应由保险人承担赔付责任。在财产保险中，火灾、爆炸都属于保险责任。如爆炸引起火灾，火灾导致财产损失这样一个因果关系过程，保险人应赔偿损失。

（2）连续发生的原因中既有保险风险又有除外风险时，又分为两种情况：①若前因是保险风险，后因是除外风险，且后因是前因的必然结果，那么保险人承担全部赔付责任；②若前因是除外风险，后因是保险风险，那么即使后因是前因的必然结果，保险人也不承担赔付责任。如果给某汽车投保了机动车第三者责任保险后，该汽车在行驶过程中，轮胎压飞石子，石子击中路人眼睛，造成路人失明，这一连串事故具有因果关系，因此轮胎压飞石子为近因。汽车在正常行驶过程中，发生意外致使第三者遭受人身伤亡的，属于第三者责任保险的保险责任，保险人依合同应予以赔偿。

4.间断发生的多项原因造成的损害

在一连串连续发生的多项原因中，有一项新的、独立的原因介入导致损害。若新的独立的原因为保险风险，则保险人应承担赔付责任；反之，保险人不承担赔付责任。如某人投保了人身意外伤害保险，发生交通事故造成下肢伤残，但在康复过程中，突发心脏病，导致死亡。该事件中，突发心脏病为新的独立介入的原因，在人身意外伤害保险中，不属于保险责任范围，但其为死亡的近因。因此，保险人对被保险人死亡不承担赔偿责任，但对其因交通事故造成的伤残应承担保险金的支付责任。

三、保险合同概述

保险合同也称为保险契约，是保险关系双方当事人签订的具有法律约束力的协议，协议中明确了双方的权利和义务。保险合同中的条款是非常复杂而多样的，不同目的的保险合同内容也会存在较大的差别。既然保险有那么多功能，那我们就需要了解保险合同里面都约定了哪些内容，以便在购买保险时擦亮眼睛。

（一）保险合同的各利益关系人

1.保险人。它是指与投保人订立保险合同，并按照合同约定承担赔偿或者给付保险金责任的保险公司。

2.投保人。它是指与保险人订立保险合同，并按照合同约定负有支付保险费义务的人。

3.被保险人。它是指保险合同中的保障对象。

4.受益人。受益人又称"保险金领取人"，指被保险人发生保险事故或者约定的保险期限届满时，可以向保险公司申请保险合同保险金的人。

（二）保额和保费

保额指保险金额，也就是一个保险合同项下保险公司承担赔偿或者给付保险金责任的最高限额，是投保人对保险标的的实际投保金额，还是保险人收取保费的计算基础。

保费则是指投保人应当根据投保时保险合同订立的保险费率，向保险人交付的费用，从而从保险人那里获得保障。一般来说，保额越大，保费越高；保险期限越长，保费越高。

（三）保险合同的内容

1.基本条款。基本条款又称为法定条款，它是由保险人根据法律规定制定的必须具备的条款。基本条款是标准保险单所共有的保险合同文本的基本内容，一般大同小异。

2.利益条款。利益条款是指某保险合同有别于其他保险合同所特有的、可使投保人、被保险人和受益人获得保险合同利益的条款，包括特有的投保范围、保险期间、保险责任、责任免除等。在利益条款里面，我们要仔细阅读保险责任和责任免除条款，前者描述了此保险合同保障什么、在什么情况下可以进行赔付以及如何赔付，后者描述了在什么情况下保险公司不承担赔偿责任，在人寿保险中，一般包括自杀免责，也就是说若被保险人在保险合同生效后两年内自杀，保险公司不予理赔。保险责任条款和责任免除条款是保险合同的核心内容。

财经思考 5-2

在人身保险条款里，"自杀免责"条款尤为重要，
为什么两年内自杀保险公司不赔付？为何两年后自杀又赔？

保险公司的可保风险必须是偶发的、意外的，也就是说，不能被人为地加大，这样的风险才符合大数法则和概率。而自杀是人为的、故意的行为，如果没有限制就会被滥用，风险就会加大到不可控，甚至引发道德风险。但是商业保险又必须有人性化的考量，形成一种商业化、市场化的社会救济的作用机制，让人们在绝望的时候，因为适当的经济补偿看到希望。

如果一个人购买了保险，若干年后因为陷入绝望而采取了自杀行动，若简单地对自杀进行责任免除，拒绝赔付也是不公平的。因为无论是投保人还是被保险人，在合同订立的时候并没有自杀的动机，没有骗保的故意。可以想象一下：如果一个人买保险的时候，就是为了将来自杀获得一笔保险金留给需要的人，但是因为这个两年期的限制，他必须坚持活够两年，才可以实施自杀计划。一个不想活的人必须坚持活够两年，这样的日子叫度日如年，最后如果还是果决实施了自杀计划，保险公司就会认为：我们认了，这个人太苦了。

如果一个人在两年的时间里，没有看到过一点希望，认为死是一种解脱，那么能够给家人留下一笔金钱，也是一种保障。这就是保险的另外一种功能，也是它的价值和意义所在。

《保险法》和人身保险合同中的自杀条款，并不是鼓励人们自杀，而是给那些绝望的人，保留活下去的最后一缕希望，帮助他们找到勇敢活下去的理由。

任务二 常见的商业保险分类

商业保险种类繁多，根据保障对象不同，一般分为人身保险和财产保险。

一、人身保险

人身保险是以人的生命或身体为保险标的的保险，承保人的生、老、病、死、残等带来的风险。常见的人身保险有以下几种：

（一）人寿保险

人寿是以被保险人生存或死亡为给付保险金条件的人身保险。人寿保险所承保的风险可以是生存，也可以是死亡，还可以同时承保生存和死亡。即投保人可以约定在某一时间或期限，若被保险人尚存则可获得保险给付，也可以约定被保险人若生存不到约定的时间或期限，被保险人的受益人可获得保险给付，还可以约定被保险人生存或不能生存至约定的时间或期限均可获得保险给付。养老保险就是生存险中的一种，它在人寿保险中占有很大的比例，因为每个人都需要养老保障。

（二）人身意外伤害保险

人身意外伤害保险简称意外伤害保险，是以被保险人因遭受意外伤害事故造成死亡或伤残为保险给付条件的人身保险。由于意外伤害事故发生率低，所以意外伤害保险的保险费低，只付少量的保险费就可获得高额的保障，且投保程序简便，无须体检，是比较受欢迎的保险。但意外害保险必须受伤至死亡或残疾才可获得保险赔偿，仅仅由于意外伤害事故受伤而达不到伤残的标准则不属于意外伤害保险的赔偿范围，只属于健康保险的赔偿范围。

（三）健康保险

健康保险是以被保险人在保险期内因患病所发生的医疗费用支出，或者因疾病所致残疾或死亡时，或者因疾病、伤害不能工作而收入减少时，或者因疾病导致残疾需要长期护理时，由保险人负责给付保险金的人身保险。健康保险承保的是人的不健康造成的损失和风险，保险责任包括医疗、疾病、收入补偿、长期护理四大类。由于人的一生都可能伴随着疾病，生病之后都希望能重新获得健康，所以健康保险是最受欢迎的保险之一。健康保险的产品也呈现出多样化的趋势。

二、人身保险合同中的特殊条款

人身保险有一定的特殊性，下面简要介绍其中一些比较特殊的条款。

1.投保人故意造成被保险人死亡、伤残、疾病的，保险人不承担给付保险金的责任。受益人故意造成被保险人死亡、伤残、疾病的，或者故意杀害被保险人未遂的，该受益人丧失收益权。

2.以被保险人死亡为给付保险金条件的合同，自合同成立或者合同效力恢复之日起两年内，被保险人自杀的，除被保险人自杀时为无民事行为能力人的情况外，保险人不承担给付保险金的责任。

3.因被保险人故意犯罪或者抗拒依法采取的刑事强制措施导致其伤残或者死亡的，保险人不承担给付保险金的责任。

4.被保险人因第三者的行为而发生死亡、伤残或者疾病等保险事故的，保险人向被保险人或者受益人给付保险金后，不享有向第三者追偿的权利，但被保险人或者受益人仍有权向第三者请求赔偿，即保险人不享受代位求偿的权利。

5.投保人解除合同的，保险人应当自收到解除合同通知之日起30日内，按照合同约定退还保险单的现金价值。

财经实践 5-2

如何计算寿险保费？

寿险可以说是投保率最高的保险产品，很多人在选择商业保险的时候，寿险基本被纳入了必选项，而寿险本身也是一类长期保障产品，在选择的时候需要慎重，那么寿险怎么计算保险费呢？保险费是指投保人参加保险时，根据其投保时所定的保险费率，向保险人交付的费用。计算保险费的影响因素有保险金额、保险费率及保险期限，以上3个因素均与保险费成正比关系，即保险金额越大，保险费率越高，或保险期限越长，则应缴纳的保险费就越多。其中任何一个因素的变化，都会引起保险费的增减变动。保险金额单位一般为1 000元或100元，所以保险费率通常用千分率或百分率来表示。在通常情况下，对人寿保险而言，保险费=保险金额×保险费率/1 000。

国寿鸿盛终身寿险（分红型）费率表见表5-3。根据费率表，如果18岁的小金要购买100万元保额的终身寿险，保费分10年交，那么小金在10年里，每年需缴纳的保费为：42.2×1 000 000/1 000=42 200（元）。

表5-3　　　　　　　　　　　**国寿鸿盛终身寿险（分红型）费率表**

（每1 000元基本保险金额）　　　　　　　　　单位：元

投保年龄	趸交	10年交	20年交
0	264.1	30.9	16.4
1	266.9	31.2	16.5
2	270.5	31.6	16.7
3	274.6	32.0	16.9
4	279.2	32.6	17.2
5	284.0	33.1	17.5
6	289.1	33.7	17.8
7	294.4	34.3	18.1
8	299.9	34.9	18.5
9	305.6	35.6	18.8
10	311.4	36.3	19.2
11	317.3	37.0	19.6
12	323.4	37.7	19.9
13	329.6	38.4	20.3
14	335.9	39.2	20.7
15	342.2	39.9	21.1
16	348.7	40.7	21.5
17	355.2	41.4	21.9
18	361.8	42.2	22.3

三、财产保险

　　财产保险是以财产及其有关利益为保险标的的保险。我们在网购中常遇到的运费险，就是一种以网络购物所发生的运费为保险标的的财产保险。而与每个车主息息相关的机动车辆保险，也是最常见的财产保险之一。机动车辆保险包括机动车商业保险和机动车交通事故责任强制保险（以下简称"交强险"），前者属于商业保险范畴，后者属于强制保险范畴。

　　财产保险包括财产损失保险、责任保险、信用保险、保证保险和农业保险。

　　1.财产损失保险包括企业财产保险、家庭财产保险、货物运输保险、运输工具保险、工程保险等。企业财产保险和家庭财产保险是以被保险人的财产遭受损失为给付条件的保险。货物运输保险是以各种运输工具运输过程中的货物为保险标的，保险人承保因自然灾害或意外事故导致运输过程中货物遭受损失的一种保险。运输工具保险是以各种合格的运输工具为保险标的的保险，包括机动车辆保险、船舶保险、飞机保险等。工程保险是以各种在建工程为保险标的的保险，包括在建工程保险、安装工程保险、船舶工程保险、科技工程保险等。

2.责任保险是以被保险人对第三者依法应负的赔偿责任为保险标的的保险，包括公众责任保险、雇主责任保险、产品责任保险、职业责任保险。

3.信用保险是指保险人对被保险人信用放款或信用售货，被保险人（债务人）拒绝履行合同或不能清偿债务时，对保险人（债权人）所受到的经济损失承担赔偿责任的保险方式。主要有出口信用保险、抵押信用保险等形式。

4.保证保险是在被保险人的作为或不作为致使保险人（权利人）遭受经济损失时，由保险公司来承担经济赔偿责任的保险。保证保险是随着道德风险的频发而发展起来的。

5.农业保险是一种政策性保险，是专为农业生产者在从事种植业、林业、畜牧业和渔业生产过程中，对遭受自然灾害、意外事故疫病、疾病等保险事故所造成的经济损失提供保障的一种赔偿保险。

课后巩固

一、小组讨论

1.社会保障是保障和改善民生、维护社会公平、增进人民福祉的基本制度保障。试结合身边案例讨论我国社会保障制度在改善民生方面作出的贡献。

2.我国社会保障体系的医疗保险包括城镇职工医疗保险和城乡居民基本医疗保险，你和你的家人购买了哪一种？试了解两者有何区别？

3.你的家庭购买商业保险了吗？你觉得购买商业保险有没有必要？

4.你和你的家庭成员一生中可能会遇到什么风险？可以配置哪种商业保险进行保障？

二、技能实训

1.由广东省医疗保障局、广东省财政厅、国家税务总局广东省税务局联合印发的《广东省基本医疗保险关系省内转移接续暂行办法》（以下简称《暂行办法》）从2022年7月1日起实施。请查询并阅读《暂行办法》，了解广东省的职工医保参保人员享受退休待遇的条件。

2.近几年来，我国互联网保险行业发展迅速，互联网保险指在线上渠道销售的保险产品。消费者可以直接在各大网站、手机软件、小程序等渠道查看保险的情况，不需要到线下网点，就可以完成投保。一旦出险，还可以在网上进行报案，直接上传理赔资料。试浏览一些互联网保险网站，了解一下在线上渠道销售的保险产品有哪些种类。

模块六

创业与财务管理

　　创业，就是挖掘自身潜力、整合周围资源、体现自身价值的一个过程。在创业的过程中考验的是大学生的综合素质和创业精神。对于一家初创企业来说，开门离不开七件事：人、财、物、产、供、销、管。做好一家初创企业的管理，是一件重要且复杂的事情，而财务管理是创业管理的一项基础但又重要的工作。

项目一

创新思维与创业基础

国家高度重视大学生创新创业工作，2021年9月22日，国务院办公厅印发《国务院办公厅关于进一步支持大学生创新创业的指导意见》（国办发〔2021〕35号，以下简称《意见》），《意见》提出，要从提升能力、优化环境、加强服务平台建设、落实财税扶持政策、加强金融政策支持、促进成果转化、办好四川省"互联网+"大赛、加强工作保障机制建设等8个方面，进一步支持大学生创新创业，要求地方政府积极研究制定和落实支持大学生创新创业的政策措施，及时帮助大学生解决实际问题。

创业的过程是培养大学生创业能力的过程，创业能力的培养与提高对于大学生职业发展亦有着重要的意义，因此《意见》中屡屡强调大学生是大众创业万众创新的生力军，要加大举措优化大学生创新创业环境。

案例导入

创新创业 从何开始

小金今年即将毕业并且一直有一个创业的梦想，他发现许多师兄师姐走上了创业之路，小金便向他的师兄师姐请教。

他了解到，小艾师姐回自己家乡开了一家手机批发店，店铺位于省城，有四十多家外地经销商从她那里进货，营业伊始店铺生意兴隆，各经销商回款也比较及时，可随着经营手机的批发商渐渐增多，经销商开始出现回款不及时的问题，小艾的店铺在现金管理与库存管理方面也出现了这样那样的问题，一度出现经营困难。但是，她决心走上开源节流的改革之路，裁掉了多余的仓库管理人员与业务人员，升级了货物交易系统，实现了自动化交易，处理掉了闲置资产，及时补充了现金……慢慢地，店铺的生意又回到了正轨。

小金对创业以及管理团队有了新的认识，并陷入了沉思，创业该从何开始？如何才能管理好自己的公司？如何应对创业路上的各种难关？

▌ 学习目标

素质目标

1.能够树立正确的创业观念；

2.能够理性认识创业的意义；

3.能够理解创业工作者的工作职责；

4.了解创新精神与人生发展的关系。

知识目标

1.能够感受创新，了解创新和创新能力的基本概念，了解创新与创业之间的关系；

2.能够认识创业的过程与特征；

3.能够了解创新创业在当今时代背景下国内外发展的趋势。

能力目标

1.能够了解创业与职业生涯发展的关系，能够正确认识提升创业能力对个人职业生涯发展的积极作用；

2.能够查询并了解某地对大学生创业的政策支持内容。

思维导图

本次学习之旅我们将学习到以下内容（如图6-1所示）：

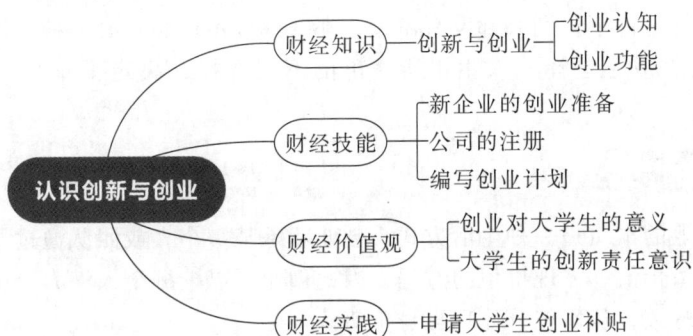

图6-1　本项目思维导图

任务一　认识创业与创新

创新即"创造新事物"，是近几年人们使用得十分频繁的词之一。创新是人类社会的普遍现象，是正在兴起的知识经济的根本特征。对于创新的概念，各位学者的观点不一，但人们一般比较认同约瑟夫·熊彼特（Joseph Alois Schumpeter）的观点，即创新是"把一种新的生产要素和生产条件组合引入生产体系的行为"，这主要是从经济学的角度给创新下的定义。我们认为创新是指在前人基础之上，以新思维、新发明和新描述为特征的一种概念化过程，包含更新、改变和创造。例如，提出思想、产生技术、创新产品等行为活动均属于创新。

素养拓展6-1

大疆无人机的技术创新：从无人机到无人能及

汪滔，1980年出生于浙江杭州，2003年就读于香港科技大学电子及计算机工程学系。2005年，他与两位同学开始研究无人驾驶飞行技术，2006年汪滔等人创办了深圳市大疆创新科技有限公司，主要产品为航拍无人机、教育机器人、手持稳定云台等，随着创新研发的逐步投入，大疆所生产的无人机产品一代比一代更小巧、更安全、更便宜，其飞行功能与拍摄质量也一直在迭代，在古建筑测绘、高危地区巡检等专业领域有广泛的应用，目前，大疆是全球领先的无人飞行器控制系统及无人机解决方案的研发者和生产商，客户遍布全球100多个国家，大疆也成了市值千亿元的企业。

汪滔在学生时期把个人兴趣爱好提升到技术层面的创新，又把技术层面的创新转化成为成功的创业，最终造就了知名的科技企业。

一、创业的概念

创业，即开创事业，是不拘泥于当前资源约束，寻求机会，进行价值创造的行为过程。人生充满了挑战和机会，你时常需要面对进与退、得与失、强与弱、胜与败、兴与衰、取与舍之间的抉择，在这些矛盾的交织中，你是选择迎难而上，还是选择退缩逃避？如果有一件事，别人都没有做过，那么你敢不敢做？有一种生活，之前无人选择过，你是否敢于选择？人生中所作出的不同选择，决定了每个人未来的不同结果。

二、创业的功能

其实，创业的本质是一种生活方式，创业就是某一个人或团队通过寻求机会、整合资源从而创造价值、体现价值的过程，因此创业可以挖掘个人潜力，可以把自身优势发挥得淋漓尽致，从而充分体现自身价值。

第一，创业可以培养创业精神，摆脱原有的种种羁绊，充分发挥个人的最大才能。

第二，创业可以积累财富，改变普通人生活拮据的窘况。

第三，创业可以激励人生，在创业中创业者可能遇到无穷的挑战和机遇，为日后的成功奠定基础。

任务二　大学生创业必备技能

一、创业认知

创业需要具备诸多基本知识，其中包括：

1.专业知识。创业者需要尽可能多地掌握创业所涉及行业的专门知识，掌握行业发展现状和市场供需关系，具备研判行业发展方向的能力。

2.管理知识。创业者必须掌握经营管理知识，具备人力资源、市场营销、财务、生产组织等方面的知识。

3.财务知识。创业者需熟悉财务知识，如企业怎样申请开业登记，怎样办理税务登记，纳税申报有哪些规定和程序，如何领购和使用发票，银行开户程序和有关结算规定等。

4.法律知识。企业合法合规经营是生存下去的重要条件。创业者一定要熟悉我国的《公司法》《专利法》《商标法》《税法》《劳动合同法》等。

5.社会知识。对于创业者来说，社会知识可以提供重要的引领。无论是融资、销售还是宣传、合作，都需要各种社会资源来支持，因此创业者应具备公共关系、人际交往、社会生活等方面的社会知识。

素养拓展6-2

"直播带货"带火大学生创新创业①

在位于荆州市沙市区中山街道文化坊的一家名品店，大学生返乡创业者郑小虎正在进行线上直播带货。

"在武汉读大学期间，我对二手奢侈品行业很感兴趣，在2020年毕业后就萌生了加入二手奢侈品行业的想法，于是自费去浙江杭州学习了奢侈品箱包保养护理方面的专业知识。"郑小虎说，在杭州系统学习了箱包的维修、翻新、洗护、改色、边油修复、五金翻新和镀金等，并成为了一名奢侈品护理师。学习结束后，郑小虎回到荆州申领了个体工商户营业执照，创办了沙市区暮凡名品店。

郑小虎说，自己不负信任，给客人修复好了包包，并且修复率达到98%，客人也非常满意，十分认可他的技术和能力。现在，他也一直在学习更深层次的修复技术，为大众提供更好的服务，同时，通过线上线下渠道，主营名牌包等奢侈品销售，他的公司目前经营情况良好。

"对于符合政策的大学生返乡创业者郑小虎，我们还专门给他办理了返乡创业人员一次性扶持创业补贴5000元。"沙市区中山街道人社所负责人说，当地政府将从人员招聘、人才培养、金融服务、政策扶持等方面，为广大返乡创业人员提供全方位保障，以积极的政策和优质的服务，全力抓好民生之本。

二、创业筹备过程

（一）编制创业计划

创业计划书是创业者创业成功的基石，要想成功创业，必须将自己的项目完整、详细地写成一份创业计划书。一份完整的创业计划书一般包括：封面、目录、联系方式、计划主体、附录等。

（二）组建团队

一般而言，创业团队需要在目标与技术定位上相互补充。

1.目标。团队目标共同引导着团队发展，是团队凝聚力和持续发展的基础。一个成功的团队必须有一个共同的目标。

2.成员。充分考虑团队成员的能力、性格等方面的因素，把合适的成员放在合适的岗位上，发挥其最大的效能。

3.定位。创业团队中的骨干成员在创业过程中必须有清晰的角色定位。创业活动

---

① 潘路，高清丽."直播带货"带火大学生创新创业［EB/OL］．［2022-07-27］．https：//baijiahao.baidu.com/s?id=1739495810108352878&wfr=spider&for=pc.

要取得成功，不仅需要寻找合适的商机，而且需要团队成员各司其职，互相协同，形成发展合力。

4.权责。明确每个成员的权利和责任，团队运作层次鲜明，执行力贯穿始终。

（三）筹措资金

1.利用合伙人的自有资金。

2.进行小额创业贷款。

3.向当地政府申请创业补贴。

创业主要筹备工作如图6-2所示。

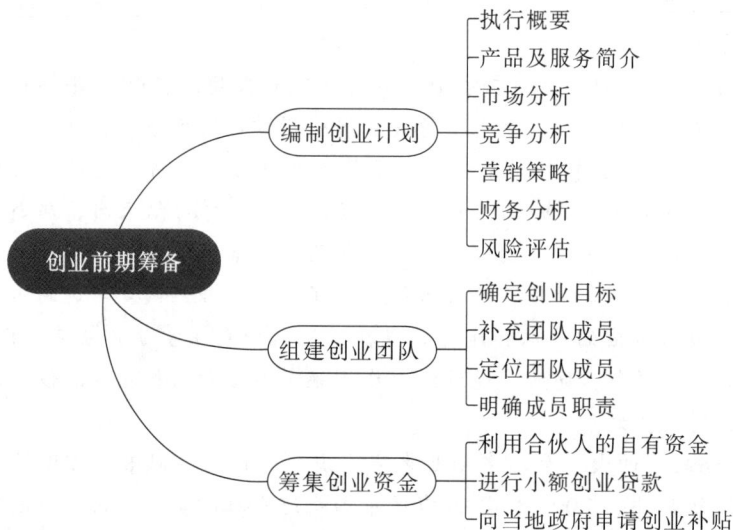

图6-2　创业主要筹备工作

三、注册创业公司

（一）企业名称核准

企业的名称本身就是品牌的基础，有人说企业的名称就是财富的密码，影响着一家企业的命运。

素养拓展6-3

知名企业的名称内涵

华为（HUAWEI），其名称内涵是中华有为，华为是一家民营通信科技公司，在任正非的带领下，经过32年的发展，如今取得了举世瞩目的佳绩，在通信领域有着举足轻重的地位。

网易（NetEase），在网易成立之初的1997年前后，中文网站还很少，服务费用也很昂贵，对绝大多数中国人来说，上网都是件可望而不可即的事。而网易的目标就是要改变这种情况，网易先后推出了免费主页、免费域名、免费邮箱、虚拟社区等服务，实实在在的努力让中国人使用互联网变得容易起来，"网易（NetEase）"，可谓名副其实。

百度（BIDU），是全球最大的中文搜索引擎，2000年1月由李彦宏、徐勇两人创立于北京中关村，致力于向人们提供"简单，可依赖"的信息获取方式。"百度"二字源于中国宋朝词人辛弃疾的《青玉案·元夕》："众里寻他千百度"，象征着百度对中文信息检索技术的执着追求。

完整的企业名称应由四部分组成：行政区划、字号（商号）、行业和组织形式。其格式为：行政区划+字号（商号）+行业+组织形式，新企业名称的拟定如图6-3所示。

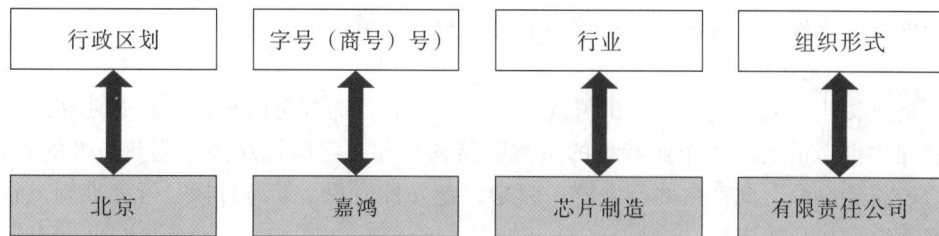

图6-3　新企业名称的拟定

（二）拟定产品名称

好的产品名称能给创业者持久的自信和毅力，如果公司有多种产品，那么还需注重产品名称的区别性与关联性。

（三）拟定商标名称

除了要符合商标命名的法定要求外，还要注意易认、易读、易记、易写，把握特征，突出重点，最好名称有美感与寓意。

财经实践6-1

拟定公司名称

参考上述企业名称以及名称拟定的基本要求，假设小金想创立一家专门开发手机软件的公司，请你帮他一起想想，应怎样为它命名？并说出名称的含义。

（四）公司登记注册

1.领取营业执照。在市场监督管理部门申请注册登记，领取营业执照。

2.刻制公章。刻制印章单位（含个体工商户）必须持上一级单位出具的证明或者营业执照，到县级以上公安机关申领刻章许可证，凭刻章许可证到公安机关指定的印章刻制点刻制。企业其他专用章（包括经济合同章、财务专用章等等），在名称、式样上应与单位正式印章有所区别。

3.开立银行基本账户。企业只能在银行开立一个基本存款账户，开立基本存款账户是开立其他银行结算账户的前提。

四、准备启动运营

企业的初创阶段必须把内部建设放在首位，准备运营阶段主要抓制度建设、员工培训及企业文化建设。

（一）制度建设

制度建设的过程要注意民主性、现实性、明确性、时变性。制度执行当中应注意的问题是高层管理人员必须带头执行企业制度，执法必严且执行要考虑到实际情况。

（二）员工培训

员工培训是指一定的组织为开展业务及培育人才的需要，采用各种方式对员工进行有目的、有计划地培养和训练的管理活动，其目的是使员工不断更新知识、开拓技能，改进员工的动机、态度和行为，使员工能适应新的要求，较好地胜任现职工作或担任更高的职务，从而促进组织效率的提高和组织目标的实现。

（三）文化建设

企业文化一般指企业基本价值观、工作作风和行为规范的总称，是企业在经营管理过程中创造的具有本企业特色的精神财富的总和，它能把众多企业参与者的兴趣、目的、需要以及由此产生的行为统一起来，包含价值观、最高目标、行为准则、管理制度、道德风尚等内容。

案例讨论6-1

90后女大学生创业卖童装，年销售额2 000万元

家住河南安阳的官秀兰，上大学时学的是电气自动化专业，因为喜爱扮装（cosplay），2013年从大学毕业后，她在家开了间cosplay服装设计工作室。由于她所在的城市客源并不是很多，工作室开了一年多，做得不太顺利，她也一直在考虑如何转行。就在2016年国家放开二孩政策之后，她敏锐地感觉到，婴幼儿服饰行业是大有可为的，所以她义无反顾地投入到婴幼儿服饰加工行业。

从最初只有几个人的小加工点，到现在拥有两个童装加工厂，解决了数百人就业问题，年销售额在2 000万元左右，她只用了3年时间。26岁的官秀兰在当地童装加工业里，已经成了年轻人创业的榜样。

在刚开始创业的阶段，由于缺少资金和人员，所有的事情她都是亲力亲为。加工厂一开始只有8个人，她既是老板又是员工，为了节省资金，她扛过布匹大包，上过机器加工服装，人员最少的时候厂里只有4个人，由于要完成客户的订单，她必须加班到半夜才能回家，拖着疲惫的身体到家后直接倒头大睡。

官秀兰说现在越来越忙了，一天最少要接打150通电话，中间很少休息通话状态，一年用坏一部手机是很平常的。

在车间里官秀兰对产品的要求总是非常严格，从布匹的挑选到制衣过程，她基本上都要了解一遍，做到心中有数。至今还是单身的官秀兰说："工作使我快乐，我深知现在所处的环境，如果自己不努力，很快就会被市场所淘汰"。

你认为官秀兰能够成功的原因是什么，你从她身上学到了什么？

（资料来源：改编自不胡说的老黄. 大学女孩卖童装，年销售2 000多万［EB/OL］.［2018-10-08］. https：//baijiahao.baidu.com/s？id=1613755717643523039&wfr=spider&for=pc）.

任务三　创业精神与大学生职业生涯发展

一、创业对大学生的意义

（一）成功创业可以培养创业精神，充分发挥个人才能

许多上班族对工作感到厌倦，积极性不高，主要的原因之一是个人的创业得不到肯定，个人的才能无法被充分发挥，在工作中缺乏成就感。而创业则完全可以摆脱原有的种种羁绊，充分施展自己的才华，发挥最大潜能，实现个人价值。

（二）成功创业可以积累财富，拥有自主人生

成功创业能够改变工薪阶层的窘困，可以为寻找出路的大学生另辟蹊径。无论出于何种动机和意愿，开创一份完全属于自己的事业，都既能满足自我需求、实现自我价值，又能为社会提供一系列的就业机会，是一件造福当下甚至惠及未来的好事情。不仅如此，成功创业还可以使自己摆脱上班的约束，使自己的人生价值得到更完美的体现。

（三）成功创业可以激励人生，奠定发展基础

在创业过程中，创业者可以感受到无穷的变化，遇到无穷的挑战和机遇，这本身就是令人兴奋的。重要的是，在这个过程中，创业者可以不断积累经验，为日后的成功和长足发展奠定根基。创业还能够使个人有足够多的机会和力量回馈社会、造福一方，从而获得极强的成就感。创业更能使人做自己喜欢的事，并从中获得乐趣，能够激励自己不懈怠、不骄傲，一路踏实走下去。

育德育人 6-1

何小鹏：37岁实现财富自由后仍然选择二次创业①

有关何小鹏这个名字，可能更响亮的是国产造车新势力"蔚小理"中小鹏汽车的CEO这个身份。但其实现在大家耳熟能详的UC浏览器，也是他开发的。

18岁那年，他考上了华南理工大学计算机系。毕业之后，进入亚信科技控股有限公司（简称：亚信科技，股票代码：01675.HK）。不久后便做到了项目经理。2004年，他和亚信科技的同事、学长梁捷，一起离开公司，开始创业。二人在创业不久就确定了发展方向：开发移动邮件（UCMAIL），做中国的黑莓。之后，何小鹏和梁捷开发了一款产品——手机浏览器UC Web。2014年6月11日，阿里以40亿美元收购UC，轰动一时，创下当时中国互联网历史上金额最大的并购纪录，何小鹏一夜之间实现了财富自由。但后来当记者采访他，提起财务自由时，何小鹏言语中更多的是"痛苦和彷徨"。买了好酒和游艇，坐进了阿里给的大办公室，却不知道梦想去哪里了。他不满足，不安分，有了钱之后，多了很多新鲜的"玩具"，但觉得这不应该成为人生的巅峰。

---

① 邹记福，何小鹏．三大新能源车企之一创始人，年轻一辈的何家榜样！[EB/OL]．[2023-04-20]．https://baijiahao.baidu.com/s?id=1763690192757685166&wfr=spider&for=pc．

2014年6月12日，在阿里收购UC的第二天。大洋彼岸，成立11年的电动汽车公司特斯拉宣布，将开放特斯拉所有的技术专利，以推动电动汽车技术的进步。一切像是早已命中注定一般，何小鹏开始了他的二次创业。在智能汽车出现之前，燃油车的顶尖技术一直牢牢地掌握在外国人的手中，中国在传统汽车工业上已经落后一百多年，没有追赶的机会。如今在智能汽车的赛道上，传统车企和新势力车企站在了同一起跑线上，这一次，是一个可以放手一搏的机会。

在接受电视媒体采访时，被问及二次创业的动机，何小鹏说："第一，想折腾自己；第二，想证明自己；第三才是情怀。"也许是在开发UC的时候，自己始终站在幕后，也许是UC最终的结局还是被收购，何小鹏这次想证明自己的愿望极为强烈，选择用自己的名字来给汽车命名。但是在镜头前当别人问到这是不是代表着车和人的命运连接在一起，一荣俱荣，一损俱损时，他还是轻描淡写地说：当时想了许多名字，就这个可以注册成功。

熟悉何小鹏的人都知道，他喜欢从0到1的创世感，享受从艰苦奋斗到功成名就的过程满足，甚至可以在功成名就之后从头再来一次。而面对即将到来的未知挑战，何小鹏也丝毫不畏惧。因为经历了创业之路的艰辛，才会在实现梦想时有着无与伦比的成就感！

思考题：你认为激励何小鹏在获得财富自由之后仍要进行二次创业的原因是什么？试着谈谈创业与人生发展的联系。

二、创业能力对大学生职业生涯发展的作用

现在这个时代是一个创业的时代，改革开放为有志于创业的人们开辟了道路，提供了良好的环境，召唤着每一个人投身于创业的潮流之中。创业对于国家、社会、个人尤其是大学生群体来说有着十分重要的意义，是实现人生理想和价值、获得自身全面发展的有效途径。

（一）创业能力的提高有利于确定职业发展目标

培育和提升创业能力，能够使大学生从职业生涯规划的层面上更加深入地了解创业的内涵，把创业作为一种可能的职业选择来看待，在创业选择时更加理性。创业能力的提高是一个不断发展的过程，有什么样的创业能力，就可以规划什么样的职业发展目标。创业能力发展到一个新的层次，职业发展目标就可以发展到一个新的层次。

（二）创业能力的提高有利于实现职业发展目标

在创业能力培育过程中，大学生能通过了解商业运作的基本规律和过程，掌握一定的创业技能和市场分析办法，更加深入地理解市场需求和职业环境，为未来的职业选择提供方向和引导，从而增强职业生涯规划的科学性和可行性。职业生涯发展目标越明确，需要的创业能力就越强。没有创业能力的提高，职业发展就会变成无源之水、无本之木，人的理想就无法实现。

（三）创业能力的提高是职业发展的基础

就业是实现职业发展的第一步，这是大学生职业规划的基本选择，这就业意味着要选择职业，有了职业，才有可能进一步发展事业和创业。创业能力的培育有效增强

了大学生重要的职业素质，包括机会识别能力、团队合作能力、沟通能力、创新能力、管理能力、资源获取与整合能力等，从而提高了大学生毕业后的职场适应能力和竞争力，有助于提升个体职业生涯发展空间的高度和广度。有了创业能力的提高，才可以从容选择理想的职业，为个人职业发展奠定基础。

创业能力的提高已不仅仅局限在自主创业上，更具有广义上的开创事业、开辟事业、创新业绩等含义，其内涵体现了开拓创新、创业能力和综合素质的提升与发展，而这些素质对于社会各个领域的就职岗位而言十分重要，对个人职业生涯发展更起着积极作用。

育德育人6-2

青春在创业奋斗中激扬，在创新创造中闪光[①]

党的二十大报告中用了比较大的篇幅描述了创新发展战略的意义和重要性。其中指出，要坚持创新在我国现代化建设全局中的核心地位，提升国家创新体系整体效能。

中国未来的国家竞争力提升，需要国内有更多的创新型产业、高科技产业，而无论是这些新兴产业的产生，还是原来旧有的传统产业往高科技方向的转型，都离不开创新创业型人才。创新创业教育的核心正是为了培育大学生开拓与创新的精神，让大学生能够在当前激烈的社会竞争中脱颖而出。

从国家层面来看，最具创新潜力的人才正是在校的大学生们。对大学生的培养，除了传统的教学方式，还需要通过创新创业训练计划，增加他们参与实践的机会和比例，在大学生们心中种下一颗颗创新创业的种子。而对于大学生而言，创新创业教育可以提高其各方面的技能，还能培养其企业家精神、开拓精神以及创新精神，这样在毕业时，他们不仅仅是一名求职者、就职者，还能成为工作岗位的创造者，能带动一批身边的同学就业，甚至能够凭借其创新的产品或业务促进行业经济的繁荣发展。

创业维艰，奋斗以成。当前，年轻大学生已是创新创业的生力军。不断优化创新创业生态环境，为年轻人创新创业提供更有力、有效的帮助，创新就会成为青春远航的动力，创业就会成为青春搏击的能量，青春年华就会在为国家、为人民的奉献中焕发出绚丽光彩。

财经实践6-2

大学生创业补贴应该如何申请[②]

2022年5月31日，广东省人民政府办公厅下发《广东省进一步支持大学生创新创业的若干措施》（简称"措施"）。措施表示，每年资助不少于1 000个大学生团队开展科技创新项目研究。开展大学生创新创业训练计划，对入选国家级创新训练项目和创业训练项目给予平均不低于2万元/项的经费支持，入选国家级创业实践类项目

① 孙振，宦翔，王珺，等. 加快实施创新驱动发展战略［N］人民日报，2022-10-22（01）.
② 吴少敏. 广东进一步支持大学生创新创业［N］南方日报，2022-06-01.

给予平均不低于10万元/项的经费支持。符合条件的自主创业大学生可申请1万元一次性创业资助，以及每年4 000元—6 000元（最长3年）的租金补贴。被省人力资源社会保障部门评定为省级优秀创业项目的，可按规定享受5万元—20万元资助。措施指出，加大创业担保贷款及贴息支持力度，符合条件的大学生个人可申请最高30万元的创业担保贷款，创业带动5人以上就业的可申请最高50万元的创业担保贷款，对大学生创办的符合条件的小微企业可申请最高500万元的创业担保贷款。

项目二

企业财务与内部控制

每个创业者在筹建项目时，都面临着相同的困境：这个项目需要多少启动资金？大多数情况下，创业的过程总会发生意料之外的费用，或是销售达不到预期的情况，因此，进行实际可行的估算就需要进行财务预测，就需要预编资产负债表、利润表和现金流量表。这些报表告诉我们如何通过财务预算，估算出初创企业的资本与运营需求，了解企业各个阶段的风险特征，也使创业者了解财务预测，识别企业风险，为企业长期的融资运作早做打算。

案例导入

小金咖啡店

小金喜爱咖啡，因此，小金想在保证学习的前提下开一间咖啡店，既能把美味的咖啡分享给在校的大学生，又能创业做自己喜欢的事情，可谓一举两得。因此，小金开始制订计划了。以下是小金咖啡店的启动预算表（见表6-1），你认为小金需要多少启动资金？

表6-1　　　　　　　　　　　　**启动预算表**　　　　　　　　　　单位：元

设备费用	营业执照	店面装修	创业者工资	店面租金	宣传费用	水电费	原材料	包装用材	库存现金
8 000	100	5 000	3 000	1 500	800	1 000	3 500	1 000	2 500

■ 学习目标

素质目标

1.培养个人与企业的风险意识；

2.在复杂的环境中，正确并理性地认识创业的利与弊；

3.培养敬畏风险、诚实守信的职业精神。

知识目标

1.掌握财务分析的概念、目的与方法；

2.学会分析初创项目的财务预算；

3.认识企业资产负债表、利润表、现金流量表；

4.认识企业各个阶段面临的风险问题；

5.了解企业不同发展阶段的财务风险。

能力目标

1.区分企业的三张财务报表的不同作用；

2.掌握简单的财务报表分析方法；

3.掌握企业各阶段面临的风险防范策略；

4.熟悉企业财务风险与控制的程序。

思维导图

本次学习之旅我们将学习到以下内容（如图6-4所示）：

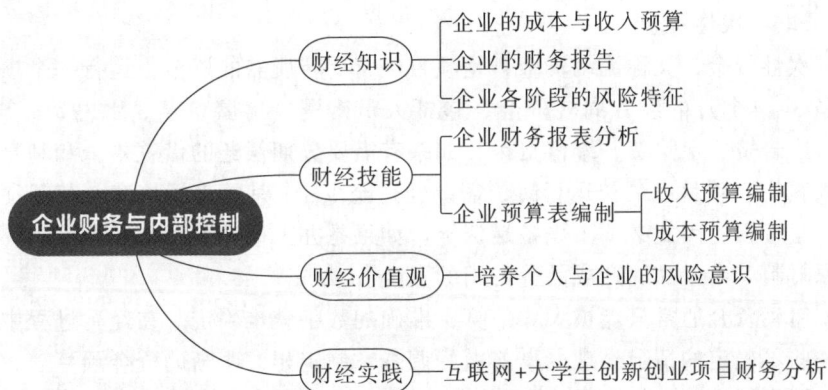

图6-4　本项目思维导图

任务一　学会做财务预算

一、启动资金预算

从办理营业执照起，初创企业的各种支出较多，可谓"花钱如流水"。初创企业投入运营之后，很难立即带来收入，为了保证企业在启动阶段运转顺利，在企业经营达到收支平衡之前，创业者必须准备足够的资金以备支付各种费用。初创企业在启动阶段至少要备足3~4个月的各种预期费用，最好是备足第1年全年所需的运营预算。

对于初创企业启动资金进行估算，需要丰富的企业管理经验，以及对市场行情的充分了解。为了较为准确地估算出初创项目的启动资金，创业者要根据项目的种类、规模、经营地点等将制订项目启动清单，越详细越好。初创团队要集思广益，从有形

（如场地、库存、设备和固定设施等）到无形（如服务、广告等），尽量做到思虑周全。然后，创业者就可以逐项开始预计项目启动需要的资金了。

启动资金是指开办企业必须购买的物资和必要的其他开支的总和。创业是需要成本的，就算是最少的启动资金也要包含一些基本开支。启动资金的预算可以分为以下两类：

（一）一次性资金

1.项目本身的费用。即付给所选定项目的直接费用。如：学习、购买某项技术的费用，购买机器设备的费用，项目的加盟费用等。

2.经营设备、工具等购置费用。主要是指项目在经营过程中所需要的辅助设备和工具。例如，小金开咖啡店，需要咖啡机和制作糕点的烘焙设备，还需要冰柜、展示柜等。

3.营业执照及其他类似费用

个体营业执照对注册资金没有要求，工本费大概在25元—30元。此外，还有税务登记工本费、市场监督管理费以及银行开设账户管理费等。

（二）非一次性资金

非一次性资金，又称流动资金，是项目经营周转所需的资金。运行一个项目，至少要准备3～4个月的经营周转资金，包括人员工资、房屋租金、水电费、电话费、材料费、广告费、保险费、维修费等，如果有需要分期偿还的借款本金和利息，那么也要记入其中。项目在最初运行时，需要经过至少3个月的市场培育，其间往往盈利很少，甚至亏损，因此必须事先备足资金。如果是办工厂，除了上述费用之外，还需要考虑原材料、半成品、产成品等占用的资金。

初创启动资金通常只能被大致估算，准确的数字较难确定。在经营过程中，可能还会有一些不确定的情况出现。事前做好调查，制定相对明晰的资金预算表，将有利于项目的正常开展。

以小金开咖啡店为例，启动成本预算见表6-2。

表6-2　　　　　　　　　　　　　启动成本预算表

预算项目	第一个月支出	第二个月支出	第三个月支出	总支出
一次性支出				
设备费用	10 000	—	—	10 000
店面装修费	5 000	—	—	5 000
营业执照	100	—	—	100
一次性支出合计	15 100	—	—	15 100
非一次性支出				
流动现金	2 500	2 500	2 500	7 500

预算项目	第一个月支出	第二个月支出	第三个月支出	总支出
创业者工资	2 000	2 000	2 000	6 000
员工工资（1人）	2 000	2 000	2 000	6 000
店面租金	1 500	1 500	1 500	4 500
水电费	300	300	300	900
网络费	200	200	200	600
原料成本	3 500	3 500	3 500	10 500
包装耗材	500	500	500	1 500
非一次性支出合计	12 500	12 500	12 500	37 500
总计	27 600	12 500	12 500	52 600

（注意：表中的项目，可以根据不同的创业项目的内容做相应的修改，时间也可根据实际需求延长。）

根据表6-2的预算，小金咖啡店启动资金的成本与费用预算为52 600元，这就意味着小金至少要筹得52 600元的资金，用于咖啡店前3个月的经营运作和周转。

如果创业者在预计启动资金方面仍然有困难，不妨研究一下所在行业和地区其他同行企业的情况；试着与其他创业者探讨他们是如何计算创业成本的，具体咨询他们往往会忽略的费用项目；小企业协会和地方创业协会的工作人员也会提供相应的咨询服务。

当对预测的成本还存在较大的疑虑之时，应当尽可能高估前期的投资成本，低估销售额，以确保资金的充足。

财经实践6-3

启动资金测算方法

关于启动资金的测算，美国南加州大学创业中心的凯思琳·艾伦（Kathleen. Allen）教授建议，使用一个她称之为"三角测量"的步骤，就是对每项费用从3个不同途径获取3个数字，然后"权衡3个数字，最后得出一个你认为正确的数字"。

二、销售收入的预算

预算销售收入是制订财务计划和财务报表的第一步。创业者可根据实际情况，选择购买动机调查、推销人员意见综合考量、专家咨询、时间序列分析等多种预测方式及方法，估算每个月的营业收入；同时，按月估算营业成本、营业的相关费用以及其他费用，从而计算出利润或亏损。

以小金咖啡店为例，编制该初创项目的收入预算表（见表6-3）：

表6-3 收入预算表 金额单位：元

项目	第1个月	第2个月	第3个月	总计
销售数量	500件	800件	900件	2 200件
平均单价	15元/件	15元/件	15元/件	
月销售额	7 500	12 000	13 500	31 500

表6-3中的项目，可根据不同销售对象做相应的修改，时间也可根据实际需求延长。根据表6-3的预算，咖啡店销售收入预计为33 000元（3个月）。根据案例中的支出成本，就可以计算出相应的利润。

初创期对未来3个月成本的预算，是为了筹集启动阶段的资金，解决短暂的资金需求。事实上，从初始净资本投入到实现盈利，可能需要经历12~42个月不等甚至更长的时间。其间，创业者会不断面对持续融资问题。

因此，创业者需要编制预算财务报表，对企业现有资本结构、偿债能力、盈利能力和现金流状况进行把握，进而确定融资需求。

任务二 认识企业的三张报表

财务会计报告是指企业对外提供的反映企业某一特定日期的财务状况和某一会计期间的经营成果、现金流量等会计信息的文件。财务会计报告包括财务报表及其辅助和其他应当在财务会计报告中披露的相关信息和资料，财务会计报告的组成如图6-5所示。

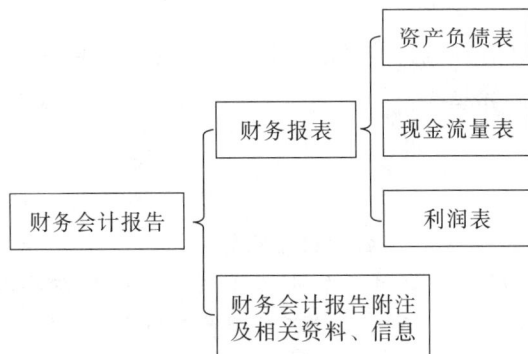

图6-5 财务会计报告的组成

当你想要知道自己有多少钱时，你可能会看一下自己的银行账户余额。资产负债表可以看作公司的"账户余额"，可以告诉你公司拥有多少资产，负债多少，以及净资产有多少。

假设小金咖啡店处于计划运营阶段，那么资产负债表就可以告诉小金需要多少钱来购买厨房设备、食材和其他必要的物品，以及小金需要向银行贷款多少金额。当小金咖啡店开始运营后，资产负债表可以帮助小金了解自身的财务状况，以便作出更好的经营决策，比如是否要扩大规模或增加商品种类。经过一段时间的运营后，小金想知道自己的餐厅是否赚钱，此时则需要制作利润表。

财务分析是指企业相关利益主体以企业财务报告反映的财务指标为主要依据，并结合公司所处行业、市场等外部环境，对公司的财务状况和经营成果以及现金流量进行剖析，以全面反映企业在运营过程中的利弊得失、经营业绩及发展趋势的一种方法。

一、企业的资产负债表——你的公司有实力吗？

企业实力如何？看资产负债表，资产负债表反映了企业在某一特定日期所拥有或控制的经济资源，所承担的现时义务和所有者对净资产的要求权。查阅资产负债表，可以帮助财务报表使用者全面了解企业的财务状况，获得企业资本结构是否稳定、资源配置是否合理、偿债能力是否有保障等经济决策信息。

当一家公司需要向银行、股东或潜在投资者申请融资时，资产负债表是最常用的财务报表之一。它提供了公司在特定时间点上的财务状况的总体概述。这个报表由资产、负债和所有者权益三个部分组成，其中资产和负债按照流动性和非流动性进行分类。

（一）资产

资产是指企业过去的交易或事项所形成的由企业拥有或者控制的、预期会给企业带来经济利益的资源。反映了企业某一特定日期拥有的资产总量及结构状况。

细分一下，资产负债表中的资产部分，是按照变现的难易度进行排列的。流动资产，是指预计能在1年内产生收益的资产，如现金（库存现金、银行存款、现金等价物以及其他货币资金）、应收账款、存货以及各种类型的有价证券等。非流动资产，是指那些需要1年以上时间才能产生收益的资产，如地产、厂房、设备、长期投资以及大部分无形资产。资产告诉你，钱都去哪儿了。

（二）负债

负债是指企业过去的交易或事项形成的、预期会导致经济利益流出企业的现时义务。反映了企业某一特定日期拥有的负债总量及结构状况。负债告诉你，公司的资产中有多少是借的钱。

负债按偿还期限分类，可分为短期负债与长期负债，偿还期限在1年以内的为短期负债，偿还期限在1年以上的为长期借款。

（三）所有者权益

所有者权益是指企业投资人对企业净资产的所有权，它受到总资产与总负债变动的影响而发生增减变动。

所有者权益可以告诉你，有多少是股东的钱。当企业终止经营时，股东（投资者）可收回多少投资净额。假设小金咖啡店在运营的后期，需要向银行申请贷款扩大规模。银行可能会要求小金提交一份咖啡店的资产负债表。在这张资产负债表中，咖啡店的资产可能包括现金、银行存款、咖啡店相关设备和用具，以及应收账款；负债可能包括应付账款和应付职工薪酬；所有者权益包括股东的投资和公司的净收益。

通过查看资产负债表，银行可以了解咖啡店的总资产和总负债，以及所有者权益的价值。如果资产多于负债，那么咖啡店可能更容易获得贷款，因为它的所有者权益表明了公司的健康状况。相反，如果负债多于资产，那么银行可能会更谨慎地考虑贷款申请，因为公司的偿债能力可能不足以支持其偿还贷款。企业资产负债表的大致格式参见表6-4。

表6-4 **资产负债表** 单位：元

资产	期初金额	期末金额	负债	期初金额	期末金额
一、流动资产			一、流动负债		
货币资金			短期借款		
应收账款			应付账款		
存货			应付职工薪酬		
其他资产			应交税费		
流动资产合计			流动负债合计		
二、非流动资产			二、非流动负债		
固定资产			长期借款		
长期应收款			非流动负债合计		
无形资产			所有者权益		
非流动资产合计			实收资本		
			资本公积		
			所有者权益合计		
资产合计			负债及所有者权益合计		

对于个人而言，如果你想买一辆车，你会想知道你有多少钱可以花，这就需要你列出你的资产负债表。你的资产包括你的银行账户存款、汽车、房产等，而你的负债包括信用卡、房贷、车贷等。如果你的总资产大于总负债，那么你就可以考虑筹钱来购买你心仪的车子。如果你的负债高于你的资产，那么你可能需要先还清债务或者考虑其他购车方案。这就是资产负债表的用途，可以让你更清晰地了解你的财务状况，以便作出更明智的决策。

二、企业的利润表——你的公司有能力吗？

在初创企业融资过程中，外部债权人和权益投资者都十分关心企业未来的盈利能力，因此预先编制利润表是企业之后能否取得融资的关键。

企业是否有盈利能力要看利润表，增强企业的盈利能力，是企业管理的重点。利润表又称损益表（也可以称为资本市场表），就是记录这段时间企业的收支状况的报表，收大于支，就是利润，否则就是亏损。收入可以被拆分成日常经营的常规收入和临时发生的非经常性收入。支出也可以被细分，支出可以被分为工资、原料、销售费用等。根据《企业会计准则》的规定，我国利润表格式采用"多步式"，计算营业利润、利润总额和净利润。

在初创之时，企业很少从事非主营业务，也很少有多余的资金用于投资，一般看初创企业的利润表，人们应重点关注企业主营业务的经营业绩。

当"净利润"为正数时，体现出盈利，属于企业可自由支配的净收益，会带来企业所有者权益和资产的同步增加。一家企业若能保持良好的持续盈利能力，说明企业的管理是有效的，企业的资产具备获利能力。

当"净利润"为负数时，体现出亏损，反映出企业经营不善，很可能蚕食所有者权益和资产，长期的亏损会影响企业的持续经营能力。

通过利润表，财务报告使用者可以全面了解企业在一定会计期间的经营成果，分析企业的获利能力及盈利趋势，为经济决策提供依据。

利润表（见表6-5）除了可以为投资者或贷款机构提供决策之外，还可以为创业者明晰创业项目的盈利情况，帮助创业者考核经营管理业绩，适时调整管理举措。

表6-5   **利润表**   单位：元

项目	初期	第二年	第三年
一、营业收入			
减：营业成本			
税金及附加			
销售费用			
管理费用			
财务费用			
财务费用			
资产减值损失			
加：公允价值变动损益			
投资收益			
二、营业利润			
加：营业外收入			
减：营业外支出			
三、利润总额			
减：所得税费用			
四、净利润			

小张是个喜爱理财的人，他想了解一下自己在一定时间内（半年内）的收入和支出情况，以达到最好的个人理财效果。他的利润表（简表）见表6-6。

表6-6 小张个人利润表（简表） 单位：元

收入	
工资收入	50 000
成本	
房租	10 000
生活费用	20 000
利润	
净利润	20 000

这份利润表显示了小张在这一段时间内的收入和支出情况。小张的总收入为50 000元，其中房租和生活费用总共为30 000元。小张的净利润为20 000元，这是他在这段时间内剩余的可支配资金。这份利润表告诉小张他在这段时间内的消费水平和储蓄情况，以及他需要关注哪些方面以提高个人理财效果。

除此之外，利润表还可以用来比较不同时间段内的财务状况。如果小张理财过程中积累了多年的利润表，那么他可以比较不同年份的净利润变化，了解自己的"经营"情况是否有所改善或恶化，及时调整自己的理财策略。

总之，利润表是一份非常重要的财务报表，可以帮助企业或个人了解自己的财务状况，评估投资决策，制定财务规划和管理策略。

三、企业的现金流量表——你的公司有活力吗？

由于赊购、赊销、固定资产折旧等非现金业务的存在，企业预算的利润并不能直接反映现金的余缺，为了能够更准确地了解企业的活力、规模，合理制订经营与融资计划，初创企业还需要编制自己的现金流量表。

小王是一家网店的老板，他想知道自己的网店在过去1个月内的现金流状况，以及现金的收入和支出情况。他请来了会计师帮他编制了一份现金流量表（见表6-7）。现金流量表中列出了小王网店在过去1个月内的现金流入、现金流出和净现金流量情况。

表6-7 小王网店现金流量表 单位：元

项目	金额
现金流入	12 000
顾客支付订单款项	9 000
其他收入	3 000
现金流出	10 500
购买库存商品	5 000
付给供应商的款项	4 500
付给员工的工资和奖金	1 000
租金和水电费等其他开支	1 000
净现金流入	1 500

小王网店的现金流量表显示了过去1个月内的现金流入和流出情况。现金流入项中包括顾客支付订单款项和其他收入，而现金流出项则包括购买库存商品、付给供应商的款项、购买办公用品和设备、付给员工的工资和奖金，以及租金和水电费等其他开支。最后，净现金流入为1 500元，表示小王网店在过去1个月内净现金流入1 500元。

通过分析现金流量表，小王可以更好地了解他网店的现金流状况，以及收入和支出的来源和去向，有助于他作出更好的经营决策，比如拓宽销售渠道、控制成本与支出等。

根据企业经济活动的性质和现金流量的来源，企业一定期间产生的现金流量分为三类：经营活动产生的现金流量、投资活动产生的现金流量和筹资活动产生的现金流量。现金流量表主要从这三个方面描述企业的经济活动，提供企业现金支付能力、营业收入质量、现金筹措能力等信息。

对现金流量表进行分析能够确定在一定会计期间内企业现金的主要来源。企业现金主要来源于日常的经营活动收益，经营活动中收现比率越大，说明收入的质量越好，企业的活力越足。如果企业主要是靠借贷类筹资活动或变卖"家底"来补充现金，那么大家就要注意企业是否存在资金健康问题了。

现金及现金等价物净增加额为正数，说明一定会计期间的现金流入大于现金流出，企业有"钱"可花；现金及现金等价物净增加额为负数，说明一定会计期间的现金流入小于流出，企业可能在"啃老本"了。现金流量表的大体格式见表6-8。

表6-8　　　　　　　　　　　**现金流量表（简表）**　　　　　　　　　单位：元

项目	第1年	第2年
一、经营活动产生的现金流量：		
销售商品、提供劳务收到的现金		
收到的其他与经营活动有关的现金		
经营活动现金流入小计		
购买商品、接受劳务支付的现金		
支付的各项税费		
支付的其他与经营活动有关的现金		
经营活动现金流出小计		
经营活动产生的现金流量净额		
二、投资活动产生的现金流量：		
收回投资收到的现金		
投资活动现金流入小计		

项目	第1年	第2年
购建固定资产、无形资产和其他长期资产支付的现金		
投资活动现金流出小计		
投资活动产生的现金流量净额		
三、筹资活动产生的现金流量：		
吸收投资收到的现金		
取得借款收到的现金		
收到其他与筹资活动有关的现金		
筹资活动现金流入小计		
偿还债务支付的现金		
分配股利、利润或偿付利息所支付的现金		
支付其他与筹资活动有关的现金		
筹资活动现金流出小计		
筹资活动产生的现金流量净额		
四、期末现金及现金等价物净额		

四、分析财务报表的内容和原则

由于财务报表分析的主体不同，其分析的内容也不同。

（一）资产负债表分析

资产负债表分析的内容主要包括资产负债表趋势分析、结构分析、偿债能力分析和资产管理能力分析等。通过对资产负债表的趋势变动分析和结构变动情况分析，可以了解企业资产、负债及所有者权益的总规模及变动趋势，了解企业的资产结构和资本结构变动趋势，揭示企业财务状况；通过对资产负债表中资产与负债及所有者权益之间比例关系的分析，可以评价企业偿债能力及承担风险和继续举债的能力；通过资产周转率和周转期指标的计算与比较，可以分析企业的资产营运能力。

假设，小金通过统计汇总出了自己前3个月经营形成的资产负债表，以下是小金咖啡店的资产负债表（见表6-9）：

通过这张资产负债表，小金可以计算出其门店的资产负债率和总资产周转率。

资产负债率是企业的负债占总资产的比例，它可以用来衡量企业利用债权人提供资金进行经营活动的能力，也可以用来反映债权人发放贷款的安全程度，其计算公式如下：

资产负债率=负债÷总资产×100%

表6-9 小金咖啡店资产负债表 单位：元

项目	金额	项目	金额
资产		负债	
流动资产		流动负债	
货币资金	15 000	短期借款	4 000
存货	12 500	应付账款	5 000
应收账款	12 000	应付利息	1 500
其他资产	3 000	非流动负债	
非流动资产		长期应付款	5 500
固定资产	10 000	所有者权益	36 500
总资产	52 500	负债和所有者权益	52 500

在小金咖啡店的资产负债表中，负债总计16 000元，总资产为52 500元，因此小金咖啡店的资产负债率为16 000÷52 500×100%=30.5%。对于初创企业来说，资产负债率不宜过高，因为资产负债率过高意味着企业的负债压力比较大，即使短期内不需要偿还融资借款的本金，也需要偿还固定的利息，会对企业保持稳定的现金流形成一定的压力。

从经营者的角度看，他们还会关心企业是否在充分利用借入资金给企业带来好处的同时，尽可能降低财务风险；如果资产负债率过高，固然会造成一定的还款压力；但如果企业完全不进行任何借款融资，或者说借款融资的比例很小，则说明企业对经营风险的承受能力极低，利用债权人资本进行经营活动的能力较差，对自身的经营前景信心不足，银行或第三方机构在评估这类资产负债率低的企业时，也会认为这类企业的筹资能力与偿债能力弱，风险承受能力不足，发展前景不明朗。

从财务管理的角度来看，企业应当审时度势，全面考虑，在利用资产负债率制定借入资本决策时，必须充分估计预期的利润和增加的风险，在二者之间权衡利害得失，作出正确决策。

另一个指标是总资产周转率，它表示企业在一定时期内销售了多少次其拥有的总资产，它是衡量资产投资规模与销售水平之间配比情况的指标。其计算公式如下：

总资产周转率=销售收入/总资产×100%

如果小金咖啡店在过去3个月内达到了60 000元的销售收入，而其总资产为52 500元，则咖啡店的总资产周转率为60 000÷52 500=1.14，即咖啡店的总资产被周转了1.14次，也就意味着小金利用了已有资金进行了一轮多的周转，获得了60 000元的销售收入，若小金进一步提高咖啡店的资产周转效率，则会获得更多的收入。

总资产周转率综合反映了企业整体资产的营运能力，一般来说，周转次数越多或周转天数越少，表明其周转速度越快，企业的营运能力也就越强。初创企业可以通过薄利多销的办法加速资产的周转，带来利润绝对额的增加。

（二）利润表分析

利润表分析的内容主要包括利润表趋势分析和企业盈利能力分析等。通过对利润表的趋势分析，了解企业收入、成本费用及利润的发展变动情况，分析判断企业经营状况和未来发展趋势；通过对反映企业盈利情况的财务指标进行计算与比较，分析企业的盈利能力，通过营业增长率、资本保值增值率、资产增长率等指标的计算与分析，揭示企业的发展能力。

假设，小金咖啡店在前3个月的销售情况比较理想，销售收入为60 000元，其中成本为35 000元，缴纳税费1 200万元，员工工资及其他费用为10 000元。则咖啡店的利润表如下（见表6-10）：

表6-10　　　　　　　　　　　　小金咖啡店的利润表

项目	金额（元）	占比（%）
销售收入	60 000	100
减：销售成本	35 000	58.3
毛利润	25 000	41.7
减：员工工资及其他费用	10 000	16.7
营业利润	15 000	25
减：税费支出	1 200	2
净利润	13 800	23

从表6-10中可以看出，小金咖啡店的净利润为13 800元，可以通过利润表计算出一些指标，比如毛利率和净利润率。

毛利率是指毛利润与销售收入的比率，其计算公式如下：

毛利润=销售收入-销售成本

毛利率=毛利润÷销售收入×100%

因此，小金咖啡店的毛利润为2.5万元，毛利率为41.7%。毛利润是企业经营获利的基础，企业要盈利，首先要获得足够的毛利润，在其他条件不变的情况下，毛利率的高低反映了企业在销售过程中所保留的利润水平。毛利率越高，说明企业在销售中的利润保留越多，产品本身的销售效率越高。

净利润率是指净利润与销售收入的比率，是用于衡量企业最终经营成果的业绩指标，其计算公式如下：

净利润率=净利润÷销售收入×100%

经计算，小金咖啡店的净利润率为23%。净利润率是反映企业在销售过程中获得的净利润所占比例的指标，反映了企业盈利能力的高低。净利润率越高，说明企业的盈利能力越强。

净利润的分析通常需要和毛利润的分析一同进行，假如小金咖啡店毛利率是70%，属于高毛利润，说明小金的咖啡原料成本控制得好，定价能够被市场接受，销售收入高，但若该店的净利润率只有10%，那就证明小金在店铺的管理方面（例如营销费用、设备维护费用、人员工资、新品研发费用、税费）支出比较多，说明小金咖啡店销售情况良好，但店铺整体留存下来的可分配的利润低，可以说咖啡店"赚得多花得也多"，在这种情况下，小金应该进一步提高店铺的管理水平，在保持销量的同时，缩减各种支出。

（三）现金流量表分析

现金流量表分析的内容主要包括现金流量表变动趋势分析、现金流量结构分析及企业获现能力分析、现金支付能力分析等。通过现金流量总规模的变动情况分析，可以揭示企业一定时期现金流量的变动发展趋势；通过现金流入、流出结构分析，可以揭示企业现金流量的构成与分布，评价企业财务状况；通过各种财务指标的计算与比较，可以从现金流量的角度了解企业能否偿还到期债务、支付现金股利及进行必要的对内投资。

小金咖啡店经营一段时间后，需要了解公司的现金流状况，以便更好地规划和管理小店的财务活动。小金咖啡店现金流量表（节选）见表6-11。

表6-11　　　　　　　　　小金咖啡店现金流量表（节选）　　　　　　　　单位：元

项目	本期金额	上期金额
经营活动产生的现金流量净额	50 000	40 000
投资活动产生的现金流量净额	−10 000	−5 000
筹资活动产生的现金流量净额	20 000	15 000
现金及现金等价物净增加额	60 000	50 000
期初现金及现金等价物余额	70 000	20 000
期末现金及现金等价物余额	130 000	70 000

经营活动产生的现金流量净额包括公司日常业务活动所产生的现金流入和现金流出，例如销售商品、收取应收账款、支付应付账款等。小金咖啡店本期经营活动产生的现金流量净额为50 000元，上期为40 000元，说明其在经营方面资金流有所改善。

投资活动产生的现金流量净额包括公司投资活动所产生的现金流入和现金流出，例如购买资产、出售资产等。小金咖啡店本期投资活动产生的现金流量净额为−10 000元，上期为−5 000元，说明公司有投资支出增加的情况。

筹资活动产生的现金流量净额包括公司筹资活动所产生的现金流入和现金流出，例如借款、偿还债务、发行股票等。小金咖啡店本期筹资活动产生的现金流量净额为20 000元，上期为15 000元，说明公司在本期有更多的资金来源于筹资活动。

通过分析现金流量表，小金可以更好地了解其店铺的现金流状况，以便更好地管理和规划店铺的财务活动。例如，他可以根据现金及现金等价物净增加额、期末现金及现金等价物余额来确定公司是否需要进行下一轮筹资活动，是否需要加强经营活动或进行风险管理等。

财务综合分析
案例

（四）财务综合分析

财务综合分析是利用杜邦财务分析体系和沃尔评分法等财务综合分析方法，在财务单项指标分析的基础上，从企业整体出发，全面、系统地对企业的财务状况和经营成果进行综合分析评价，得出综合分析结论。

素养拓展 6-4

智能财务建设变革将数字化浪潮推向新阶段[①]

新科技正在快速推动着财务运营模式的进化，财务数字化是当今时代具有分水岭意义的大趋势，但爆炸式的增长却还迟迟没有开始。数字化将会在三个关键领域颠覆财务：运营模式、财务流程优化和数字化财务数据。

中国石油在财务共享体系建设过程中，采用灵活、可扩展的分布式服务架构，积极应用机器人流程自动化、人工智能等前沿技术，构建智能化、移动化财务共享服务平台。其智能应用主要有三类场景，分别为 RPA 机器人、进项税发票池、智能识别及智能填单服务。

中国石油在财务共享建设过程中，将会计核算、资金结算等业务纳入共享中心统一处理，充分利用信息化手段，将复杂工作简单化、标准化，通过对业务流程、规则进行标准化管理，迅速识别复杂工作场景，消除多余、低附加值作业，实现同质业务专业化处理。通过梳理操作流程、审核规则、风险评估、异常处理机制、系统评估，形成了一套具有中国石油特色的 RPA 应用运行框架及开发模式。中国石油财务共享中心先后上线制证类、审核类、发票认证类、资金支付类、银行回单分拣类、电子会计档案归档类等 6 类 180 个"小铁人"机器人，平均处理效率为人工的 20 倍，完成工作量占比达 54% 以上。

在加快推进数字化建设转型升级方面，云南烟草商业进行了大量的探索实践，为高质量发展带来了"颠覆式创新"。尤其是近三年来，云南烟草商业以智能财务为"引擎"，竞逐"数字"赛道，勇攀"智能"云端，其智能财务平台以"自动化、智能化、数字化"为建设方向，开发了财务会计、管理会计、财务共享三个方面的 16 个工作台。驱动企业建立了共享财务、业务财务和战略财务的"三支柱"新型财务运营管理模式，提升了财务工作质量与效率，实现了财务价值创造与风险管控的目标。

[①] 杨嘉绮. 智能财务建设 优秀案例分析 [J/OL]. 豫城智能财务服务中心，[2023-04-20]. https://mp.weixin.qq.com/s/kRI7KPtnaSjHeihgjhOmzw.

任务三 企业的财务风险与控制

一、小微企业各发展阶段财务风险与防控

素养拓展6-5

畅通金融服务渠道，为小微企业发展助力

小微企业是国民经济和社会发展的生力军，是建设现代化经济体系、推动经济实现高质量发展的重要基础，是扩大就业、改善民生的重要支撑，小微企业在发展中面临的业务开拓、财务管理、融资投资等问题愈发明显。

2022年中央经济工作会议于2022年12月15日至12月16日在北京举行，会议提出要引导金融机构加大对小微企业、科技创新、绿色发展等领域的支持力度。2023年是全面贯彻党的二十大精神的开局之年，金融在支持小微企业发展方面，需要在加大融资供给、强化科创金融、畅通服务渠道、发挥政策合力等方面持续发力，推动小微企业融资实现量的合理增长和质的稳步提升，助力小微企业高质量发展。

因此，对小微企业发展中遇到的财务困境进行分析和探索，一方面有助于改善财务工作效率和提升小微企业的工作价值；另一方面有助于防范企业经营风险、财务风险的发生，促进小微企业的可持续发展，并适应国家经济新的发展。

（一）初创期的企业财务风险

初创期是企业发展的初始阶段，企业的经营风险是最高的，需要保持充足的现金流，但也应该衡量好初期的收益率。

部分创业者为了保证流动资金的充足，容易过度地筹集资金，忽视筹资成本和自己的实际资金需求，在利润率不达标的情况下，抬高了自身的融资风险与偿债风险，容易走入资不抵债的困境。而一部分创业者由于没有做好充足的市场调研与财务规划，可能会低估企业或项目对资金的需求，导致在经营过程中资金不足，带来流动性风险，现金的枯竭会直接导致创业的失败。

因此，对于初期的创业企业而言，首要任务应该先制定好融资策略，寻找风险较低的融资方式，与投资方和借款方建立融洽的融资关系，并且认真地考虑融资的利息与期限是否在企业的承受范围之内；初创企业在制定策略时可以秉持三个核心原则：现金多比现金少好，早得现金比晚得现金好，风险小的现金比风险大的现金好。其次，在初期经营时，应尽量减少货物和固定资产对流动资金的占用，加速资金周转，努力缩短应收账款和存货的周转天数，延长应付账款的周转天数。

总体来说，能否控制好融资风险，实现基本的收支平衡，是决定企业能否生存下去并持久发展的重要基础。

（二）成长期的企业财务风险

在企业的成长期，产品刚投放市场不久，虽然产品销售收入开始增加，但尚没有形成自己的品牌效应，在销售规模扩大的过程中，生产设备的更新、材料供给升级、人手方面的支出亦随之增长，企业面临高额资金需求，因此成长期的企业产品销售收入带来的现金流入不太稳定，企业的偿债能力弱，此时企业也面临着双重压力，在扩大市场的同时还要筹集一定的外部资金作为补充。

对于成长期的企业来说，重要的是保证主营业务的稳定开展，必须要有稳定的现金流。在这个阶段，企业可以给自己制定盈利目标，做到开源节流，保持产品销售市场稳定，保证企业"血液通畅"，才能逐步扩大销售收入的份额，收回投资成本的同时，使企业的利润率也逐步提高。

（三）成熟期的企业财务风险

企业进入成熟期后，销售收入相对稳定，并完成了一定的资金积累。此时，企业需要紧跟时代的发展，对内可增加研发投入，实现对产品或服务的创新；对外则可以进行多元化的战略投资，拓宽收入渠道，保持创新的原动力。但是，通常小型企业的控制权会集中在几个人手中，可能存在盲目投资的冲动行为，并且在多元化投资的决策中，经营者可能会对其投资的行业主体、新兴项目、合作伙伴等缺乏足够的了解和分析，或由于投资项目的相关政策、经营环境以及合作伙伴等情况发生重大变化，造成投资失败，给企业带来直接的损失，同时投资金额配置不合理，短借长投[①]，也会给小微企业带来较大风险。

因此在企业步入成熟期后，在进行投资决策时，企业要坚持以效益为中心的投资原则，将资金按使用频率与投资期限进行划分。既要做一些短期的投资保持资金的流动性，也要识别有价值的项目衡量投资的收益性，使资金投向配置更合理；既要避免过分分散又要避免过分集中。

同时，通过投资回收期、投资报酬率、净现值及内部报酬率等指标对投资项目进行综合分析评价，从而避免财务决策失误所带来的财务风险。企业还需要不断完善投资计划，从长远利益出发，投资模式要切合实际，从成本和利益周期两个节点出发，做好风险预算，合理调配流动资金。对投资项目的可行性进行充分论证、分析，从各个渠道了解市场形势，规避盲目投资对企业财务造成的风险。

案例讨论 6-2

从帕玛拉特帝国"神话的终结"看风险控制的重要性

帕玛拉特是一家意大利家族式企业。从1965年开始，帕玛拉特开始销售经鉴定具有抗肺结核作用并且可以提升人体免疫力的维生素C牛奶，这种不断创新的精神使其将竞争对手一个个甩在了后面。帕玛拉特还对其产品的外包装进行升级。1963年，在瑞典的Tetra Pak纸盒包装技术的影响下，牛奶业获得了新的发展机遇。这种新式瑞典硬纸盒与原来的牛奶瓶相比，可以随意变形，而且更卫生，可以保护牛奶不受光

---

① 短借长投或称短融长投，意思是借款的类别是短期借款，而投资是长期投资。

化作用影响，并可以将存放时间延长3天。帕玛拉特公司是意大利第一家使用硬纸盒包装生产牛奶的公司，公司还在硬纸盒上印上了生产厂家的名称，使生产"品牌牛奶"成为可能。帕玛拉特在扩张过程中进行多元化经营、大力推进收购兼并、推进项目扩张、开发新产品，在20世纪90年代初期向美国及拉丁美洲市场进行扩张，但是这些市场对"健康牛奶"的概念缺乏兴趣，因此巨大的投入没有得到相应的回报。并且，帕玛拉特作为一家家族式企业，家族气十足的首席执行官独断专行，企业中的董事会、托管委员会未履行监督职责，在财务造假中董事会形同虚设，内部控制缺位；企业中人员的诚信存在问题，出现多种财务舞弊现象，这些问题导致企业陷入财务危机。

在2003年，帕玛拉特利用衍生金融工具和复杂的财务交易掩盖负债，伪造文件虚报银行存款，并利用关联方转移资金。这一系列违规操作导致其资产负债表上出现了143亿欧元的"黑洞"，不久后公司提出破产保护申请；帕玛拉特的股票急剧下跌直至最终停牌。之后司法、财政机构迅速介入，债权人公开宣布追讨投资，创始人兼公司董事长锒铛入狱……短短不到3周的时间内，号称"牛奶帝国"的帕玛拉特就终结了它的神话。

请思考：从企业内部风险控制的角度思考，导致帕玛拉特倒闭的主要原因有哪些？企业应如何应对？

二、财务风险管理的步骤

企业财务风险管理活动应覆盖整个企业，涉及各个部门和众多人员。财务风险管理实施步骤要求识别和了解企业面临的各种财务风险，以评估财务风险的成本、影响及发生的可能性，针对出现的风险制定并实施应对策略。

财务风险管理可分为四个步骤：第一步是风险识别，第二步是风险评估，第三步是确定风险，第四步是风险监测。

（一）风险识别

企业或团队管理人员应尽力识别所有可能对企业产生影响的风险，包括整个业务面临的较大或重大风险，以及与每个项目的业务单位关联的不太主要的风险。企业应通过正式的检查程序来全面分析风险和损失。在风险识别程序方面，企业应采用一种有计划的、经过深思熟虑的方法，来识别业务的每个方面存在的潜在风险，并识别可能在合理的时间段内影响每项业务的较为重大的风险。

风险识别程序应在企业内的多个层级得以执行。对每个业务单位或项目有影响的风险，可能不会对整个企业产生同样大（或者更大）的影响。因此，对整个经济体产生影响的主要风险会分流到各个企业及其独立的业务单位。风险识别的方法之一是集体讨论可能的风险领域，通过这种方法动员知悉情况的人员迅速给予答复。之后由风险管理小组对集体讨论后识别出的所有风险进行复核，并且认定核心风险。最后，将相关结果提供给未参与讨论的其他部门。并按照来自整个企业的评论和讨论，增加已识别的风险。

财经拓展

两种简单识别财务风险的定性方法

1.财务风险结构性质识别矩阵

根据某项财务风险发生的概率及其对企业运营状况的影响程度，可以确定此项财务风险的结构性质，具体可以表示为低、中、显著、高，这四个等级。相应地，公司每一种财务风险的结构和性质可以用风险估计矩阵来表示。

2.专家调查法

该方法采用系统的程序：草拟出调查大纲→提供背景材料→多轮请教不同专家作出预测→总结预测结果。

（二）风险评估

风险评估是在风险识别的基础上，通过对所收集的大量资料进行分类，利用概率统计理论，估计和预测风险发生的概率和损失程度。风险评估使风险管理建立在科学的基础上，而且使风险分析定量化，为风险管理者进行风险决策、选择最佳管理技术提供了科学依据。

在评估风险时，评估人员应留意的是概率与不确定性。特别是在识别出大量风险后，评估人员应逐个考虑风险、可能性以及发生的情况。需要强调的是，本质上来说，风险不会保持不变，也不是百分之百会发生，因此对风险的评估也就是对风险发生的可能性做严谨的描述。可参考表6-12，用不同的方法对风险进行评估。

表6-12　　　　　　　　　　　风险评估方法表

名称	评估方式	等级				
定量方法一	评分	1	2	3	4	5
定量方法二	一定时期发生的概率	10%以下	10%~30%	30%~70%	70%~90%	90%~100%
定性方法一	文字描述	极低风险	低风险	中等风险	中高等风险	高风险
定性方法二	文字描述	一般情况下不发生	极少数情况下发生	某些情况下发生	较多情况下发生	极大可能会发生

（三）风险评级

第一，检查风险评级，并得出一份列明潜在风险的清单。第二，按照已确定的重大程度和可能性估值，计算风险评分，并识别最为重大的风险。根据影响及可能性，对风险进行优先次序的排列。第三，评分较高的风险，应被称作风险推动因素或主要风险，企业应将注意力放在这些主要风险上。第四，进行优先次序排列时，不应仅考虑财务方面的影响，更重要的是考虑对实现企业目标的潜在影响。第五，对非重大的风险应定期复核，特别是在外部事项发生变化时，应检查这些风险是否仍为非重大风险。需要说明的是，有效的风险管理要求企业持续对风险进行重新评估，并且通过定期风险复核，控制风险情景并清楚何时应作出决策。

假设A公司今年计划研发一种新产品投入市场，预测下一年度盈利的可能性为70%，亏损的可能性为30%，根据表6-13中风险等级的划分，我们可以认为A公司下一年度的经营风险等级为：低。

表6-13　　　　　　　　　　**风险等级划分表**

亏损可能性	10%以下	10%~30%	30~70%	70%~90%	90%~100%
经营风险等级	极低风险	低风险	中等风险	中高风险	高风险

（四）风险应对策略

1.风险规避。当涉及风险的潜在威胁发生的可能性很大，不利后果也比较严重时，企业主动放弃与该风险相关的业务活动，这种通过终止行动方案来规避风险的方式不失为一种良策。

2.风险降低。在实施风险降低策略时，最好将每一具体风险都控制在可以接受的水平上，单项风险减轻了，整体风险就会相应降低，成功的概率就会增加。减少风险常用三种方法来实施：一是控制风险因素，减少风险的发生；二是控制风险发生的频率和降低风险损害程度；三是通过风险分散形式来降低风险，比如在多种股票而非单一股票上投资。"不愿将所有的鸡蛋放在同一个篮子里"的企业采用的就是风险分散策略。

3.风险转移。对可能给企业带来灾难性损失的资产，企业应以一定的代价，采取某种方式转移风险。其目的是通过若干技术手段和经济手段将风险部分或全部转移给另一家企业、公司或机构承担。合同及财务协议是转移风险的主要方式。转移风险并不会降低其发生的可能性，它只是把风险从一方转嫁给另外一方。

4.风险保留。对一些无法避免和转移的风险，采取现实的态度，在不影响投资者根本利益或局部利益的前提下，将风险自愿承担下来。例如，在风险损失发生时，直接将损失摊入成本或费用，或冲减利润；风险自保是指企业预留一笔风险金或者采取有计划地计提资产减值准备等政策对风险进行预防。采用风险保留策略时，管理层需考虑所有的方案，即如果没有其他备选方案，那么管理层需确定已对所有可能的消除、降低或转移方法进行过详细分析从而决定保留风险。

育德育人6-3
培养风险管理意识 推动社会主义现代化事业发展[①]

风险是人类社会所面临的最普遍事物之一。从个体到社会，从自然灾害到金融危机，损失的不确定性充斥经济社会的各个环节和各个领域，在经济运行过程中的各个层面均有所体现。在如今这个变幻莫测的时代，全球化时代的现代风险超越了民族、

---

① 张付新.思想政治理论教育视角下当代大学生风险教育探析［J］.九江职业技术学院学报，2015（1）：71-73.

种族和国家，日益成为现代社会的派生物。科技和经济的融合日益密切，许多风险需要全球共同治理和防范。

当代大学生享受了丰富的社会物质财富，生长于和平年代，但是在择业、网络、金钱和荣誉等产生的诱惑面前，依然存在诸多风险，因此当代青年大学生应该正确认知风险的特征、种类和危害，在实践与理论学习中，同步培养鉴别各种不同风险的能力及相应的应对方法，提高应对各种风险的能力，将自己的命运与祖国和民族的命运相结合，培养集体主义精神，共同应对现代化进程中出现的各种风险。

能否理性认知风险和科学应对风险，关系到社会各个主体能否得到高质量与可持续发展，也进而关系到社会总体的繁荣与发展。大学生肩负国家繁荣昌盛和社会全面进步的历史使命和责任。加强大学生风险意识教育是中国特色社会主义建设事业的现实需要。

三、构建企业内部的财务控制制度

（一）建立财务控制制度

1.建立不相容职务分离制度

企业需要合理设置财务会计及相关岗位，明确职责权限，形成相互制约机制。不相容职务包括授权批准、业务经办、会计记录、财务管理、稽核检查等职务，企业必须尽量做到销售与收款业务的不相容岗位相互分离、制衡和监督。

2.建立授权批准控制制度

明确规定财务会计及相关工作的授权批准范围、权限、程序和责任等内容，各级管理人员必须在授权范围内行使职权和承担责任，经办人员也必须在授权范围内办理业务。

3.建立会计系统控制制度

良好的会计系统控制制度是企业财务控制得以顺利进行的有力保障。企业应依据《会计法》和国家统一的会计制度，制定适合本单位的会计制度，明确会计工作流程。会计系统控制制度包括企业的核算规程、会计工作规程、会计人员岗位责任制、财务会计部门职责、会计档案管理制度等。

（二）重视现金流的预算与控制

企业财务管理首先应注重现金流而不是利润。现金流是企业的命脉，其预算与控制是财务控制的一个关键点。企业应该通过现金流的预算管理来做好对现金的控制，要根据"以收定支，与成本费用相匹配"的原则，来反映现金的流入与流出；经过反复汇总、平衡最终形成度现金流预算，进而制定分时段的动态现金流预算，对日常现金流进行动态控制。一般初创企业要努力保障企业的账上有不少于6个月的现金储备以避免企业资金链断裂。预测企业的现金流需求，可以进行三个步骤的分析：（1）预测收入。（2）估算成本。（3）认真分析和适时调整。

一般来说，管理成本是相对稳定的，随着收入的增长，它占总成本的比例越来越小，营业利润便会大大提高。初创企业的财务预测也不是一成不变的，每个月都应该仔细地对照和监控，要根据运营情况进行调整，使之更符合实际，更加优化。如果实际情况和预测总是相差甚远，就要及时找出原因进行调整。

素养拓展6-6

互联网+创业项目的财务分析

随着互联网的快速普及以及网络基础设施水平的大幅度升级，我国数字经济发展进入了快车道。

互联网将成为全球产业转型升级的重要助推器。互联网正在为全球产业发展构建起全新的发展和运行模式，推动产业组织模式、服务模式和商业模式全面创新，加速产业转型升级。众包、众创、众筹、网络制造等无边界、人人参与、平台化、社会化的产业组织新模式将让全球各类创新要素资源得到有效适配和聚合优化，移动服务、精准营销、就近提供、个性定制、线上线下融合、跨境电商、智慧物流等服务将让供求信息得到及时有效对接，按需定制、人人参与、体验制造、产销一体、协作分享等新商业模式将全面变革产业运行模式，重塑产业发展方式。互联网将成为世界创新发展的重要新引擎。

当下，大学的创业比赛有很多，如中国"互联网+"大学生创新创业大赛；"挑战杯"中国大学生创业计划大赛等。有规模的创业比赛是一个很好的平台，在比赛中你可以不断完善你的商业模式，还可能在全国创业圈崭露头角。很多知名企业都曾在创业比赛中出现过，比如"ofo小黄车"、"59store""饿了么"等等。

第一，参加互联网创新创业大赛可以提升大学生的专业技能和专业水平，通过参加大赛可以锻炼大学生的交际能力，沟通协调能力等各方面的能力。第二，参加这样的创业大赛也可以为大学生以后的创业提供一个更好的铺垫，提供相关的专业知识和人脉。第三，大学生通过创业大赛也可以更好的了解自己的一些专业知识，在互联网上的相关技能水平，为以后的创业提供更好的条件。

▌ 课后巩固1

一、小组讨论

1.请你谈谈什么是创新。

2.你认为创业是什么？创新对创业而言有什么作用？

3.创业对大学生的职业生涯发展有何意义？

4.在创业过程中难免出现风险，你会做好哪些准备？

二、技能实训

1.尝试做一份创业计划书。

请参考以下项目计划模板（模板仅供参考，可根据自己的实际需要进行相应修改），结合自己的兴趣，为自己的项目撰写一份完整的创业计划书。

2.查询一下你家乡是否有相应的创业补贴政策，了解更多关于创业资本金来源的信息。

ＸＸ项目计划书

一、摘要

二、项目（公司）介绍

（一）宗旨

（二）产品与服务

（三）市场定位

（四）目标市场

三、市场分析

（一）环境分析

1.市场状况分析

2.消费者分析

3.竞争状况分析

4.宏观环境分析

（二）SWOT分析

1.优势

2.劣势

3.机会

4.威胁

四、市场与销售

（一）营销目标

1.财务目标

2.营销目标

（二）市场细分

（三）营销组合策略

1.产品策略

2.定价策略

3.促销策略

4.分销策略

五、财务分析

六、风险分析

（学习下一项目后编写）

课后巩固2

一、请通过总结本任务的学习成果，填写表6-14

表6-14　　　　　　　　　　企业面临的核心风险与控制手段

企业阶段	面临的核心风险	风险的控制手段
初创期		
成长期		
成熟期		
衰退期		

二、技能实训

小周观察到如今社区中的集购物、快递驿站、生鲜等于一体的小型超市生意都十分火爆，因此她构想了一个"互联网+社区全能便利店"的创意，并想借此参加互联网+大学生创新创业大赛，提前获取一些实践经验，但是开小型超市需要多少钱？钱从哪里来？一年能赚多少钱？需要多少资金维护店铺？请你查找相关资料并进行实地调研，与小周一起进行初创企业的融资规划和财务制作。

要求：（1）估算及规划社区全能便利店的启动资金；（2）估算社区全能便利店的收入来源及金额；（3）讨论小周的融资方式及融资渠道；（4）帮助小周编写财务报表；（5）给予一定的财务管理及风险建议。

1.项目启动资金估算

经过初步测算，本项目总投资为300 000元。其中固定投资为200 000元，流动资金为100 000元，请帮小周一起规划各项目的资金分配。启动资金估算表见表6-15。

表6-15　　　　　　　　　　　　启动资金估算表　　　　　　　　　　　　单位：元

项目	明细	单价	数量	金额
设备	冷藏柜	3 000	1	3 000
	收银机	2000	1	2000
	网络支付设备	2000	1	2000
	空调设备	4 000	1	4 000
装修				
合计：_____元				

流动资金包括初期管理费用（包括人工成本、水电费等）_____元，初期宣传投入_____元，其他_____元。

2.融资方案

社区全能便利店成立初期估计共需资金_____元，由本创业团队成员集体负责筹措资金，项目筹资计划表见表6-16。

表6-16 项目筹资计划表 单位：元

序号	项 目	合 计
1	融资需求总额（资金占用）	
（1）	固定资产投资	
（2）	流动资产投资	
2	资金筹措总额（资金来源）	
（1）	银行借款	
（2）	风险投资	
（3）	高校创业基金	
（4）		
合 计		

3.编制收入与成本预算表（见表6-17、表6-18）

表6-17 每月收入预算表 单位：元

序号	收入种类	第1个月	第2个月	第3个月
1	零售收入			
2	生鲜收入			
3	茶饮收入			
4	快递服务收入			
5	...			
6	其他			
合计				

表6-18 每月成本预算表 单位：元

序 号	项目	第1个月	第2个月	第3个月
1	服务员（兼职）			
2	宣传费用			
3	经营费用			
4	生鲜原料			
5	茶饮原料			
6	零售进货			
7	工艺茶			
8	易耗品			
9	其他			
10				
合计				

表6-19　　　　　　　　　　　**每月预期利润表（简表）**　　　　　　　　　单位：元

项目	第1个月	第2个月	第3个月
一、主营业务收入			
减：主营业务成本			
主营业务税金及附加			
二、主营业务利润			
减：销售费用			
管理费用			
财务费用			
三、营业利润			
加：投资收益			
补贴收入			
营业外收入			
减：营业外支出			
四、利润总额			
减：所得税			
五、净利润（亏损以"-"号填列）			

4.编制预期资产负债表（见表6-20）

表6-20　　　　　　　　　　　**资产负债表（简表）**　　　　　　　　　　单位：元

资产	第1个月	第2个月	负债和所有者权益	第1个月	第2个月
一、流动资产			一、流动负债		
货币资金			短期借款		
应收账款			应付账款		
存货			应付职工薪酬		
其他资产			应交税费		
流动资产合计			流动负债合计		
二、非流动资产			二、非流动负债		
固定资产			长期借款		
无形资产			非流动负债合计		
非流动资产合计			所有者权益		
			实收资本		
			所有者权益合计		
资产总计			负债和所有者权益总计		

5.编制预期现金流量表（见表6-21）

表6-21   **现金流量表（简表）**   单位：元

月份 项目	第1个月	第2个月	第3个月
一、现金流入			
销售商品收到的现金			
收回货款收到的现金			
借款收到的现金			
投资收到的现金			
…			
…			
现金流入总计（A）			
二、现金流出			
购买商品支付的现金			
支付给职工员工的现金			
支付租金			
营销费用支付的现金			
维护费支付的现金			
非经常性支出			
支付的各项税费			
…			
…			
现金流出总计（B）			
现金余额（A-B）			

6.风险评估

（1）风险识别及分析

①_____；

②_____；

③_____；

（2）风险应对

①_____；

②_____；

③_____；

7.资金退出策略

（1）_____；

（2）_____；

（3）_____。

8.投资收益与回报方案

（1）_____；

（2）_____；

（3）_____。

模块七

财经法律

　　人们的经济生活与财经法律息息相关，小到日常消费、网上购物，大到买车买房、就业、创业，都涉及财经法律常识。无论你是作为一名消费者、劳动者还是创业者，都离不开财经法律。熟悉财经法律法规，一方面可以让我们懂得用法律维护自己的合法权益，另一方面也可以让我们在生活和创业过程中守住法律底线，为自己的工作、生活保驾护航。

项目一

劳动者法律——如何避免就业陷阱

初入职场的大学生，常常会遭遇各种各样的就业陷阱。如不签订劳动合同、以各种理由收取押金、扣押身份证件、滥用试用期、试用期工资过低、加班不给加班费、随意解除劳动合同等等。为了避免在求职过程中掉入用人单位的陷阱，大学生必须了解必要的劳动法律知识，在自己合法权益受到侵害时拿起法律武器保护自己。

案例导入

试用期被辞退怎么办？

刚刚大学毕业的小金到一家公司面试，被公司录用了，公司通知小金直接到公司上班。公司告知小金有半年的试用期，试用期结束符合录用条件的话再与他签订劳动合同。半年后，小金要求公司与他签订劳动合同，公司却以小金试用期工作表现不佳，不符合录用条件为由要辞退他，小金觉得自己平时工作努力，表现还是很好的，不明白公司为什么要辞退自己。请问小金要如何维权呢？

学习目标

素质目标

1.遵守法律规定，诚信就业；

2.懂得依法维权，避免职场"碰瓷"。

知识目标

1.掌握签订劳动合同的相关法律规定，了解劳动者法律中关于工作时间、休息休假、加班、试用期等相关规定；

2.掌握解除劳动合同的相关规定；

3.了解劳动者维权的途径。

能力目标

1.能够签订简单的对自己有利的劳动合同，学会审核劳动合同的内容；

2.能够采取合法途径有效维护自己的合法权益，会使用常见的网络平台方便而高效地维权。

思维导图

本次学习之旅我们将学习到以下内容（如图7-1所示）：

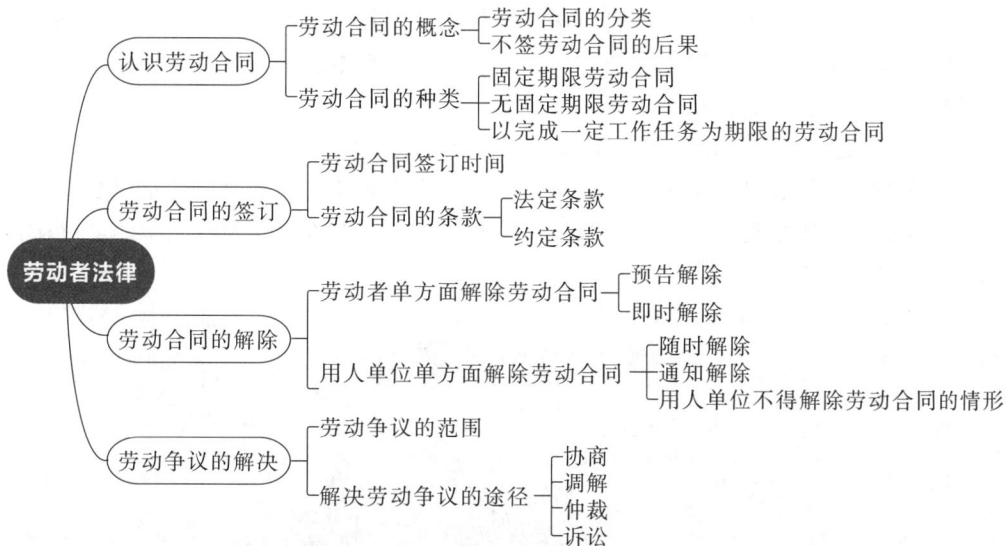

图 7-1　本项目思维导图

任务一　我要签劳动合同吗——认识劳动合同

一、什么是劳动合同

劳动合同是劳动者与用人单位之间确立劳动关系，明确双方权利和义务的协议，是用人单位与劳动者建立劳动关系的重要协议，它可以保障双方的合法权益。如果发生劳动争议，劳动合同也是解决争议的重要证据。劳动者在接到用人单位的录用通知后，应及时要求用人单位签订劳动合同。

二、劳动合同的种类

根据《中华人民共和国劳动合同法》（简称《劳动合同法》）的规定，按照劳动合同的期限一般将劳动合同分为固定期限劳动合同、无固定期限劳动合同和以完成一定工作任务为期限的劳动合同。

（一）固定期限劳动合同

固定期限劳动合同，是指用人单位与劳动者约定合同终止时间的劳动合同。用人单位与劳动者协商一致，可以订立固定期限劳动合同。劳动合同期限的长短，由用人单位和劳动者协商确定，期满后，劳动合同终止，如果双方达成一致可以续签劳动合同。

（二）无固定期限劳动合同

无固定期限劳动合同，是指用人单位与劳动者约定无确定终止时间的劳动合同。《劳动合同法》规定，有下列情形之一，劳动者提出或者同意续订、订立劳动合同的，除劳动者提出订立固定期限劳动合同外，应当订立无固定期限劳动合同：

1.劳动者在该用人单位连续工作满十年的；

2.用人单位初次实行劳动合同制度或者国有企业改制重新订立劳动合同时，劳动者在该用人单位连续工作满十年且距法定退休年龄不足十年的；

3.连续订立二次固定期限劳动合同，且劳动者没有本法第三十九条和第四十条规定的情形，续订劳动合同的。

（三）以完成一定工作任务为期限的劳动合同

以完成一定工作任务为期限的劳动合同，是指用人单位与劳动者约定以某项工作的完成为合同期限的劳动合同。一般适用于建筑业、临时性、季节性的工作。劳动合同的分类如图7-2所示。

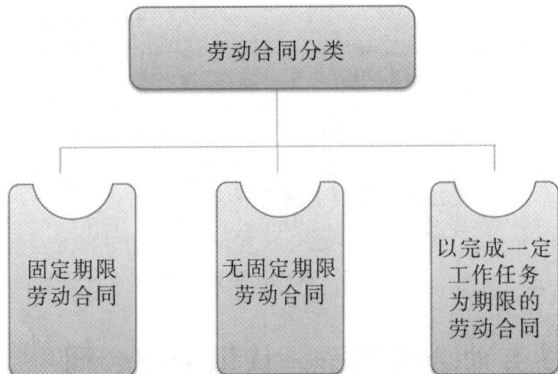

图7-2　劳动合同的分类

财经思考7-1

大学生假期兼职要签劳动合同吗？

大学生小金和同学小张暑假期间应聘到一家超市工作，超市承诺试用期为两周，每周薪酬为500元，试用期满后周薪为800元，薪酬在离职当天一并支付。超市方面同时表示，由于小金和小张是短期工，不能签订正式的劳动合同。由于种种原因，最后超市的实发工资与小金、小张的预期差距过大，二人到劳动部门和法院咨询，得到的答案基本是一致的，因为没有书面合同，又无其他证据证实二人的说法，维权成功的概率很小。

温馨提示：在校大学生利用业余时间勤工助学，不视为就业，未建立劳动关系，可以不签订劳动合同。但是，可以与用人单位签订劳务合同，书面约定工作时间、地点、支付报酬的方式、劳务范围等等，保存好相关工作聊天记录和给付报酬记录，若用人单位不支付报酬，则可以依法向法院提起民事诉讼索要工资。

任务二　避开劳动合同中的陷阱——劳动合同的签订

案例导入

小金到公司工作一年半后，公司才与他签订书面劳动合同，小金听朋友说不签劳动合同可以向单位要求双倍工资，于是向公司要求一年半的双倍工资，遭到公司拒绝。请问公司应当向小金支付双倍工资吗？你认为应向其支付多少个月的双倍工资？

一、劳动合同签订时间

《劳动合同法》规定，建立劳动关系的，用人单位应当自用工之日起一个月内订立书面劳动合同。用人单位自用工之日起超过1个月不满1年未与劳动者订立书面劳动合同的，应当向劳动者每月支付两倍的工资，并补签劳动合同。用人单位自用工之日起满1年不与劳动者订立书面劳动合同的，视为用人单位与劳动者已订立无固定期限劳动合同。

二、劳动合同的条款

劳动合同条款包括法定条款和约定条款。

（一）法定条款

法定条款是法律规定的劳动合同的必备条款，是劳动合同依法生效的前提。根据《劳动合同法》的规定，劳动合同应当具备以下条款：

1.用人单位的名称、住所、法定代表人或主要负责人信息。

2.劳动者姓名、住址、居民身份证或其他有效证件号码等信息。

3.劳动合同期限。

4.工作内容和工作地点。

5.工作时间和休息、休假时间。

6.劳动报酬。

7.社会保险。

8.劳动保护、劳动条件和职业危害防护。

9.法律法规规定的其他事项。

素养拓展 7-1

关于劳动时间和加班的规定

按照相关法律法规的要求，职工每日应工作8小时、每周应工作40小时。用人单位由于生产经营需要，经与工会和劳动者协商后可以延长工作时间，一般每日不得超过1小时；因特殊原因需要延长工作时间的，在保障劳动者身体健康的条件下延长工作时间每日不得超过3小时，每月总计不得超过36小时。

有下列情形之一的，用人单位应当按照下列标准支付高于劳动者正常工作时间工资的工资报酬：

1.安排劳动者延长工作时间的，支付不低于工资150%的工资报酬；

2.休息日安排劳动者工作又不能安排补休的，支付不低于工资的200%的工资报酬；

3.法定休假日安排劳动者工作的，支付不低于工资的300%的工资报酬。

（二）约定条款

劳动合同的约定条款是指劳动者和用人单位在法定条款之外，根据双方的具体情况，经过协商认为需要约定的条款。除法定条款外，用人单位和劳动者可以根据双方意愿在劳动合同中约定试用期、服务期、保密条款和竞业限制、补充保险和福利待遇等其他事项。

1.试用期

劳动合同的试用期是指用人单位和劳动者在劳动合同中约定的相互考察了解的时期。试用期一般对初次就业或再就业的职工可以约定。《劳动合同法》规定，同一用人单位与同一劳动者只能约定一次试用期。劳动合同期限在 3 个月以上的，可以约定试用期。劳动合同期限在 3 个月以上 1 年以下的，试用期不得超过 1 个月；劳动合同期限在 1 年以上 3 年以下的，试用期不得超过 2 个月；3 年以上固定期限和无固定期限的劳动合同试用期不得超过 6 个月。

试用期的工资，不得低于本单位相同岗位最低档工资或者劳动合同约定工资的80%，并不得低于用人单位所在地的最低工资标准。

2.服务期

用人单位为劳动者提供专项培训费用，对其进行专业技术培训的，可以与该劳动者订立协议，约定服务期。劳动者违反前述协议约定的，应当按照约定向用人单位支付违约金。违约金的数额不得超过用人单位提供的培训费用。用人单位要求劳动者支付的违约金不得超过服务期尚未履行部分所应分摊的培训费用。

3.保密条款和竞业禁止

保密条款是指双方当事人在劳动合同中约定劳动者对用人单位商业秘密负有保密义务的条款。竞业禁止是指为避免用人单位的商业秘密被侵犯，员工依法定或约定，在劳动关系存续期间或劳动关系结束后的一定时期内，不得到生产同类产品或经营同类业务且具有竞争关系的其他用人单位兼职或任职，也不得自己生产与原单位有竞争关系的同类产品或经营同类业务。

财经实践7-1

如何避免劳动合同陷阱

签订劳动合同时一定要对合同字斟句酌，仔细推敲，谨防合同陷阱，更要谨防对方在合同中埋"炸弹"。签订合同时要在薪酬福利保险、培训、晋升、试用期等各方面进行全面了解。劳动者在签订合同时至少要做以下几个方面的工作：

1.提前了解合同文本内容

在劳动合同订立前 7 天，可以要求用人单位提供合同文本，以便对合同文本内容有充分的了解，特别是对于双方协商约定的条款，尤其应该重视。

2.认真审查合同内容

了解清楚合同的必备条款、附加条款，签订合同时要让用人单位拿出原文，仔细审看无异议后盖章存留。要认真检查有无遗漏的约定事项或者附加说明，需要立即补齐的绝对不可拖延。

3.当面签字盖章

签订合同时，求职者可以让用人单位负责人跟自己一起当面签字盖章，以防某些单位利用先后签字的时间差在合同上做手脚（更改数字、时间等），同时仔细查看用人单位所盖公章，与自己即将入职的单位是否一致。

4.谨防数字更改

合同签订后，有的单位会利用时间间隙更改合同上的数字，因此求职者在签订合同涉及数字时，一定要用大写汉字表述。

5.注意合同生效的必要条件和附加条件。

合同至少是一式两份，双方各执一份，妥善保管。双方在签订合同时如有纠纷，应通过合法方式解决。

6.谨慎交费。

用人单位和劳动者签订劳动合同时，不得以任何形式向劳动者收取定金、保证金或押金等。

任务三　辞职还是"被炒"——劳动合同的解除

案例导入

劳动合同期限内可以辞职吗？

小金与公司签订了2年的劳动合同，在公司工作了1年以后，小金觉得这家公司工资偏低，想跳槽到其他公司，请问他可以辞职吗？

劳动合同解除，是指在劳动合同期限届满之前，因当事人一方或双方的意思表示，提前终止劳动合同的行为。劳动合同的解除方式可分为协议解除和单方面解除。协议解除，即劳动合同经当事人双方协商一致而解除。单方面解除即劳动者或用人单位一方以单方意思表示解除劳动合同。

一、我可以辞职吗？——劳动者单方面解除劳动合同

劳动者单方面解除劳动合同包括预告解除和即时解除两种情形。

1.预告解除

《劳动合同法》规定，劳动者提前30日以书面形式通知用人单位，可以解除劳动合同。劳动者在试用期内提前3日通知用人单位，可以解除劳动合同。

2.即时解除

用人单位有下列情形之一的，劳动者可以即时解除劳动合同：

1.未按照劳动合同约定提供劳动保护或者劳动条件的；

2.未及时足额支付劳动报酬的；

3.未依法为劳动者缴纳社会保险的；

4.用人单位的规章制度违反法律、法规的规定，损害劳动者权益的；

5.以欺诈、胁迫的手段或者乘人之危，使劳动者在违背真实意思的情况下订立或者变更劳动合同的；

6.法律、行政法规规定劳动者可以解除劳动合同的其他情形。

以上6种用人单位有过错的情况，劳动者可以随时向用人单位提出解除劳动合同。

用人单位以暴力、威胁或者非法限制人身自由的手段强迫劳动者劳动的，或者用人单位违章指挥、强令冒险作业危及劳动者人身安全的，劳动者可以立即解除劳动合同，不需事先告知用人单位。

素养拓展7-2

离职报告多写3个字，员工被判赔公司近3万元[①]

2021年3月，彭某因企业5年未涨工资决定离职。他提前30天向人力资源部门提交了纸质辞职报告，报告是他根据从网上下载的模板改写的，报告的末尾有"请批示"字样。

当年4月23日，彭某打包办公用品离开企业。让他意想不到的是，在5月20日，他收到了法院的传票，企业状告他旷工，并要求他赔偿经济损失2.9万元。

经审理，法院认为，彭某提交的辞职报告上有"请批示"字样，属于协商解除劳动关系，不符合《劳动合同法》第三十七条规定的"劳动者提前三十日以书面形式通知用人单位，可以解除劳动合同"的情形，而是适用《劳动合同法》第三十六条规定的"用人单位与劳动者协商一致，可以解除劳动合同"的情形。

因此，在双方未协商一致的情况下，彭某的行为属于旷工，应赔偿用人单位经济损失。

二、老板解雇我合法吗？——用人单位单方面解除劳动合同

用人单位单方面解雇劳动者的情形包括以下几种情况：

（一）用人单位随时解除劳动合同

《劳动合同法》规定，劳动者有下列情形之一的，用人单位可以解除劳动合同：

1.在试用期间被证明不符合录用条件的；

2.严重违反用人单位的规章制度的；

3.严重失职，营私舞弊，给用人单位的利益造成重大损害的；

4.劳动者同时与其他用人单位建立劳动关系，对完成本单位的工作任务造成严重影响，或者经用人单位提出，拒不改正的；

5.以欺诈、胁迫的手段或者乘人之危，使对方在违背真实意思的情况下订立或者变更劳动合同致使劳动合同无效的；

6.被依法追究刑事责任的。

以上六种劳动者有过错的情况，由用人单位负举证责任。

（二）用人单位通知解除劳动合同

《劳动合同法》规定，有下列情形之一的，用人单位在提前30日以书面形式通知劳动者本人或者额外支付劳动者1个月工资后，可以解除劳动合同：

1.劳动者患病或者非因工负伤，在规定的医疗期满后不能从事原工作也不能从事由用人单位另行安排的工作的；

2.劳动者不能胜任工作，经过培训或者调整工作岗位，仍不能胜任工作的；

[①] 改编自：佚名. 离职报告多写3个字，员工被判赔偿2.9万 ［EB/OL］. （2022-01-26）. https://baijia-hao.baidu.com/s?id=1723028038957046345&wfr=spider&for=pc.

3.劳动合同订立时所依据的客观情况发生重大变化，致使劳动合同无法履行，经用人单位与劳动者协商，未能就变更劳动合同内容达成协议的。

4.经济性裁员的情况

经济性裁员是用人单位濒临破产进行法定整顿期间或者生产经营状况发生严重困难，用人单位为改善生产经营状况而辞退人员。《劳动合同法》规定，有下列情形之一，需要裁减人员20人以上或者裁减人员不足20人但占企业职工总数10%以上的，用人单位应当提前30日向工会或者全体职工说明情况，听取工会或者职工的意见后，将裁减人员方案向劳动行政部门报告，之后可以裁减人员：

（1）依照《中华人民共和国企业破产法》（简称《企业破产法》）规定进行重整的；

（2）生产经营发生严重困难的；

（3）企业转产、重大技术革新或者经营方式调整，经变更劳动合同后，仍需裁减人员的；

（4）其他因劳动合同订立时所依据的客观经济情况发生重大变化，致使劳动合同无法履行的。

（三）用人单位不得单方面解除劳动合同的情形

《劳动合同法》第42条规定，劳动者有下列情形之一的，用人单位不得依据本法第四十条、第四十一条的规定单方面解除劳动合同：

1.从事接触职业病危害作业的劳动者未进行离岗前职业健康检查，或者疑似职业病病人在诊断或者医学观察期间的；

2.在本单位患职业病或者因工负伤并被确认丧失或者部分丧失劳动能力的；

3.患病或者非因工负伤，在规定的医疗期内的；

4.女职工在孕期、产期、哺乳期的；

5.在本单位连续工作满15年，且距法定退休年龄不足5年的；

6.法律、行政法规规定的其他情形。

素养拓展7-3

你知道经济补偿金吗？[①]

经济补偿金是用人单位在与劳动者解除劳动合同时给予劳动者的一次性经济补偿，是对失去工作的劳动者给予的一种物质保障。

1.用人单位应当支付经济补偿金的情况：

（1）双方协商解除劳动合同但是由用人单位首先提出解除劳动合同的；（2）用人单位有过错，劳动者符合随时解除劳动合同条件的；（3）用人单位提前30天通知解除劳动合同的；（4）经济性裁员的；（5）固定期限劳动合同终止时，劳动者希望续签劳动合同，用人单位拒绝续签的；（6）用人单位破产或者被责令关闭、撤销、解散的。

2.劳动者不能主张经济补偿金的情况：

（1）用人单位无过错，劳动者主动辞职的；（2）协商解除劳动合同的过程中，劳

---

① 全国人民代表大会常务委员会. 中华人民共和国劳动合同法 ［EB/OL］. ［2013-07-01］. https://flk. npc.gov.cn/detail2.html?MmM5MDlmZGQ2NzhiZjE3OTAxNjc4YmY3NGGQ3MTA2YjM.

动者首先提出解除合同的；（3）劳动者有过错被用人单位单方面解除劳动合同的。

3.经济补偿金的计算标准：

企业应按劳动者在本单位工作的年限，每满1年支付1个月工资的标准向劳动者支付经济补偿金。6个月以上不满1年的，按1年计算；不满6个月的，企业应向劳动者支付半个月工资作为经济补偿金。

任务四　我该如何维权——劳动争议的解决

案例导入

劳动争议可以直接向法院起诉吗？

小金在公司工作了2年以后，公司觉得小金不能胜任这份工作，没有办什么手续就直接辞退了小金，小金觉得自己工作出色，可以胜任这份工作，为此双方发生争议。小金直接将公司起诉至法院，请问小金的做法符合法律规定吗？

一、劳动争议的范围

劳动争议的范围包括：因确认劳动关系发生的争议，因订立、履行、变更、解除和终止劳动合同发生的争议，因除名、辞退、辞职、离职等发生的争议，因工作时间、休息休假、社会保险、福利、培训以及劳动保护发生的争议，因劳动报酬、工伤医疗费、经济补偿或者赔偿金等发生的争议，法律、法规规定的其他劳动争议。

二、解决劳动争议的途径

用人单位与劳动者发生劳动争议，当事人可以依法申请调解、仲裁，提起诉讼，也可以协商解决。劳动争议发生后，当事人可以向本单位劳动争议调解委员会申请调解；调解不成，当事人一方要求仲裁的，可以向劳动争议仲裁委员会申请仲裁。当事人一方也可以直接向劳动争议仲裁委员会申请仲裁，对仲裁裁决不服的，可以向人民法院提起诉讼。劳动争议的解决途径如图7-3所示。

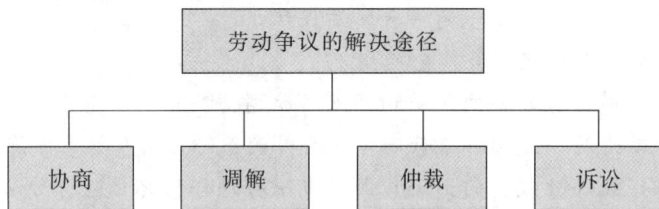

图7-3　劳动争议的解决途径

素养拓展7-4

你知道"12333"吗？

"12333"咨询平台（简称"12333"）是全国统一的人力资源社会保障咨询服务

专用号码，是人社部门服务民生的重要手段，也是与社会公众沟通和提供公共服务的重要窗口。目前全国各地"12333"咨询平台已初步形成集电话、短信、微信、网站、手机APP等全方位、立体式的服务体系。

为宣传和推广"12333"咨询服务平台，人力资源和社会保障部决定将每年3月30日定为"12333全国统一咨询日"。

"12333"咨询平台的服务范围包括：

（1）人力资源社会保障法律法规政策咨询；

（2）公共信息查询及个人社保权益查询；

（3）劳动保障维权举报投诉；

（4）部分人力资源社会保障业务办理；

（5）金融功能社会保障卡预挂失；

（6）人力资源社会保障考试成绩查询；

（7）各级人力资源社会保障部门地址电话查询；

（8）人社系统行风建设举报投诉、意见建议收集。

育德育人 7-1

你如何看待职场碰瓷行为？①

2018年9月3日，康某入职某家具厂。2018年12月6日，康某以被违法解除劳动关系为由，请求家具厂支付赔偿金等近14万元。家具厂主张康某入职该工厂只有3天时间，实为"职场碰瓷"。经司法鉴定，康某持有的《计件工资确认书》中落款处"确认人：林某某（系家具厂负责人）"的形成时间，先于《计件工资确认书》中康某工作成果等内容。自2013年以来，康某在江西赣州、福建莆田、深圳、广州、东莞、惠州、中山、江门等地参与了近30件案件的诉讼。其中仅2018年，康某在中山地区劳动仲裁机构以及法院提起的诉讼就高达10件，涉及9个用人单位。

1. 裁判结果：中山市中级人民法院审理后认为：康某存在篡改重要证据并在诉讼中进行虚假陈述的行为。而且，康某亦确实存在频繁、短暂地与不同用人单位建立劳动关系，再以各种理由解除劳动关系后通过诉讼谋取利益的情形。对于康某所提交的证据以及据此主张的诉讼请求均不予采纳，对经家具厂确认的工资数额予以确认。同时，中山市中级人民法院以妨碍民事诉讼为由决定对康某罚款5万元。

2. 分析要点：有些求职者不想通过努力劳动赚取报酬，而是千方百计找公司漏洞，先采取故意不签订劳动合同、伪造个人签名等一系列不诚信行为，后通过申请劳动仲裁或向法院起诉的方式，意图获得双倍工资、经济补偿金等。这些不诚信的行为有违社会主义核心价值观，也有可能把自己推向违法犯罪的深渊，或者使自己被纳入就业诚信黑名单，所以职场维权要采取合法途径，避免通过"职场碰瓷"获取不正当利益。

---

① 广东法院. 广东法院劳动争议十大典型案例［EB/OL］.［2021-05-03］. https://www.gdcourts.gov.cn/gsxx/quanweifabu/anlihuicui/content/post_1047081.html.

项目二

消费者法律——做一个明明白白的消费者

你遭遇过消费侵权吗？你在遭遇消费侵权时是选择忍气吞声、自认倒霉，还是拿起法律武器保护自己的合法权益？生活中消费者权益被侵害的现象随处可见，许多大学生都曾遭遇过消费侵权，比如网购买到假货、消费时个人信息泄露、买了健身卡没用完健身房关门余额却不能退……作为消费者，我们需要熟悉和掌握一些与消费维权相关的法律法规，提高自己的法律素养，利用法律武器维护自己的合法权益。

案例导入

购物遭遇侵权怎么办？

小金到一家品牌运动鞋专卖店买鞋，小金试穿了其中几双，觉得都不合适，当要离开时却被店员拦住说不买不让走，小金只得高价买下。没想到运动鞋刚穿了一天就坏了，还扭伤了脚。后经鉴定，鞋子是仿冒品。于是，小金又到店里换，但店员根本不认账，还把小金大骂了一顿。请问小金的哪些权利受到了侵犯？小金应该如何维权？

■ 学习目标

素质目标

1.树立良好的法律意识，依法行使法律赋予的权利，学会如何正确进行消费维权，敢于对侵犯消费者权益的行为进行监督；

2.懂得要在法律范围内进行维权，避免采取违法的方式过度维权。

知识目标

1.知晓消费者的权利和经营者的义务；

2.熟悉消费维权的途径。

能力目标

1.能够运用法律知识，分析生活中关于消费者权益保护的案例；

2.生活中遭遇消费侵权，能够通过正当途径，方便快捷地维权。

■ 思维导图

本次学习之旅我们将学习到以下内容（如图7-4所示）：

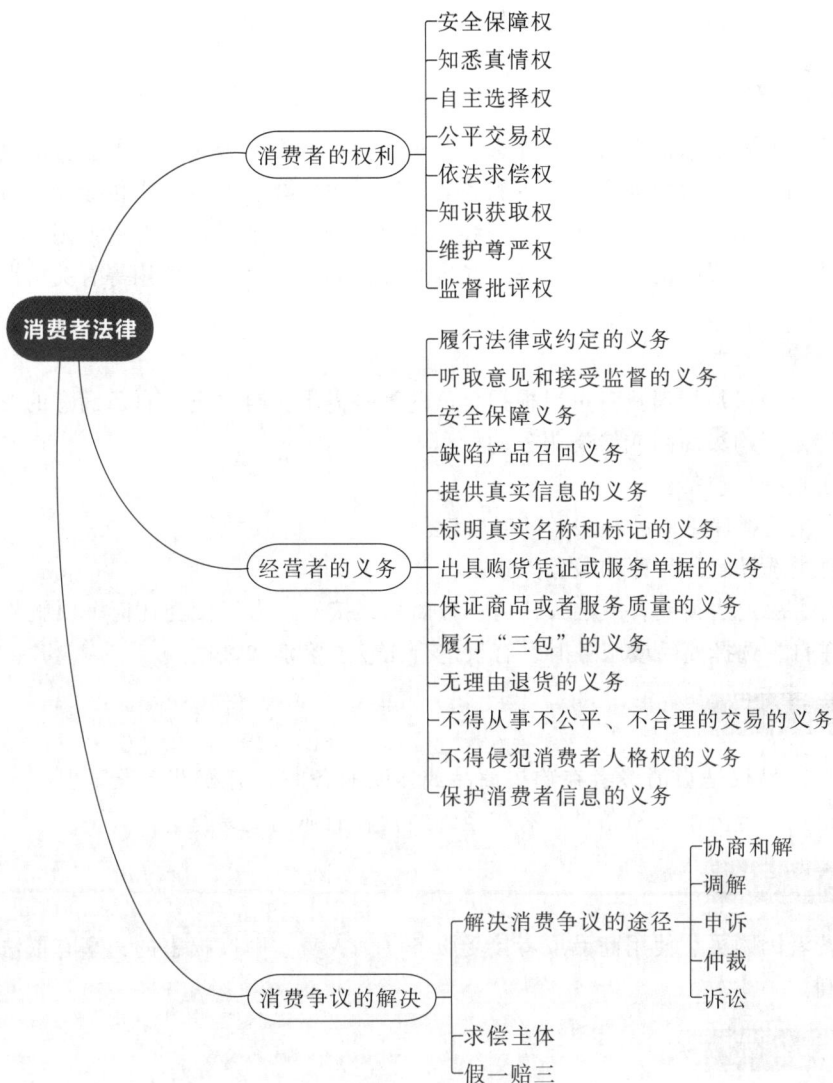

图7-4　本项目思维导图

任务一　认知消费者权利

　　消费者是指为生活消费需要购买、使用商品或者接受服务的个人。消费者的权利是指消费者在购买、使用商品或者接受服务时所享有的权利。作为一名消费者，首先应该知道法律赋予自己什么权利，才能更好地维护自己的合法权益。根据《中华人民共和国消费者权益保护法》规定，消费者享有以下9项权利：

一、安全保障权

　　安全保障权是消费者最基本、最重要的权利。消费者在购买、使用商品和接受服务时，依法享有人身、财产安全不受损害的权利。消费者有权要求经营者提供的商品和服务，符合保障人身、财产安全的要求。

二、知悉真情权

知悉真情权是指消费者享有知悉其购买、使用的商品或者接受的服务的真实情况的权利。消费者有权根据商品或者服务的不同情况，要求经营者提供商品的价格、产地、生产者、用途、性能、规格、等级、主要成分、生产日期、有效期限、检验合格证明、使用方法说明书、售后服务，或者服务的内容、规格、费用等有关情况。

三、自主选择权

自主选择权是指消费者可以根据自己的消费需求，自主选择自己满意的商品或服务，决定是否购买商品或接受服务的权利。

自主选择权包括：

1.自主选择提供商品和服务的经营者。

2.自主选择商品品种和服务方式。

3.自主决定购买或者不购买任何一种商品，接受或者不接受任何一项服务。

4.在自主选择商品或服务时，有权进行比较、鉴别和挑选。

四、公平交易权

公平交易权是指消费者在购买商品或接受服务时，有权获得质量保障、价格合理、计量正确等公平交易条件，有权拒绝经营者的强制交易行为。

五、依法求偿权

消费者因购买、使用商品或者接受服务受到人身、财产损害的，享有依法获得赔偿的权利。

六、依法结社权

消费者享有依法成立维护自身合法权益的社会团体的权利。

七、知识获取权

消费者享有获得有关消费和消费者权益保护方面的知识的权利。

八、维护尊严权

消费者在购买、使用商品和接受服务时，享有其人格尊严、民族风俗习惯得到尊重的权利。

九、监督批评权

消费者有权对商品和服务以及保护消费者权益工作进行监督、批评、建议，对违法行为进行检举、控告，如图7-5所示。

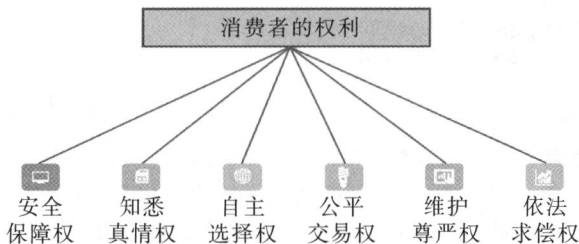

图7-5　消费者权利图解

素养拓展7-5

国际消费者权益日[①]

国际消费者权益日（World Consumer Rights Day），定于每年的3月15日，1962年3月15日时任美国总统约翰·肯尼迪在美国国会发表了《关于保护消费者利益的总统特别咨文》，首次提出了著名的"消费者四项权利"。国际消费者权益日最早由国际消费者组织于1983年确定，目的在于加大对消费者权益保护的宣传，使之在世界范围内得到重视，以促进各个国家和地区消费者组织之间的合作与交流，在国际范围内更好地保护消费者权益。2023年，中国消费者协会确定2023年全国消协组织消费维权年主题为"提振消费信心"。

任务二　经营者有哪些义务

案例导入

商家不开发票怎么办？

小金和同学到某餐馆就餐，结账后小金要求餐馆开发票，餐馆老板说打印机坏了没办法开发票，并提出如果不要发票可以赠送3罐饮料。请问餐馆老板的做法正确吗？小金应该怎么处理？

经营者是指向消费者提供商品或服务的单位和个人，包括商品的生产者、销售者和服务的提供者。依据《中华人民共和国消费者权益保护法》（简称《消费者权益保护法》）的规定，经营者有如下义务：

一、履行法律规定或合同约定的义务

根据《消费者权益保护法》规定，经营者向消费者提供商品或者服务，应当依照本法和其他有关法律、法规的规定履行义务。经营者和消费者有约定的，应当按照约定履行义务，但双方的约定不得违背法律、法规的规定。经营者向消费者提供商品或者服务，应当恪守社会公德，诚信经营，保障消费者的合法权益；不得设定不公平、不合理的交易条件，不得强制交易。

---

① 改编自佚名. 百度百科：国际消费者权益日 [EB/OL]. [2023-04-25]. https://baike.baidu.com/item/%E5%9B%BD%E9%99%85%E6%B6%88%E8%B4%B9%E8%80%85%E6%9D%83%E7%9B%8A%E6%97%A5/127966?fr=ge_ala.

二、听取意见和接受监督的义务

经营者应当听取消费者对其提供的商品或者服务的意见，接受消费者的监督。

三、安全保障义务

经营者应当保证其提供的商品或者服务符合保障人身、财产安全的要求。对可能危及人身、财产安全的商品和服务，应当向消费者作出真实的说明和明确的警示，并说明和标明正确使用商品或者接受服务的方法以及防止危害发生的方法。宾馆、商场、餐馆、银行、机场、车站、港口、影剧院等经营场所的经营者，应当对消费者尽到安全保障义务。

四、缺陷产品召回义务

经营者发现其提供的商品或者服务存在缺陷，有危及人身、财产安全危险的，应当立即向有关部门报告并告知消费者，同时采取停止销售、警示、召回、无害化处理、销毁、停止生产或者服务等措施。采取召回措施的，经营者应当承担消费者因商品被召回而支出的必要费用。

五、提供真实信息的义务

经营者向消费者提供有关商品或者服务的质量、性能、用途、有效期限等信息，应当真实、全面，不得作虚假或者引人误解的宣传。经营者对消费者就其提供的商品或者服务的质量和使用方法等问题提出的询问，应当作出真实、明确的答复。经营者提供商品或者服务应当明码标价。

采用网络、电视、电话、邮购等方式提供商品或者服务的经营者，以及提供证券、保险、银行等金融服务的经营者，应当向消费者提供经营地址、联系方式、商品或者服务的数量和质量、价款或者费用、履行期限和方式、安全注意事项和风险警示、售后服务、民事责任等信息。

六、标明真实名称和标记的义务

经营者应当标明其真实名称和标记，不得使用未经核准登记的企业名称，不得假冒他人的企业名称和特有的企业标记，也不得仿冒、使用与他人企业名称或营业标记相近似的和容易消费者误会的企业名称和营业标记。租赁他人柜台或者场地的经营者，应当标明其真实名称和标记。

七、出具购货凭证或服务单据的义务

经营者提供商品或者服务，应当按照国家有关规定或者商业惯例向消费者出具发票等购货凭证或者服务单据；消费者索要发票等购货凭证或者服务单据的，经营者必须出具。

八、保证商品或者服务质量的义务

经营者应当保证在正常使用商品或者接受服务的情况下其提供的商品或者服务应

当具有的质量、性能、用途和有效期限，但消费者在购买该商品或者接受该服务前已经知道其存在瑕疵，且存在该瑕疵不违反法律强制性规定的除外。

经营者以广告、产品说明、实物样品或者其他方式表明商品或者服务的质量状况的，应当保证其提供的商品或者服务的实际质量与其表明的质量状况相符。经营者提供的机动车、计算机、电视机、电冰箱、空调器、洗衣机等耐用商品或者装饰装修等服务，消费者自接受商品或者服务之日起6个月内发现瑕疵，发生争议的，由经营者承担有关瑕疵的举证责任。

九、履行"三包"的义务

经营者提供的商品或者服务不符合质量要求的，消费者可以依照国家规定、当事人约定退货，或者要求经营者履行更换、修理等义务。没有国家规定和当事人约定的，消费者可以自收到商品之日起7日内退货；7日后符合法定解除合同条件的，消费者可以及时退货，不符合法定解除合同条件的，可以要求经营者履行更换、修理等义务。

依照前款规定进行退货、更换、修理的，经营者应当承担运输等必要费用。

十、无理由退货义务

经营者采用网络、电视、电话、邮购等方式销售商品，消费者有权自收到商品之日起7日内退货，且无须说明理由，但下列商品除外：

1.消费者定做的商品；

2.鲜活易腐商品；

3.在线下载或者消费者拆封的音像制品、计算机软件等数字化商品；

4.交付的报纸、期刊。

除前款所列商品外，其他根据商品性质并经消费者在购买时确认不宜退货的商品，不适用无理由退货。

消费者退货的商品应当完好。经营者应当自收到退回商品之日起7日内返还消费者支付的商品价款。退回商品的运费由消费者承担，经营者和消费者另有约定的，按照约定执行。

案例讨论7-1

7天无理由退货——退货真的不需要理由吗？

小金在某超市买了两斤鲜虾，买回来之后觉得不想吃了，他想向超市提出7天无理由退货，遭到超市拒绝，请问小金买的鲜虾可以适用7天无理由退货规则吗？

十一、不得从事不公平、不合理的交易的义务

经营者在经营活动中使用格式条款的，应当以显著方式提请消费者注意商品或者服务的数量和质量、价款或者费用、履行期限和方式、安全注意事项和风险警示、售后服务、民事责任等与消费者有重大利害关系的内容，并按照消费者的要求予以说

明。经营者不得以格式条款、通知、声明、店堂告示等方式，作出排除或者限制消费者权利、减轻或者免除经营者责任、加重消费者责任等对消费者不公平、不合理的规定，不得利用格式条款并借助技术手段强制交易。格式条款、通知、声明、店堂告示等含有前款所列内容的，其内容无效。

财经思考7-2

面对生活中的霸王条款，我们应该怎么办？

2021年除夕之夜，小金携全家来到某酒楼吃年夜饭。点菜完毕后，服务员表示：酒店规定最低消费为3 999元/桌，而小金一家所点的菜肴与酒水，金额总计还不足2 000元。小金要么加菜，要么改选一些价格高的菜肴或酒水。否则，酒店仍将按3 999元/桌收费。小金觉得不合理想离店，要求返还已缴纳的600元预付款，店员表示离店则预付款将不予退还。

请思考：酒店这样做侵犯了小金的哪些权利？小金可以拒绝吗？

十二、不得侵犯消费者人格权的义务

经营者不得对消费者进行侮辱、诽谤，不得搜查消费者的身体及其携带的物品，不得侵犯消费者的人身自由。

十三、保护消费者信息的义务

经营者收集、使用消费者个人信息的，应当遵循合法、正当、必要的原则，明示收集、使用信息的目的、方式和范围，并经消费者同意。经营者收集、使用消费者个人信息，应当公开其收集、使用规则，不得违反法律、法规的规定和双方的约定。

经营者及其工作人员对收集的消费者个人信息必须严格保密，不得泄露、出售或者非法向他人提供。经营者应当采取技术措施和其他必要措施，确保信息安全，防止消费者个人信息泄露、丢失。在发生或者可能发生信息泄露、丢失的情况时，应当立即采取补救措施。

经营者未经消费者同意或者请求，或者消费者明确表示拒绝的，不得向其发送商业性信息。

任务三　我该如何维权——消费争议的解决

案例导入

你认为假一赔三还是假一赔十？

小金在某网络购物平台花了300元人民币买了一双真皮旅游鞋，但后来鉴定发现这双旅游鞋的材质并非真皮而是人造革的，该鞋的价值最多值15元。请问小金的损失可以向谁主张赔偿？赔偿多少？如果小金买皮鞋的网络平台承诺假一赔十，那么你认为商家需要兑现承诺吗？

一、解决消费争议的途径

根据法律规定，消费者在权益受到侵害时，可以采取以下方式解决：

《消费者权益保护法》第三十九条规定，消费者和经营者发生消费者权益争议的，可以通过下列途径解决：

1.协商和解，协商和解具有高效、简便、经济等优点，而且程序简单、节省时间和精力。

2.调解。消费者协会调解一般由消费者协会、经营者和消费者三方参加，消费者协会起着居中调解的作用，也可以提出解决纠纷的有关方案或者建议，但是并不能代替消费者或者经营者作出有关决定。

3.投诉。当消费者认为自己合法的消费权益受到损害时，可以向行政机关要求予以相关的保护。

4.仲裁。经营者和消费者如果有相关仲裁协议，即可根据仲裁协议将争议提交给仲裁机构，由仲裁机构进行裁决。

5.诉讼。《消费者权益保护法》中规定的诉讼途径，一般指的是民事方面的诉讼。即消费者在自己的合法权益受到侵害时，可以向人民法院提起诉讼，要求人民法院解决消费争议，从而维护自己合法的消费权益。即在国家审判权力介入之下，依法对消费纠纷通过国家的司法程序进行解决。消费维权的途径如图7-6所示。

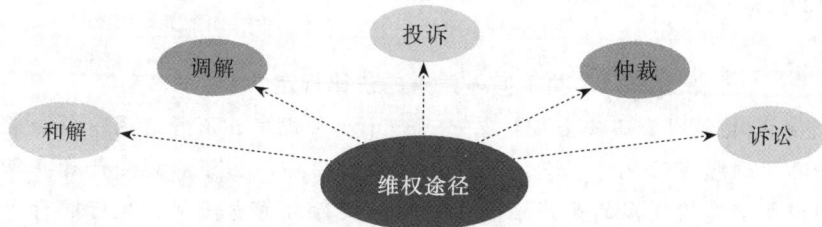

图7-6　消费维权的途径

二、消费维权找谁赔——求偿主体

1.消费者在购买、使用商品时，其合法权益受到损害的，可以向销售者要求赔偿。销售者赔偿后，属于生产者的责任或者属于向销售者提供商品的其他销售者的责任的，销售者有权向生产者或者其他销售者追偿。

2.消费者或者其他受害人因商品缺陷造成人身、财产损害的，可以向销售者要求赔偿，也可以向生产者要求赔偿。属于生产者责任的，销售者赔偿后，有权向生产者追偿。属于销售者责任的，生产者赔偿后，有权向销售者追偿。

3.消费者在接受服务时，其合法权益受到损害时，可以向服务者要求赔偿。

4.消费者合法权益受到损害，因原企业分立、合并的，可以向变更后承受其权利义务的企业要求赔偿。

5.使用他人营业执照的违法经营者提供商品或者服务，损害消费者合法权益的，消费者可向其要求赔偿，也可以向营业执照持有人要求赔偿。

6.消费者在展销会、租赁柜台购买商品或者接受服务，其合法权益受到损害的，可以向销售者或服务者要求赔偿。展销会结束或者柜台租赁期满后，也可以向展销会的举办者、柜台的出租者要求赔偿。展销会的举办者、柜台的出租者赔偿后，有权向销售者或者服务者追偿。

7.消费者通过网络交易平台购买商品或者接受服务，其合法权益受到损害的，可以向销售者或者服务者要求赔偿。网络交易平台提供者不能提供销售者或者服务者的真实名称、地址和有效联系方式的，消费者也可以向网络交易平台提供者要求赔偿；网络交易平台提供者作出更有利于消费者的承诺的，应当履行承诺。网络交易平台提供者赔偿后，有权向销售者或者服务者追偿。网络交易平台提供者明知或者应知销售者或者服务者利用其平台侵害消费者合法权益，未采取必要措施的，依法与该销售者或服务者承担连带责任。

三、买到假货怎么办——假一赔三

根据《消费者权益保护法》规定，经营者提供商品或者服务涉及欺诈行为的，应当按照消费者的要求增加赔偿其受到的损失，增加赔偿的金额为消费者购买商品的价款或者接受服务的费用的3倍；增加赔偿的金额不足五百元的应赔偿五百元。法律另有规定的，依照其规定执行。

素养拓展 7-6

关于假一赔十的法律规定

《中华人民共和国食品安全法》第一百四十八条规定，消费者因不符合食品安全标准的食品受到损害的，可以向经营者要求赔偿损失，也可以向生产者要求赔偿损失。接到消费者赔偿要求的生产经营者，应当实行首负责任制，先行赔付，不得推诿；属于生产者责任的，经营者赔偿后有权向生产者追偿；属于经营者责任的，生产者赔偿后有权向经营者追偿。

生产不符合食品安全标准的食品或者经营明知是不符合食品安全标准的食品，消费者除要求赔偿损失外，还可以向生产者或者经营者要求支付价款十倍或者损失三倍的赔偿金；增加赔偿的金额不足1 000元的，为1 000元。但是，食品的标签、说明书存在不影响食品安全且不会对消费者造成误导的瑕疵的除外。

育德育人 7-2

你如何看待婚庆公司的行为？

杭州互联网法院宣判了一起网购退货引发的纠纷案件，一家婚庆公司网购了60只花瓶后要求"7天无理由退货"被拒，起诉最终被法院驳回。

婚庆公司认为，60只花瓶均为完整、无破损的状态，商品自带的标签和包装也保存完整，且在规定时间内申请退货、退款。所以，商家应按照"7天无理由退货"

规则退货，返还全部货款。但商家认为，买家退回的花瓶泡过水，有明显的使用痕迹，已严重影响二次销售，不满足"7天无理由退货"中包含的"未使用"的条件。出于商誉考虑，自己无法将泡过水的二手花瓶出售给其他顾客。

分析要点："7天无理由退货"规则虽然作为网络购物方式下消费者行使"后悔权"的依据，但并未赋予其借此滥用退货规则的权利。消费者滥用"后悔权"，不断利用该规则免费将商品使用过后再进行退货，违背诚实信用原则，损害了商家的利益，从而导致交易行为的不公正。针对滥用退货规则的情形，法律法规并未明确禁止网络商务平台通过制定相关规则的方式予以制止，因此只要平台规则不违反法律法规，就应当允许平台针对平台内滥用"后悔权"的用户作出管理性措施。

项目三

合同法律——培养契约精神

提到合同，我们脑海中往往会浮现一些非常正式的签约仪式画面，如买房、买车、买保险等等。其实在生活中，我们几乎每天都在跟合同打交道——打车、网购，甚至早上去食堂买早餐，都会产生合同关系。2021年我国正式开始实施《中华人民共和国民法典》（简称《民法典》），其中很多内容都和日常生活密切相关。通过对合同法律知识的学习，我们在生活中碰到关于合同签订方面的纠纷时，可以利用法律武器维护自己的合法权益。

案例导入

租房需签合同么？

小金大学毕业后在广州找了一份工作，为了工作方便，小金在公司附近租了一间小公寓，小金要跟房东签合同吗？签合同的时候要注意哪些问题？

■ 学习目标

素质目标

1.在订立和履行合同时，遵循平等、公平、诚信原则，培养契约精神；

2.在订立合同时，自觉维护社会公共利益，不违背法律和社会公序良俗。

知识目标

1.了解生活中常见的合同类型；

2.掌握生活中关于合同签订、合同效力、违约责任等相关的法律知识。

能力目标

1.能够签订简单的对自己有利的合同，学会审核合同；

2.能够分析生活中常见的合同纠纷，发生合同纠纷时能够通过合法的途径解决纠纷，最大限度地维护自身权益。

思维导图

本次学习之旅我们将学习到以下内容（如图7-7所示）：

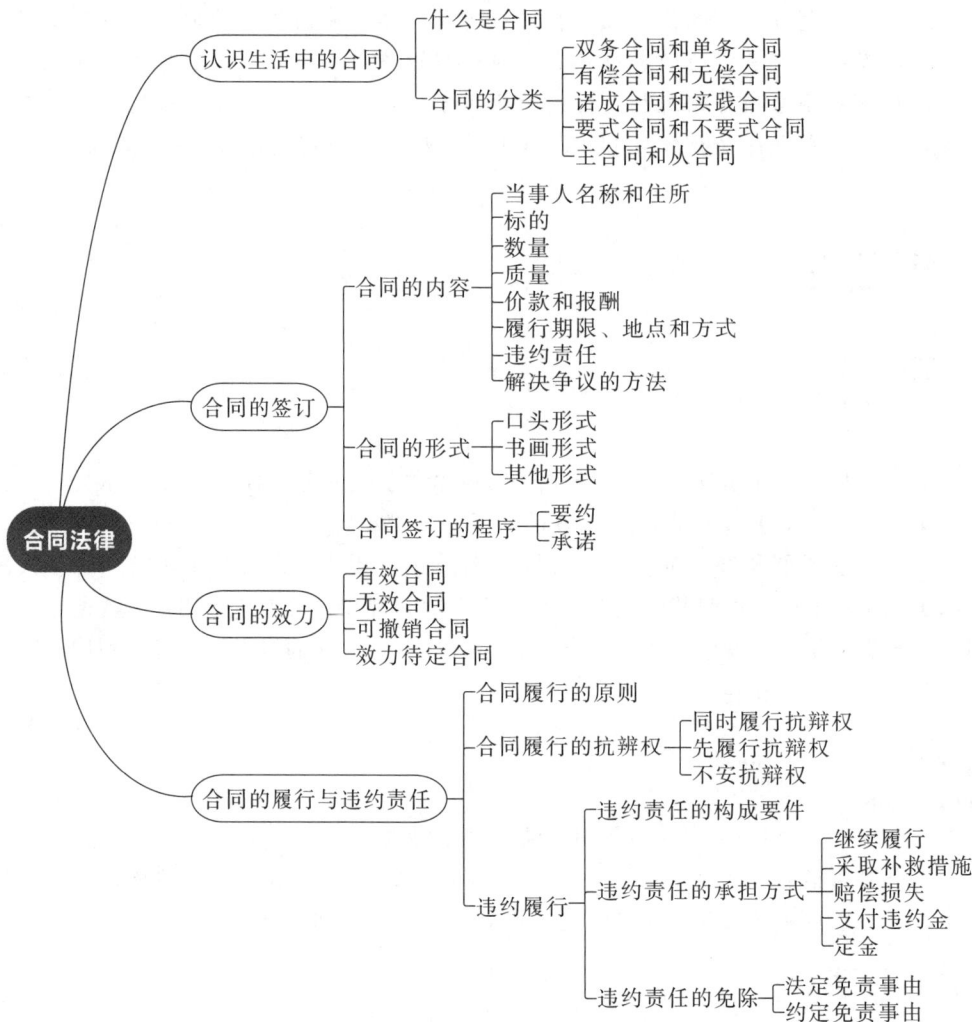

图7-7　本项目思维导图

任务一　你签过合同吗——认识生活中的合同

案例导入

恋爱协议属于合同吗？

小金与女友小艾在恋爱期间签订了一份协议，协议约定如果任意一方出轨那么应当赔偿对方精神损失费10万元。请问小金和小艾的协议属于合同吗？

一、什么是合同

《民法典》第464条规定，合同是民事主体之间设立、变更、终止民事法律关系的协议。婚姻、收养、监护等有关身份关系的协议，适用有关该身份关系的法律规定。

二、合同的类型

按照比较通行的说法，合同主要可以分为以下几类：

（一）双务合同和单务合同

根据当事人双方权利义务的分担方式，可把合同分为双务合同与单务合同。双务合同，是指当事人双方相互享有权利、承担义务的合同。如买卖合同、租赁合同、承揽合同、保险合同等为双务合同。单务合同，是指当事人一方只享有权利，另一方只承担义务的合同。如赠与、借用合同就是单务合同。

（二）有偿合同与无偿合同

根据当事人取得权利是否以偿付为代价，可以将合同分为有偿合同与无偿合同。无偿合同，是指当事人一方只享有合同权利而不偿付任何代价的合同。有些合同是有偿的，如买卖、互易、租赁等合同；有些合同是无偿的，如赠与、无偿使用等合同；有些合同既可以是有偿的也可以是无偿的，由当事人协商确定，如委托、保管等合同。双务合同都是有偿合同，单务合同原则上为无偿合同，但有的单务合同也可为有偿合同，如有息贷款合同。

（三）诺成合同与实践合同

根据合同的成立是否以交付标的物为要件，可将合同分为诺成合同与实践合同。诺成合同，又称不要物合同，是指当事人意思表示一致即可成立的合同。实践合同，又称要物合同，是指除当事人意思表示一致外，还须交付标的物方能成立的合同。

（四）要式合同与不要式合同

根据合同的成立是否需要特定的形式，可将合同分为要式合同与不要式合同。要式合同，是指法律要求必须具备一定的形式和手续的合同。不要式合同，是指法律不要求必须具备一定形式和手续的合同。

（五）主合同与从合同

根据合同间是否有主从关系，可将合同分为主合同与从合同。主合同，是指不依赖其他合同而能够独立存在的合同。从合同，是指须以其他合同的存在为前提而存在的合同。合同的分类如图7-8所示。

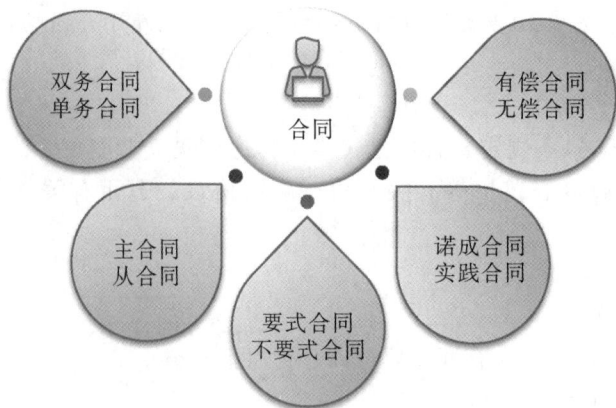

图7-8　合同的分类

素养拓展7-7

《民法典》规定的19种典型合同

民法典规定了19种有名合同[1]，即买卖合同，供用电、水、气、热力合同，赠与合同，借款合同，保证合同，租赁合同，融资租赁合同，保理合同，承揽合同，建设工程合同，运输合同，技术合同，保管合同，仓储合同，委托合同，物业服务合同，行纪合同，中介合同，合伙合同。

任务二　签好合同不吃亏——合同的订立

一、合同的内容

1.当事人的名称或者姓名和住所；

2.标的；

3.数量；

4.质量；

5.价款或者报酬；

6.履行期限、地点和方式；

7.违约责任；

8.解决争议的方法。当事人可以参照各类合同的示范文本订立合同。

二、合同的形式

当事人订立的合同，有书面形式、口头形式和其他形式。

（一）书面形式

书面形式是指合同书、信件和数据电文（包括电报、电传、传真、电子数据交换

---

[1]　有名合同是指法律上或者经济生活习惯上按其类型已确定了一定名称的合同，又称典型合同。

和电子邮件）等可以有形地表现所载内容的形式。书面合同内容清晰，有利于督促各方当事人根据确定的义务履行合同，有利于守约方根据约定追究违约责任。书面合同有据可查，能够为处理合同纠纷提供明确的证据，有利于案件的公正裁决。因此，对于权利义务关系复杂、金额较大以及履行期限较长的合同，应当采用书面形式，如房屋租赁合同、建设工程合同等。

法律、行政法规规定合同采用书面形式的，应当采用书面形式；当事人约定合同采用书面形式的，应当采用书面形式。

（二）口头形式

口头合同是现实生活中一种常见的合同形式，是当事人只用语言不用文字为意思表示订立的合同。口头形式直接、简便、迅速，通常用在一些金额较小、即时结清、权利义务关系相对简单的民事法律关系中，如商店中的零售、熟人之间的小额借贷等。口头合同的问题在于当事人的权利义务多不明确，发生纠纷时难以举证，不易分清责任，所以对于不即时结清的和较重要的合同不宜采用口头形式订立。

（三）其他形式

除了书面和口头形式以外，其他形式包括推定形式和默示形式，比如：往自动售货机投币购物就属于合同中的其他形式。

素养拓展 7-8

口头合同如何取证

俗话说，"口说无凭"，与书面合同相比，口头合同对当事人而言存在较大的风险，对主张权利的一方来说，增加了举证的困难。如果确实不方便或时间太急来不及采用书面形式，建议双方做到如下步骤以规避法律风险：（1）在订立口头协议时，如果是电话订立的，可以实施电话录音。如果是现场订立的，可以录音或者需有无利害关系的第三人在场，将来录音记录和证人证言可以作为证据之一。（2）在履行合同的过程中，尽量留下其他交谈记录，如微信、QQ、邮件等。（3）应尽量采用转账的方式付款。（4）涉及发货的，必须留有发货记录和签收记录。（5）在发生纠纷后，双方协商沟通时应全程录音。

三、我的合同成立了吗？——合同订立的过程

案例讨论 7-2

该合同成立了吗？

小金有一天跟同学小张聊天，说打算把自己的一把吉他以 2 000 元的价格卖给同学小王，小张当天将此事告诉了小王。小王第二天兴冲冲地带着 2 000 元来找小金，小金却拒绝把吉他卖给小王。请问，小金和小王的合同成立了吗？

当事人订立合同，应当采取要约和承诺方式，即合同的订立应当包括要约和承诺两个阶段。

（一）要约

要约是希望和他人订立合同的意思表示，在一项要约中，发出要约的一方为要约人，接受要约的一方为受要约人。例如，我们去超市购物时，超市标明其商品的出售价格，就是对顾客发出的要约。其中，超市为要约人，顾客为受要约人。

要约应当符合下列规定：（1）内容具体且确定；（2）表明经受要约人承诺，要约人即受该意思表示约束。

在生活中，我们要区分要约与要约邀请。要约邀请与要约不同，要约是一经承诺就能成立合同的意思表示。要约邀请是希望他人向自己发出要约的表示，拍卖公告、招标公告、商业广告和宣传、寄送的价目表等为要约邀请。商业广告和宣传的内容符合要约条件的，构成要约。要约邀请的目的是邀请他人向自己发出要约，自己承诺后才能订立合同。要约邀请处于合同的准备阶段，没有法律约束力。

（二）承诺

要约到达对方后，就进入了合同订立的第二个阶段——承诺。承诺是受要约人同意要约的意思表示，承诺到达对方后，立即发生法律效力，合同即告成立。

承诺的构成要件包括：（1）承诺由受要约人向要约人作出。（2）承诺应当以通知的方式作出。但根据交易习惯或者要约表明可以通过行为作出承诺的除外。（3）承诺必须在合理的期限内作出。（4）承诺的内容应当与要约的内容一致。受要约人对要约的内容作出实质性变更的，为新要约。有关合同标的、数量、质量、价款或者报酬、履行期限、履行地点和方式、违约责任和解决争议方法等的变更，是对要约内容的实质性变更。

财经思考 7-3

悬赏广告是要约吗？

一天小金在小区散步时在地上拾得一个钱包，打开一看，里面装有 1 000 元现金以及银行卡若干。小金站在原地大约等了半小时，却一直没有看到有失主前来，他只好先带着钱包回家。第二天，小金在小区门口看到了一则悬赏告示，写明失主对归还钱包者将酬谢 500 元。告示上面所描述的钱包的样式以及里面的东西和小金捡到的完全吻合。当天，小金吃过晚饭后，便与失主刘某取得了联系。后来在双方交接钱物时，对于酬金却发生了争执。失主刘先生在取回钱包后，拒绝按悬赏告示上登的 500 元支付酬金，只愿支付 100 元。你觉得刘先生需要支付小金 500 元酬金吗？

分析：悬赏告示同样具有法律效力。刘先生在遗失钱包地附近张贴悬赏告示，只要小金依约完成了所指定的行为，刘先生就有给付报酬的义务。小金仍有权要求刘先生按悬赏告示中所承诺的金额支付酬金。

素养拓展 7-9

你还不会用腾讯电子签吗？[①]

腾讯电子签是一款为企业及个人提供安全、便捷的电子合同签约及证据保存服务的产品。通过腾讯电子签，你只需要一部手机即可完成合同签约及常见的合同管理操作。电子签将对签约全程进行区块链记录，为你的业务与生活保驾护航。

腾讯电子签借条模板如图 7-9 所示。

图 7-9　腾讯电子签借条模板

任务三　你情我愿的合同一定有效吗——合同的效力

案例导入

买到别人偷的东西怎么办？

小金向邻居小赵买了一辆二手电动车，后来得知这辆车是小赵偷的，请问他们的合同有效吗？小金应该怎么处理？

合同成立后，可能因获得法律的认可而生效，也可能因违反法律规定或意思表达

---

① 改编自腾讯电子签小程序。

而无效、可撤销或效力待定。因此按照效力不同，合同可分为有效合同、无效合同、可撤销合同和效力待定合同。

一、有效合同

有效合同是指法律承认其效力的合同。有效合同应当具备下列条件：

（一）合同当事人必须具有相应的民事行为能力

合同当事人必须具有相应的民事行为能力，这是对合同生效的主体资格的要求。民事行为能力是民事主体根据自己的行为行使民事权利和承担民事义务的能力。民事行为能力不仅包括实施民事法律行为的能力，而且包括对其违法行为承担民事责任的能力。

（二）意思表示自愿、真实

意思表示自愿、真实主要包括以下内容：（1）意思表示的自愿，是指意思表示应是行为人在自由状态下内心愿望的自我表述和外化而设立、变更、终止合同的行为；（2）意思表示的真实，是指当事人的内在愿望和外在表示相一致，表示行为客观地反映内心的意思。当合同背离行为人的真实意图、出现重大误解、显失公平等情形出现时，合同的有效性将会受到影响。

（三）不违反法律或者社会公共利益

合同的内容要符合法律规定，不得违反法律的强制性规定，也不得违反社会公共利益。

二、无效合同

无效合同是指合同虽已成立，但因欠缺不违反法律和社会公共利益的合同生效要件，而自一开始就不具有法律约束力的合同。

根据《民法典》对民事法律行为效力的规定，无效民事法律行为包括：（1）无民事行为能力人实施的民事法律行为无效。（2）行为人与相对人以虚假的意思表示实施的民事法律行为无效。（3）违反法律、行政法规的强制性规定的民事法律行为无效。但是，该强制性规定不导致该民事法律行为无效的除外。（4）违背公序良俗的民事法律行为无效。（5）行为人与相对人恶意串通，损害他人合法权益的民事法律行为无效。民事法律行为部分无效，不影响其他部分效力的，其他部分仍然有效。

三、可撤销合同

可撤销的合同，是虽已成立，但欠缺某些法定生效要件，撤销权人可以请求人民法院或者仲裁机构予以撤销的合同。

根据《民法典》对民事法律行为效力的规定，出现下列情形，经一方当事人请求，法院或者仲裁机构可以判定撤销该行为：（1）基于重大误解实施的民事法律行为；（2）一方以欺诈手段，使对方在违背真实意思的情况下实施的民事法律行为；（3）第三人实施欺诈行为，使一方在违背真实意思的情况下实施的民事法律行为，对方知道或者应当知道该欺诈行为的；（4）一方或者第三人以胁迫手段，使对方在违背真实意思的情况下实施的民事法律行为；（5）一方利用对方处于危困状态、缺乏判断能力等情形，致使民事法律行为成立时显失公平的。

有下列情形之一的，撤销权消灭：

①当事人自知道或者应当知道撤销事由之日起1年内、重大误解的当事人自知道或者应当知道撤销事由之日起90日内没有行使撤销权；

②当事人受胁迫，自胁迫行为终止之日起1年内没有行使撤销权；

③当事人知道撤销事由后明确表示或者以自己的行为表明放弃撤销权。当事人自民事法律行为发生之日起5年内没有行使撤销权的，撤销权消灭。

案例讨论7-3

不小心买了凶宅可以反悔吗？

小金花了150万元买下了一套二手房，入住后不久才得知该房屋几年前曾发生过凶杀案，请问小金可以申请撤销合同吗？

四、效力待定合同

效力待定合同是指合同虽已成立，但因不完全符合合同生效要件，是否发生效力不能确定，须经有权人追认才能生效的合同。

根据《民法典》的规定，有下列情形之一的，为效力待定行为：

1.限制民事行为能力人实施的纯获利益的民事法律行为或者与其年龄、智力、精神健康状况相适应的民事法律行为有效；实施的其他民事法律行为经法定代理人同意或者追认后有效。

2.行为人没有代理权、超越代理权或者代理权终止后以被代理人名义订立的无效合同。

案例讨论7-4

未成年人直播打赏行为有效吗？

小金11岁的小表弟小明在寒假期间偷偷用父母手机看网络直播并打赏了某主播5万元，请问该行为有效吗？小明的父母可以追回这5万元打赏吗？

素养拓展7-10

几岁可以打酱油——民事行为能力①

《民法典》第十七至第二十四条规定了自然人的民事行为能力及年龄。何为民事行为能力？民事行为能力是指民事主体能以自己的行为行使民事权利、承担民事义务的资格。

---

① 全国人民代表大会. 中华人民共和国民法典［EB/OL］.［2021-01-01］. https：//flk.npc.gov.cn/detail2.html?ZmY4MDgwODE3MjlkMWVmZTAxNzI5ZDUwYjVjNTAwYmY%3D.

根据民事行为能力的不同，自然人可以分为：

1.完全民事行为能力人。18周岁以上的自然人为成年人，成年人为完全民事行为能力人；16周岁以上的未成年人，以自己的劳动收入为主要生活来源的，视为完全民事行为能力人。

2.限制民事行为能力人。8周岁以上的未成年人、不能完全辨认自己行为的成年人为限制民事行为能力人。

3.无民事行为能力人。不满8周岁的未成年人、不能辨认自己行为的成年人、8周岁以上不能辨认自己行为的未成年人为无民事行为能力人。

资料来源：《中华人民共和国民法典》

任务四　失信的代价——合同的履行和违约责任

案例导入

违约了怎么办？

小金在公司附近租了一间小公寓，与房东签订了房屋租赁合同，租期为1年，每月租金1 500元，押一付三。半年后，小金从公司跳槽，房子也不想继续租了，那么小金要不要承担违约责任呢？

一、履行合同的原则

合同的履行，是指合同当事人双方按照合同约定的内容，各自完成合同约定的义务。当事人应当遵循诚信原则，根据合同的性质、目的和交易习惯履行通知、协助、保密等义务。当事人在履行合同过程中，应当避免浪费资源、污染环境或破坏生态。

二、合同可以不履行吗——合同履行中的抗辩权

抗辩权是指双务合同中对抗对方请求或者否认对方权利主张的权利。

（一）同时履行抗辩权

同时履行抗辩权指在没有规定履行顺序的双务合同中，一方在对方履行之前有权拒绝其履行要求；或一方在对方履行债务不符合约定时，有权拒绝其相应的履行要求的权利。

（二）先履行抗辩权

先履行抗辩权是指合同当事人互负债务，有先后履行顺序，先履行一方未履行的，后履行一方有权拒绝其履行要求；或先履行一方履行债务不符合约定的，后履行一方有权拒绝其相应的履行要求的权利。

（三）不安抗辩权

不安抗辩权，是指在约定了履行债务顺序的双务合同中，应当先履行债务的当事

人，有确切证据证明对方不能履行债务或者有不能履行债务的可能时，在对方没有履行或者没有提供担保之前，有通知对方并中止履行合同义务的权利。

应当先履行债务的当事人，有确切证据证明对方有下列情形之一的，可以中止履行：

1.对方经营状况严重恶化；

2.对方转移财产、抽逃资金，以逃避债务；

3.对方丧失商业信誉；

4.对方具有丧失或者可能丧失履行能力的其他情形。

案例讨论7-5

不履行合同一定违约吗？

甲公司与乙公司签订买卖合同。合同约定甲公司先交货。交货前夕，甲公司派人调查乙公司的偿债能力，有确切材料证明乙公司负债累累，根本不能按时支付货款。甲公司遂暂时不向乙公司交货。甲公司的行为构成违约吗？

三、违约责任

违约责任是指违反合同义务的当事人依照法律的规定或者当事人的约定应承担的民事责任。依法订立的有效合同对当事人双方来说，都具有法律约束力。如果不履行或者履行不符合约定，就要承担违约责任。

（一）违约责任的一般构成要件

1.违约行为，是指合同当事人违反合同义务的行为。我国《民法典》采用了"当事人一方不履行合同义务或者履行合同义务不符合约定的"的表述来阐述违约行为的概念。

2.不存在法定和约定的免责事由。

（二）承担违约责任的方式

1.继续履行

当事人一方未支付价款或者报酬的，对方可以要求其支付价款或者报酬。当事人一方不履行非金钱债务或者履行非金钱债务不符合约定的，对方可以要求履行。

2.采取补救措施

当事人一方履行合同义务不符合约定的，受损害方可以根据受损害的性质以及损失的大小，合理选择要求对方适当履行，如采取修理、更换、重作、退货、减少价款或者报酬等措施。

3.赔偿损失

当事人一方不履行合同义务或者履行合同义务不符合约定的，在履行义务或者采取补救措施后，对方还有其他损失的，应当赔偿损失。损失赔偿额应当相当于因违约所造成的损失。

4.支付违约金

违约金是依照合同约定或者法律规定，当事人一方不履行合同义务或者履行合同义务不符合约定时应向对方支付的一定数额的金钱。

5.定金

当事人可以依照《民法典》约定一方向对方给付定金作为债权的担保。债务人履行债务后，定金应当抵作价款或者收回。给付定金的一方不履行约定的，无权要求返还定金；收受定金的一方不履行约定的，应当双倍返还定金。当事人既约定违约金，又约定定金的，一方违约时，对方可以选择适用违约金或者定金条款。

素养拓展7-11

定金和订金一样吗[①]

订金和定金虽只有一字之差，但二者所对应的法律后果却大相径庭。定金属于法定概念，具有担保的性质。任何一方不履行合同或者履行合同不符合约定，即可启动定金罚则的适用。如果双方约定以交付定金作为订立主合同担保的，给付定金的一方拒绝订立主合同的，无权要求返还定金；收受定金的一方拒绝订立合同的，应当双倍返还定金。但订金却并未被法律赋予特定含义及法律后果，更多的是以字面含义理解为预付款、订约金，不具有担保的功能。在双方交易成功时，订金往往会被吸收进合同总价款，但若交易失败，无论是何原因，收取订金的一方均须全额退还订金，不发生丧失或双倍返还预付款的后果。所以，在合同的订立、履行过程中，定金罚则的适用有严格的法律规定和书写规范，交易双方在订立合同、书写收据时，一定要注意"订金"和"定金"的表述，避免造成不必要的损失。

（三）违约责任的免除

当事人违约应该承担违约责任，但如果当事人的违约行为存在法定或约定的免责事由，则可以依法不承担相应的违约责任。

1.法定的免责事由

当事人一方因不可抗力不能履行合同的，根据不可抗力的影响，部分或者全部免除责任。因不可抗力不能履行合同的，应当及时通知对方，以减轻可能给对方造成的损失，并应当在合理期限内提供证明。当事人迟延履行后发生不可抗力的，不免除其违约责任。

2.约定的免责事由

当事人约定的免责条款，只要符合法律的规定，法律承认其效力，对合同当事人具有法律约束力。当事人一方违约后，对方应当采取适当措施防止损失的扩大；没有采取适当措施致使损失扩大的，不得就扩大的损失请求赔偿。当事人因防止损失扩大而支出的合理费用，由违约方负担。

---

① 改编自佚名. 定金与订金，哪个不能退［EB/OL］.［2022-04-28］. https://baijiahao.baidu.com/s?id=1731334067624101341&wfr=spider&for=pc.

育德育人 7-3

"阴阳合同"有多爽，涉税法律风险就有多大！①

2018 年 10 月 3 日，各界关注已久的范某某"阴阳合同"涉税案件正式引爆。自此，娱乐圈"阴阳合同"涉税问题引发全民关注，国家税务总局已责成对该问题进行调查核实。据新华社报道，范某某"阴阳合同"涉税问题案件事实已经查清。查出范某某及其担任法定代表人的企业少缴税款 2.48 亿元，其中偷逃税款 1.34 亿元，范某某所需补缴的税款、滞纳金以及罚款加在一起，超过 8 亿元。网上反映演艺人员郑某也涉嫌签订"阴阳合同"、拆分收入获取"天价片酬"、偷逃税等问题。北京市广电局已启动对相关剧目制作成本及演员片酬比例的调查。税务和广电管理部门将严查违法违规行为，坚决查处整治"阴阳合同"、"天价片酬"、偷逃税等问题，严格电视剧合同管理，严控电视剧制作成本和演员片酬在电视剧制作成本中的比例，为电视剧行业高质量发展营造良好环境。

分析要点："阴阳合同"是一种违法违规行为，在给当事人带来暂时的所谓"利益"的同时，也潜藏着巨大风险。签署"阴阳合同"的行为严重违反了我国税收管理规定，当事人可能会面临行政处罚或刑事处罚，因此，建议双方基于真实意思表示，签署合法有效的合同，只有这样才能更好地保护各方利益，维护正常的市场秩序。

项目四

创业者法律——合法做老板

很多大学生都有一个创业的梦想，创业者在创业过程中会面临诸多法律问题，每一个创业者有必要在创业之前了解相关知识，如选择什么样的创业形式，如何去创立一家企业，创立企业需要什么条件，有哪些程序，等等。创业者在创立企业的过程中必须严格按照法律程序操作，这样才能避免不必要的法律风险。

■ 学习目标

素质目标

1. 能够遵纪守法，依法创业，守法经营，不钻法律空子；
2. 养成关注和了解国家相关政策的习惯。

---

① 改编自佚名."阴阳合同"有多爽，涉税法律风险就有多大！[EB/OL].[2021-04-30]. https://www.163.com/dy/article/G8QM8B6D05455BAL.html.

知识目标

1.了解初次创业可以采取的形式；

2.掌握创立个人独资企业、合伙企业和有限责任公司的相关法律规定。

能力目标

1.能够熟悉企业设立的条件和程序，能够在当地市场监管局网站、小程序或公众号等平台进行操作，开办企业；

2.能够分析生活中关于企业设立和经营的案例。

思维导图

本次学习之旅我们将学习到以下内容（如图7-10所示）：

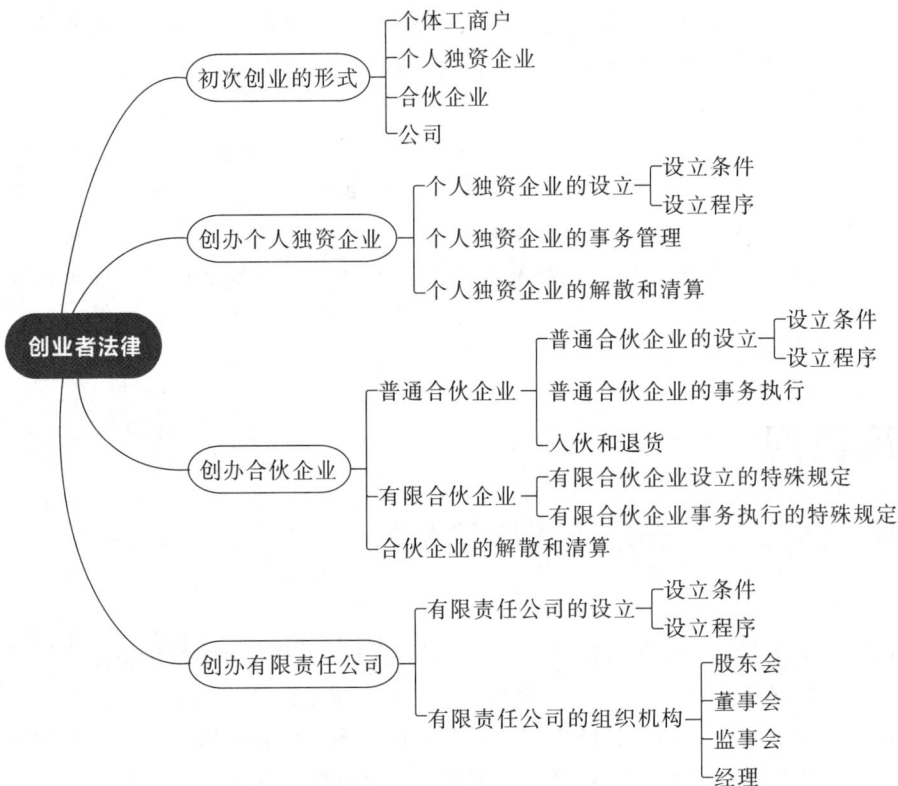

图7-10　本项目思维导图

任务一　创业一定要开公司吗——初次创业的形式

案例导入

创业形式的选择

小金大学毕业后想自己创业，他了解到目前我们国家可供选择的创业形式有个体工商户、个人独资企业、合伙企业、公司等形式，他不太明白到底应该选择哪一种形式更好呢？你能给他一些建议吗？

提起创业，很多人马上会想到开公司，以为创业就是开公司。其实，公司只是企业的一种组织形式。除了公司之外，还有合伙企业、个人独资企业、个体工商户等多种形式。作为初次创业的创业者，该如何选择呢？

初次创业采用什么形式比较好？这没有绝对的判断标准，不同的创业形式在经营模式、法律地位、税收负担以及责任承担等诸多方面都不一样，在设立方面的流程也不一样，每种创业形式都有其优点和缺点。创业者应当依据自身的资金状况、经营特点、承担风险能力的大小和发展的需要选择合适创业形式。

一、个体工商户

个体工商户，也就是我们平常所说的个体户，是指在法律允许的范围内，经核准登记，从事工商经营活动的自然人或者家庭。个体工商户应当在法律允许的范围内从事工商业经营活动，包括手工业、加工业、零售行业以及修理业、服务业等。如果你只是想开个小店，做点小生意，那么可以选择注册成为个体工商户，个体工商户不是企业。

注册个体工商户的特点包括：

1.注册简单，不用开对公账户，现在注册个体工商户可以在线上办理，而且无论是在电商平台还是在线下经营中，均可以使用个人账户直接收款，无须开设对公账户。

2.税收负担低，不用缴纳企业所得税，其他税收大多数都是核定征收，税收优惠多。

3.承担无限连带责任，经营不善风险会比较大；

4.规模小，难以发展壮大；

5.不能转让，将来不打算做了只能注销掉。

二、个人独资企业

个人独资企业，是指依照《中华人民共和国个人独资企业法》在中国境内设立，由一个自然人投资，财产为投资人个人所有，投资人以其个人财产对企业债务承担无限责任的经营实体。

个人独资企业的特点包括：

1.个人独资企业由一个自然人投资设立，企业规模较小，设立条件较宽松，设立程序简便，进入或退出市场比较灵活。

2.经营管理灵活自由。企业主可以完全根据个人的意志确定经营策略，进行管理决策。

3.在税收政策上，个人独资企业不缴纳企业所得税，而由投资人按照经营所得计算征收个人所得税，税负较低，在一定条件下有节税作用。

4.在投资人的风险方面，个人独资企业不具有法人资格，投资人须对个人独资企业承担无限责任，企业的资产不足以清偿债务时，投资人必须以其个人财产为企业清偿债务，一旦企业经营失败，对投资人的个人及家庭可能是毁灭性的打击。

5.在企业的经营发展方面，受制于自然人投资者的个人财力、战略眼光、知识水平、管理能力，企业往往很难发展壮大，在融资、引入人才等方面也很难与其他组织形式的企业相竞争。

三、合伙企业

合伙企业是指自然人、法人和其他组织依照《中华人民共和国合伙企业法》在中国境内设立的，由两个或两个以上的自然人通过订立合伙协议，共同出资经营、共负盈亏、共担风险的企业组织形式。按性质划分，合伙企业分为：普通合伙企业、特殊的普通合伙企业、有限合伙企业。现实生活中，以普通合伙企业居多。

普通合伙企业的特点包括：

1.合伙企业由合伙人共同投资设立，须由合伙人共同签订书面合伙协议，设立过程也比较简单。

2.在经营管理上，全体合伙人需要意见一致，决策相对比较困难；

3.在税收政策上，合伙企业不缴纳企业所得税，而是按照企业经营所得和其他所得，由合伙人分别缴纳个人所得税。

4.在投资人的风险方面，与个人独资企业类似的是，合伙企业不具备法人资格，合伙企业的债务由合伙企业中的普通合伙人以无限连带责任的方式承担，如果经营失败，合伙人风险较高。

四、公司

公司是指依照我国《公司法》设立的以营利为目的的企业法人，包括有限责任公司和股份有限公司两种类型。其中有限责任公司是指股东以其所认缴的出资额为限对公司承担有限责任，公司以其全部法人财产对其债务承担责任的公司。股份有限公司是指由两人以上的股东组成，其全部资本分为等额股份，股东以其所认购的股份为限对公司承担有限责任，公司以其全部财产对其债务承担责任的公司。

公司的特点是：

1.与其他类型的企业相比，公司的建立流程非常严格。

2.企业缴税方面，除了作为企业要缴纳税款以外，股东自身也需要缴税，其税收负担相对较重。

3.企业控制权方面，在个人独资和合伙制企业中，创业者的控制权是绝对的，而在公司形式的企业中，股东并不具备绝对的控制权，需要按照公司的统一制度和策略进行管理和经营。

4.公司形式的企业具有有限性，即股东只需要承担有限的责任，每人以其出资额为限来承担公司投资、经营的责任。与个人独资或是合伙制企业相比，公司形式的企业在很大程度上降低了投资者的责任和风险。

5.采用公司形式的企业能够更加容易地获得融资，比如使用借款、债券等形式，能够获得企业发展所需的部分资金。初次创业的企业形式如图7-11所示。

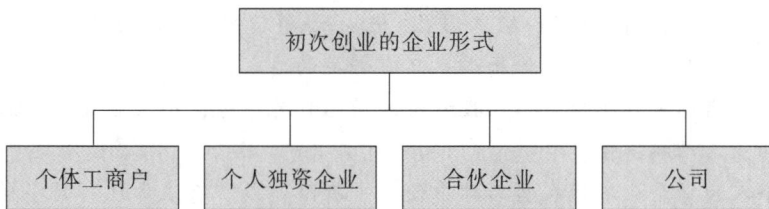

```
          初次创业的企业形式
   ┌─────────┬─────────┬─────────┐
个体工商户  个人独资企业  合伙企业    公司
```

图7-11 初次创业的企业形式

任务二 创办个人独资企业

案例导入

如何合法设立个人独资企业

小金于2022年5月在市场监督管理部门注册成立了一家主营信息咨询的个人独资企业，取名为"金太阳信息咨询有限公司"，注册资本为人民币1万元。为了开业之后尽快打开市场，小金在取得营业执照之前3个月就开始营业了。

请问：小金的哪些行为是违法的？为什么？

一、个人独资企业的设立

（一）个人独资企业的设立条件

1.投资人为一个自然人，即具有我国国籍的具有完全民事行为能力且不属于法律、行政法规禁止从事营利性活动的自然人。法律行政法规禁止从事营利性活动的自然人包括：国家公务员、党政机关的领导干部、法官、检察官、人民警察以及金融机构的工作人员等。

2.有合法的企业名称，且应当与其责任形式及从事的营业范围相符合，不得使用"有限""有限责任""公司"等字样；

3.有投资人申报的出资；

4.有固定的生产经营场所和必要的生产经营条件；

5.有必要的从业人员。

素养拓展7-12

如何给企业取名？①

规范的企业名称由"行政区划"、"字号"、"名称行业"和"组织形式"组成。

企业名称结构组成有以下几种格式：

（1）行政区划+字号+行业+组织形式，如：广东××科技有限公司。

---

① 国务院.企业名称登记管理规定［EB/OL］.［2021-03-01］.https://flk.npc.gov.cn/detail2.html?ZmY4MDgwODE3NzdkMGM5NDAxNzc4NGRhNGFhNTBhNzM%3D.

（2）字号+（行政区划）+行业+组织形式，如：××（广东）科技有限公司。

（3）字号+行业+行政区划+组织形式，如：××科技广东有限公司。

个人独资企业名称没有具体构成，只有相关的要求，要求如下：

（1）企业名称可以使用自然人投资人的姓名作为字号，个人独资企业的名称要与其从事的营业活动相符合。

（2）个人独资企业不能在其名称中使用"有限"或"有限责任"的字样，也不能称为"公司"。从而使个人独资企业与公司和合伙企业或其他独资企业名称相区别。企业应当根据其组织结构或者责任形式，在企业名称中标明组织形式。

个人独资企业名称中的行业表述应当依据现实情况，如果企业个人独资名称中涉及日常生活中的一些行业用语，那么这些用语所表述的内容应当与个人独资企业的经营范围保持一致。个人独资企业的名称可以叫厂、店、部、中心、工作室等。

（二）个人独资企业设立程序

申请设立个人独资企业，应当由投资人或者其委托的代理人直接到个人独资企业所在地的市场监督管理部门申请登记。也可以直接在当地市场监管部门官网、小程序、微信公众号或当地政府提供的其他平台线上申请注册。市场监管部门在收到申请15日内，对符合个人独资企业设立条件的予以核准，颁发营业执照。个人独资企业营业执照的签发日期为个人独资企业的成立日期。

二、个人独资企业的事务管理

个人独资企业投资人可以自行管理企业事务，也可以委托或者聘用其他具有民事行为能力的人负责企业的管理。

投资人委托或者聘用他人管理个人独资企业事务的，应当与受托人或者被聘用人签订书面合同，明确委托的具体内容和授予的权利范围。投资人对受托人或者被聘用人员的职权限制，不得对抗善意第三人。投资人委托或者聘用人员管理个人独资企业事务时受托人或被聘用人违反双方订立的合同，给投资人造成损害的，承担民事赔偿责任。

个人独资企业聘用职工的，应当依法与职工签订劳动合同，并按照国家有关规定参加社会保险，为职工缴纳社会保险费。

三、个人独资企业的解散和清算

（一）个人独资企业的解散条件

个人独资企业有下列情形之一时，应当解散：

（1）投资人决定解散；（2）投资人死亡或者被宣告死亡，无继承人或者继承人决定放弃继承；（3）被依法吊销营业执照；（4）法律、行政法规规定的其他情形。

（二）个人独资企业的清算

个人独资企业解散，由投资人自行清算或者由债权人申请人民法院指定清算人进行清算。清算期间，个人独资企业不得开展与清算目的无关的经营活动。在企业清偿债务前，投资人不得转移、隐匿财产。

任务三 创办合伙企业

案例导入

债权人可以向一位合伙人主张全部债权吗？

小金、小李和小丁共同出资设立了一家普通合伙企业。3人各出资3万元，并按出资比例承担盈亏。由于经营不善，严重亏损，企业欠债权人12万元贷款无法偿还，债权人向小李和小丁主张债权时，他们以企业已解散为由拒绝偿还；债权人向小金主张全部债权时，小金以合伙协议约定按出资比例承担盈亏为由，只偿还了他认为自己应承担的份额，即4万元。

思考：上述合伙人的理由是否合法？为什么？

合伙企业是指自然人、法人和其他组织依照《中华人民共和国合伙企业法》（简称《合伙企业法》）在中国境内设立的普通合伙企业和有限合伙企业。普通合伙企业的所有合伙人对合伙企业的债务都承担无限连带责任，有限合伙企业则包括普通合伙人和有限合伙人，普通合伙人对合伙企业债务承担无限连带责任，有限合伙人以其认缴的出资额为限对合伙企业债务承担责任。

一、普通合伙企业

普通合伙企业由普通合伙人组成，合伙人对合伙企业债务承担无限连带责任。《合伙企业法》对普通合伙人承担责任的形式有特别规定的，从其规定。

（一）普通合伙企业的设立

1.普通合伙企业的设立条件

（1）两个以上合伙人。合伙人可以是自然人，也可以是法人或者其他组织。合伙人为自然人的，应当具有完全民事行为能力。无民事行为能力人和限制民事行为能力人不得成为普通合伙企业的合伙人。法律、法规禁止从事经营的人，如国家公务员、党政机关的领导干部、法官、检察官、人民警察以及金融机构的工作人员等不能成为合伙人。国有独资公司、国有企业、上市公司以及公益性的事业单位、社会团体不得成为普通合伙人。

（2）有书面的合伙协议。合伙协议，是指由各合伙人通过协商，共同决定相互之间的权利与义务，达成的具有法律约束力的协议。合伙企业的合伙协议应当采用书面形式订立。

（3）有合伙人认缴或者实际缴付的出资。合伙人可以用货币、实物、知识产权、土地使用权或者其他财产权利出资，也可以用劳务出资。合伙人以劳务出资的，其评估办法由全体合伙人协商确定，并在合伙协议中载明。以非货币性财产出资的，依照法律、行政法规的规定；需要办理财产权转移手续的，应当依法办理。

（4）有合伙企业的名称和生产经营场所。普通合伙企业应当在其名称中标明"普通合伙"字样。

（5）法律、行政法规规定的其他条件。

2.普通合伙企业的设立程序

申请设立普通合伙企业，应当向企业登记机关提交登记申请书、合伙协议书、合伙人身份证明等文件。经企业登记机关依法核准登记，领取营业执照后，方可在核准的登记事项内从事经营活动。合伙企业营业执照的签发日期为合伙企业的成立日期。

（二）普通合伙企业事务的执行

1.合伙人对合伙企业事务的管理

合伙人对执行合伙事务享有同等的权利。全体合伙人可以共同执行合伙企业事务，也可以分别执行合伙企业事务。可以委托一个或者数个合伙人对外代表合伙企业执行合伙事务。经全体合伙人一致同意，合伙企业也可以聘任合伙人之外的人担任合伙企业的经营管理者。

2.合伙人行为的限制

（1）竞业禁止。合伙人不得自营或者同他人合作经营与本合伙企业相竞争的业务。

（2）自我交易。除合伙协议另有约定或者经全体合伙人一致同意外，合伙人不得同本合伙企业进行交易。

3.合伙企业的利润分配、亏损承担

合伙企业的利润分配、亏损承担，按照合伙协议的约定办理；合伙协议未约定或者约定不明确的，由合伙人协商决定；协商不成的，由合伙人按照实缴出资比例分配、分担；无法确定出资比例的，由合伙人平均分配，共同分担。

合伙协议不得约定将全部利润分配给部分合伙人或者由部分合伙人承担全部亏损。合伙协议的约定比例只有对内效力，没有对外效力。合伙人不得以合伙协议中的约定或者合伙人之间的商定，对抗合伙企业的债权人或其他善意第三人。债权人可以请求全体合伙人中的一人或数人承担全部清偿责任，也可以按照自己确定的比例向各个合伙人分别追索。

（三）入伙和退伙

入伙是指在合伙企业存续期间，合伙人以外的第三人加入合伙企业并取得合伙人资格的行为。新合伙人入伙，除合伙协议另有约定外，应当经全体合伙人一致同意，并依法订立书面入伙协议。订立入伙协议时，原合伙人应当向新合伙人如实告知原合伙企业的经营状况和财务状况。入伙的新合伙人与原合伙人享有同等权利，承担同等责任；入伙协议另有约定的，从其约定。新入伙的合伙人对入伙前合伙企业的债务承担无限连带责任。

退伙是指合伙人身份归于消灭的法律事实。退伙人对退伙前发生的合伙企业债务，承担无限连带责任。

二、有限合伙企业

有限合伙企业是由普通合伙人和有限合伙人组成的，普通合伙人对合伙企业的债务承担无限连带责任，有限合伙人以其认缴的出资额为限对合伙企业债务承担责任的合伙组织。

（一）有限合伙企业设立的特殊规定

1.有限合伙企业的人数。有限合伙企业由2个以上50个以下合伙人设立，法律另有规定的除外。有限合伙企业至少应当有1个普通合伙人。自然人、法人和其他组织可以依照法律规定设立有限合伙企业。

2.有限合伙企业的名称。有限合伙企业名称中应当标明"有限合伙"字样。

3.有限合伙人的出资形式。有限合伙人不得以劳务出资。

4.有限合伙人的出资义务。有限合伙人应当按照合伙协议的约定按期足额缴纳出资。未按期足额缴纳的，应当承担补缴义务，并对其他合伙人承担违约责任。

（二）有限合伙企业事务执行的特殊规定

1.有限合伙企业事务执行人。有限合伙企业由普通合伙人执行合伙事务。

2.禁止有限合伙人执行合伙事务。有限合伙人不执行合伙事务，不得对外代表有限合伙企业。第三人有理由相信有限合伙人为普通合伙人并与其交易的，该有限合伙人对该笔交易承担与普通合伙人同样的责任。有限合伙人未经授权以有限合伙企业名义与他人进行交易，给有限合伙企业或者其他合伙人造成损失的，该有限合伙人应当承担赔偿责任。

3.有限合伙企业的利润分配。有限合伙企业不得将全部利润分配给部分合伙人，但是合伙协议另有约定的除外。

4.有限合伙人的权利。有限合伙人可以同本有限合伙企业进行交易，但是合伙协议另有约定的除外。同时，有限合伙人可以自营或者同他人合作经营与本有限合伙企业相竞争的业务，但是合伙协议另有约定的除外。

三、合伙企业的解散和清算

1.合伙企业的解散。（1）合伙期限届满，合伙人决定不再经营；（2）合伙协议约定的解散事由出现；（3）全体合伙人决定解散；（4）合伙人已不具备法定人数满30天；（5）合伙协议约定的合伙目的已经实现或者无法实现；（6）依法被吊销营业执照、责令关闭或者被撤销；（7）法律、行政法规规定的其他原因。

2.合伙企业的清算。合伙企业解散时，应当进行清算。清算人由全体合伙人担任；经全体合伙人过半数同意，可以自合伙企业解散事由出现后15日内指定1个或者数个合伙人或者委托第三方担任清算人。

3.合伙企业的注销：清算结束，清算人应当编制清算报告，经全体合伙人签名、盖章后，在15日内向企业登记机关报送清算报告，申请办理合伙企业注销登记。

案例讨论7-6

谁来偿还合伙企业债务？

小金、小王、小李3人于2022年1月1日组建了一家普通合伙企业。他们签订的合伙协议规定，3人按出资比例分享收益、承担亏损、偿还债务。同年2月1日，企业向银行借款80万元，期限为1年，利率为10%，到期一次还本付息。2022年3月，小王退伙，4月小赵入伙该合伙企业。2022年10月，企业经营不善，严重亏损，资不抵债，几位合伙人协商将企业解散。2023年2月1日，企业的银行借款到期。

请问：哪些合伙人有义务偿还这笔银行贷款？

任务四　创办有限责任公司

案例导入

该公司能否设立？

小金、小钱和小孙计划设立一家有限责任公司，小金单独制定了公司章程，其中规定：小金以劳务作为出资，作价人民币20万元；小钱以一处商品房作为出资，作价人民币100万元；小孙以现金人民币30万元作为出资；由小金担任公司董事长，小钱、小孙担任副董事长；不设股东会、监事，董事会为最高权力机关。

请问：该公司能否设立？为什么？

公司指依照《公司法》设立的，以营利为目的的企业法人。依照《公司法》规定，公司分为有限责任公司和股份有限公司。有限责任公司是指依据《公司法》设立的，股东以其所认缴的出资额为限对公司债务承担责任，公司以其全部资产为限对公司债务承担责任的企业法人。

一、有限责任公司的设立

（一）有限责任公司的设立条件

1.股东符合法定人数。有限责任公司的股东为50人以下，允许1个法人或1个自然人投资设立一人有限责任公司，或由国有资产监督管理机构代表国家设立国有独资公司。

2.有符合公司章程规定的全体股东认缴的出资额。

3.股东共同制定章程。

4.有公司名称，建立符合有限责任公司要求的组织机构。

5.有公司住所。公司以其主要办事机构所在地为住所。

（二）有限责任公司的设立程序

设立有限责任公司应履行以下程序。

1.制订公司章程；

2.股东缴纳出资。

（1）出资方式。有限责任公司的股东可以货币与实物、知识产权、土地使用权等作为出资，也可以依法转让的非货币性财产作价出资，但法律、行政法规规定不得作为出资的财产除外。对于作为出资的非货币性财产，应当评估作价，核实财产，不得高估或者低估作价。

（2）出资的缴纳。股东应当按期、足额缴纳公司章程中规定的各自所认缴的出资额。股东以货币出资的，应当将货币出资足额存入有限责任公司在银行开设的账户；以非货币性财产出资的，应当依法办理其财产权的转移手续。股东不按照规定缴纳出资的，除应当向公司足额缴纳外，还应当向已按期缴纳出资的股东承担违约责任。

3.申请设立登记

公司核准登记后，领取公司营业执照，公司营业执照签发日期为公司成立日期。

4.签发出资证明书

有限责任公司成立后，发现作为设立公司出资的非货币性财产的实际价额显著低于公司章程所定价额的，应当由交付该出资的股东补足其差额；公司设立时的其他股东承担连带责任。

二、有限责任公司的组织机构

（一）股东会

股东会是由全体股东所组成的，依据法定方式和程序决议《公司法》和公司章程规定的重大事项的非常设机构。股东会会议作出决议时，由股东按照出资比例行使表决权。但是，公司章程另有规定的除外。

（二）董事会

董事会是指依法设立的由全体董事集体进行经营决策和业务执行的机构。董事会对股东会负责，是公司的常设机构。董事会由董事组成，其成员为3～13人。董事会决议的表决，实行"一人一票"制。

（三）经理

经理是负责组织日常经营管理活动的高级管理人员。经理由董事会聘任或者解聘，对董事会负责，辅助董事会管理公司事务。经理可以作为公司的法定代表人，经理有权列席董事会会议。公司章程对经理职权另有规定的，从其规定。

（四）监事会

监事会由监事组成，其成员不得少于3人。监事会应当包括股东代表和适当比例的公司职工代表，其中职工代表的比例不得低于1/3，具体比例由公司章程规定。股东人数较少和规模较小的有限责任公司，不设立监事会，可以设1～2名监事，行使监事会的职权。公司董事、高级管理人员不得兼任监事。

监事可以列席董事会会议，并对董事会决议事项提出质询或者建议。监事会、不设监事会的公司的监事发现公司经营情况异常时，可以进行调查；必要时，可以聘请会计师事务所等协助其工作，费用由公司承担。有限责任公司组织机构如图7-12所示。

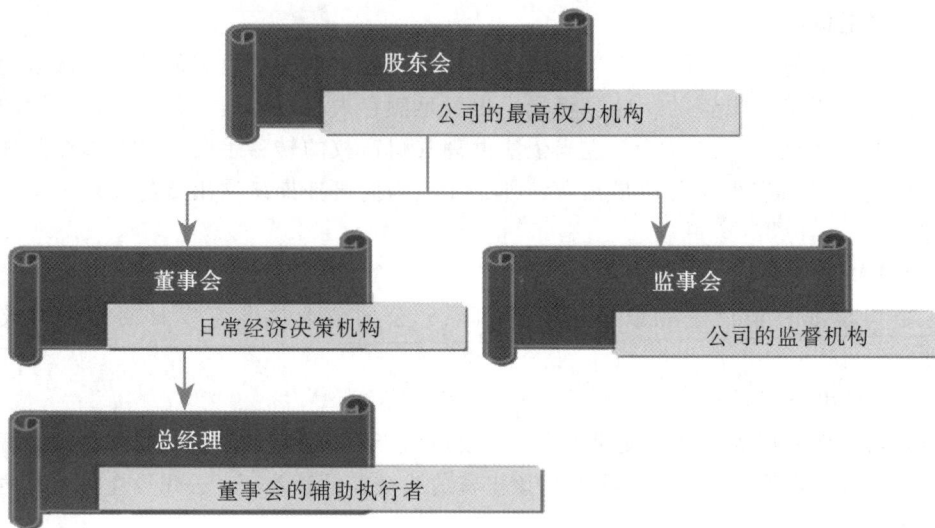

图7-12　有限责任公司组织机构

素养拓展7-13

足不出户，网上轻松注册企业

现在全国大部分城市已支持网上注册企业，办理营业执照，创业者在操作注册前，需要提前想好对应的企业类型，准备好企业名称、注册资本、持股比例、行业类型、经营范围、注册地址、法人、董事、监事、经理等材料和信息。

准备好资料后，申请人可搜索当地的市场监督管理部门官网，或者使用手机APP、微信公众号，进行网上办理。以广州为例，申请人可搜索并进入"广州市市场监督管理局网站"，找到"政务服务"栏目，点击"开办、注销企业一网通"，选择"我要办企业"，登录账号，按要求填写资料，填好后提交审核，审核通过后，等待下发营业执照和公司印章就可以了。另一个途径是搜索并关注"广州市场监管"微信公众号，找到下方的"便民服务"栏目，选择"一网通办"，之后选择"开办企业"，按操作指引填写开办申请，上传资料等待审核。广州的"一网通"系统可提供：广州市新注册企业一表填报、联办企业名称申报、设立登记、印章申请、银行开户、税务办理、发票申领、社保开户、公积金开户、劳动就业登记等服务。创业者足不出户，就可以轻松搞定开办企业的全部流程。

育德育人7-4

用自己公司的钱也违法吗？[①]

刘某某是某有限责任公司的法定代表人，拥有公司90%的股份。2020年至2022年，刘某某利用管理公司项目资金的便利，将公司账户的100万元转入朋友账户用于

---

① 改编自亭子. 用自己公司的钱也违法吗［EB/OL］.［2021-07-16］. https：//mp.weixin.qq.com/s？__biz=MzA3NTcwNTE5MQ==&mid=2652780527&idx=1&sn=47dc7d5ae8ca7ab896bbd994e897046e&chksm=8486e9e7b3f160f14c4b219d491962b49224a76cb415e2e062043bd8b5c2571d447f9cbed989&scene=27.

营利性活动，之后又从公司账户转账 10 万元用于归还个人债务。近日，刘某某因犯挪用资金罪被法院判处有期徒刑 1 年零 6 个月，并责令退赔公司人民币一百一十万元。用自己公司的财产，怎么就犯罪了呢？公司的钱是自己的钱吗？

思政要点：公司是独立的法人，有自己独立的财产，并独立对外承担民事责任。也就是说，公司的财产与资金属于公司，并不直接等同于股东个人财产。

公司股东或财务人员擅自挪用或侵占公司资金的行为，既侵犯了公司和企业的资金使用收益权，损害了股东权益，又直接导致公司可以用于偿还债务的财产大量减少，严重损害了公司债权人的利益。

▦ 课后巩固

一、小组讨论

1.小金与公司签订了劳动合同，约定了如下事项：（1）双方经过协商，暂定试用期为 1 年；（2）小金需交 1 000 元押金，劳动合同终止时予以退还；（3）工资每 3 个月结算一次，平时只支付工资的 60%，余额在年终结清；（4）小金每天工作 10 小时，每周工作 7 天。

讨论：你认为劳动合同中这样的条款符合法律规定吗？

2.甲、乙、丙三人相约到一家大型商场购物。商场怀疑甲有盗窃行为，因此商场保安强行搜身；乙因商场太拥挤，不小心撞了另外一位顾客王某，被王某殴打致伤，当时保安仅站在一旁观看；丙在商场的柜台花 300 元人民币买了一双"真皮旅游鞋"，但后来经相关部门鉴定发现这双鞋并非真皮而是人造革的，该鞋的价值最多为 15 元。

讨论：（1）商场侵犯了甲的什么权利？甲应该如何维权？

（2）乙所花的医药费应向谁主张赔偿？假如王某没有能力承担，那么商场是否要承担责任？为什么？

（3）丙的损失可向谁主张赔偿？赔偿多少？

3.高一学生小刘 16 周岁（长相成熟似 20 岁），他用压岁钱在某品牌店排队购买某新款潮牌鞋一双，价值为人民币 8 800 元，双方已完成交易。小刘的父亲得知后，表示反对，遂找到商厦，要求退货还款。

讨论：（1）该合同是否成立？

（2）小刘与大厦买卖合同效力如何？为什么？

（3）小刘的父亲老刘是否可以向商厦要求退货还款？请说明理由。

4.小明想成立一家有限责任公司，召集亲朋好友共 60 人作为股东，共出资 100 万元人民币。小明起草了公司章程，并由 8 名主要股东在公司章程上签字、盖章。公司章程中规定，公司设立股东会，由 8 名主要股东组成；公司设立由 15 人组成的董事会，作为公司的权力机构；设立由 2 人组成的监事会，并由小明董事兼任公司监事。

讨论：该公司设立过程中有哪些做法不符合法律规定？

二、技能训练

1.以小组为单位，模拟订立一份劳动合同。

实践要求：（1）各小组根据劳动合同模板，拟定岗位劳动合同条款；（注意必备条款必不可少；约定条款可自行约定）；（2）拍摄视频记录签订劳动合同的过程，突出合同细节；（3）在课堂上分小组展示签订的劳动合同和视频；（4）小组互评，指出各组合同订立过程中的优点和不足，并互相评分。

2.以小组为单位模拟签订一份合同。（可以选择订立一份商品买卖、借款合同、保管合同、房屋租赁合同或其他合同。）

实践要求：（1）以小组为单位签订合同；（2）通过录制视频充分展现合同订立过程；（3）课堂展示：以小组为单位展示合同细节和合同订立过程。（4）小组互评，指出各组合同订立过程中的优点和不足，并互相评分。

3.以小组为单位模拟设立一家有限责任公司。

实践要求：（1）以小组为单位成立一家有限责任公司，要求各小组通过PPT展示本公司名称、经营范围、注册资本、公司章程、组织结构的设置；（2）模拟召开第一次股东会会议并拍摄会议视频。（3）在课堂上展示公司的设立情况。

模块八
国际经济与发展趋势

　　随着世界经济的全球化发展，金融领域的跨国业务也在迅猛发展，各国之间的贸易往来、旅游、投资、交流日益增多。国际金融市场是经济国际化的重要组成部分，对世界经济的发展起着非常重要的作用。

项目一

外汇与汇率

随着世界经济的飞速发展，一国货币不可避免地要跨出国门与别国货币发生联系。国与国之间的贸易往来愈加频繁，金融服务的范围也愈加广泛。因此，外汇与汇率的问题显得尤为重要。本章将对外汇及汇率的基础知识进行讲解，重点介绍汇率的标价方法和计算方式，并阐述影响汇率变动的主要因素以及汇率变动对经济的影响。

案例导入

酒鬼小金的故事

100多年以前，美国和加拿大曾有一段时间关系不好，为了贬低对方货币的价值，美国对外宣布，0.9美元可以兑换1加拿大元。加拿大也不甘示弱，宣布0.9加拿大元可以兑换1美元。在两国边境的一个美国酒馆内，酒鬼小金用1美元买了0.1美元的酒，但是服务员没有0.9美元的零钱，就顺手找了1加拿大元。小金拿着这1加拿大元在国境附近的一家加拿大酒馆内买0.1加拿大元的酒并要求服务员给他找1美元。然后拿着这1美元又到了美国的酒馆重复之前的步骤，如此往复，不久之后，小金将自家酒橱装满了酒，但是手里始终持有1美元或者1加拿大元。

案例中，酒鬼小金之所以能在两国边境附近不断地免费买酒，正是由于这两国的汇率是不同的。因为两国汇率的差异，他进行套利活动，免费购买了整酒橱的酒。小金实际上只持有1美元或1加拿大元，但酒吧确实是获得了0.1美元或0.1加拿大元的收入，那到底是谁付了钱呢？

学习目标

素质目标
1.认识外汇和汇率，树立正确的价值观和金钱观；
2.了解主要的外汇产品，增强民族自豪感，增强制度自信和文化自信；
3.了解人民币国际化进程，探索中华民族灿烂文化的精神实质和思想内涵。

知识目标
1.掌握外汇的定义、特征和分类；
2.掌握汇率的含义、标价方法和种类；
3.明确区分直接标价法和间接标价法；
4.理解汇率的决定基础、影响汇率变动的主要因素以及汇率变动对经济的影响。

能力目标
1.能够进行不同国家货币之间的转换；

2.能够区分常见的外汇产品并进行投资理财规划；

3.能够运用所学外汇汇率相关知识解释相关经济现象和金融产品。

思维导图

本次学习之旅我们将学习到以下内容（如图8-1所示）：

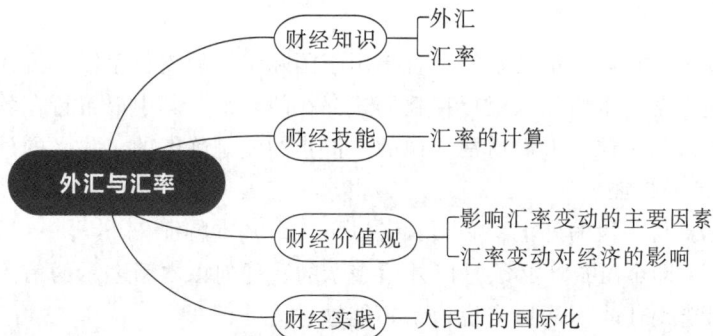

图8-1　本项目思维导图

任务一　认识外汇与汇率

一、外汇

（一）外汇的定义

"外汇"译自英语"foreign exchange"，是国际汇兑的简称，可以从动态和静态两个角度去理解。国际汇兑大体如图8-2所示。

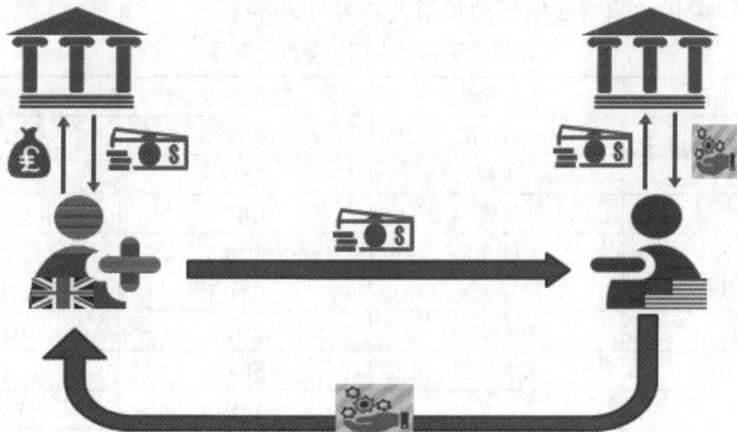

图8-2　国际汇兑举例

1.动态的外汇

动态的外汇是指人们为了处理国际债权债务关系，将一种货币兑换成另一种货币的金融活动过程。这种兑换由外汇银行办理，通过银行间的往来账户划拨资金来完成，通常不需要现钞支付和现钞运输。

2.静态的外汇

静态的外汇又有广义和狭义之分。

广义的外汇泛指一切能用于国际结算和最终偿付国际收支逆差的对外债权。通常对外汇的定义是：货币行政当局（中央银行、货币机构、外汇平准基金组织、财政部）以银行存款、财政部国库券、长短期政府债券等形式保存的，在国际收支逆差时使用的债权。

狭义的外汇是指以外币表示的可直接用于国际结算的支付手段，具体包括以外币表示的汇票、支票、本票和以银行存款形式存在的外汇，其中以银行存款形式存在的外汇是狭义外汇的主体。人们通常所说的外汇指的就是静态的、狭义的外汇。

（二）外汇的特征

作为国际支付手段的外汇，必须具备以下三个基本特征。

1.国际性，即金融资产必须是以外币表示的，任何以本币表示的信用工具、支付手段、有价证券对于本国居民来说，都不能被称为外汇。

2.自由兑换性，即外汇必须是可以自由兑换成其他外币或以外币表示的金融资产。如美国、日本、德国、瑞士等国家已经取消了外汇兑换管制，因此这些国家的货币可以被称为自由兑换货币。而朝鲜圆、缅甸元等货币还不能被自由兑换为其他国家的货币。在我国境内银行可以自由兑换成人民币的常见外汇有美元、英镑、欧元、日元、澳大利亚元、加拿大元、瑞士法郎、泰铢、菲律宾比索等。

3.可偿付性，即外汇能在国外得到普遍认可，并能在国际市场上作为支付手段对外支付，对方会无条件接受。凡在国际市场上得不到偿付的各种外币证券、空头支票、银行拒付汇票等，即使是以某种流通性很高的外币（如美元）计算，也不能被视为外汇。

总之，尽管外汇从形态上要用外币来表示，但外币并不等同于外汇，外汇的内涵要丰富得多。常用的国家或地区的货币及符号见表8-1。

表8-1   **常用的国家或地区的货币及符号**

国家或地区	货币名称	货币符号	习惯用法
中国	人民币	CNY	RMB，¥
美国	美元	USD	$
英国	英镑	GBP	£
欧元区	欧元	EUR	€
加拿大	加拿大元	CAD	C$
瑞士	瑞士法郎	CHF	CHF，SFr
瑞典	瑞典克朗	SEK	SKr
日本	日元	JPY	¥，J¥
新加坡	新加坡元	SGD	S$
澳大利亚	澳大利亚元	AUD	A$
马来西亚	马来西亚林吉特	MYR	RM/M.$
中国香港	港元（或称港币）	HKD	HK$
泰国	泰铢	THB	฿

（三）外汇的分类

根据不同的分类标准，外汇可以分为不同的类别，常用的有以下几种分类方法。

1.按照自由兑换程度划分

根据自由兑换程度的不同，外汇可以分为自由外汇和记账外汇。

（1）自由外汇即无须外汇管理当局的批准，便可自由兑换为其他国家货币的外汇，或直接向第三国进行支付的外币与支付凭证。目前世界上已有60多种货币可自由兑换，但在国际结算中普遍使用的只有10多种，如美元、欧元、英镑、瑞士法郎、日元等。

（2）记账外汇，也称双边外汇、清算外汇或协定外汇，它是两国政府间支付协定项下所使用的只能用于双边清算的外汇，未经货币发行国批准，不能兑换为其他国家的货币，也不能支付给第三国，只能用于支付协定中规定的两国间贸易货款、从属费用及其他双方政府同意的款项。

记账外汇可使用交易双方任何一方的货币，也可使用第三国货币或某种货币篮子。例如，为节省外汇，我国对某些发展中国家的进出口贸易，采用记账外汇办理清算，与这些国家的所有进出口货款，只在双方银行开立的专门账户记载，年度终了，一般是将发生的收支差额转入下一年度贸易项下加以平衡。

2.按照外汇的来源与用途划分

按照外汇的来源与用途划分，外汇可分为贸易外汇和非贸易外汇。

（1）贸易外汇，也称实物贸易外汇，是指来源于或用于进出口贸易的外汇，它是由国际商品流通所形成的。

（2）非贸易外汇，即一切来源于或用于进出口贸易以外的外汇，包括科学技术、文化交流、侨民汇款、铁路、海运、航空、邮电、港口、海关、承包工程、银行、保险、旅游等方面的收入和支出的外汇。

3.按照外汇买卖的交割期限划分

按照外汇买卖的交割期限划分，外汇可分为即期外汇和远期外汇。

（1）即期外汇，也称现汇，是指外汇交易达成后，买卖双方必须在两个营业日内完成资金收付的外汇。

（2）远期外汇，也称期汇，是指买卖外汇的双方先按商定的汇价签订合同，预约到一定期限才能实际办理资金收付的外汇。远期外汇交割期限可以为1~6个月，也可长达1年以上，通常为3个月。

4.按照外汇的形态划分

按照外汇的形态划分，外汇可分为现钞外汇和现汇外汇。

（1）现钞外汇，是指外国钞票、铸币，主要由境外携入。

（2）现汇外汇，是指在货币发行国本土银行的存款账户中的自由外汇，主要是由境外携入或寄入的外汇票据，经本国银行托收后存入。

现钞外汇是实实在在的外币，当客户需要将现钞（如美元现钞）从国内汇出至美国时，需要将美元现钞转化为账面上的美元现汇，这种转化在现实中就表现为客户把美元现钞卖给银行，同时从银行买入美元现汇。而现汇外汇是账面上的外汇，它的汇出除了账面上的转化以外，不存在实物形式的转化。

二、汇率

（一）汇率的含义

外汇作为一种以外币计值的资产，与其他商品一样可以进行买卖。买卖价格就是汇率。

在本章开头的案例中，到底是谁为酒鬼小金付了钱呢？学习了汇率就有答案了。如果按照美国的汇率，就贬低了加拿大元的价值，钱是由加拿大出的；如果按照加拿大的汇率，就低估了美元的价值，钱由美国出；如果将两国的汇率都考虑在内，则钱由双方共同支付。

汇率（foreign exchange rate）又称汇价、外汇牌价或外汇行市，是不同货币之间的兑换比率或比价。如果把外币当作商品，那么汇率就是买卖外汇的价格，是以一种货币表示另一种货币的相对价格。

（二）汇率的标价方法

确定两种不同货币之间的比价，先要确定用哪个国家的货币作为标准货币，哪个国家的货币作为标价货币。由于确定的标准不同，便产生了几种不同的汇率标价方法。

1.直接标价法

直接标价法是以一定单位的外币为标准，计算应付多少单位本币的方法，也称应付标价法。人们常用1个单位或100个单位的外币作为标价货币，来计算应付多少单位的本币。在这种标价法下，外币数额固定不变，应付的本币数额随着外币或本币市值的变化而变化。一定单位的外币折算的本币减少，说明外汇汇率下跌，即外币贬值或本币升值，简称外币不动本币动。我国和绝大多数国家一样，采用直接标价法。

2.间接标价法

间接标价法是以一定单位的本币为标准，计算应收多少单位外币的方法，也称应收标价法。人们常用1个单位或100个单位的本币作为标价货币，来计算应收多少单位的外币。在这种标价法下，本币数额固定不变，应收的外币数额则随着本币或外币市值的变化而变化。一定单位的本币折算的外币数量增多，说明本币汇率上涨，即本币升值或外币贬值，简称本币不动外币动。

目前，世界上只有少数国家采用间接标价法。在英国，英镑对所有其他货币的汇率均以间接标价法表示；在美国，美元除对英镑实行直接标价法外，对其余货币的汇率也都以间接标价法表示。

3.美元标价法

在外汇交易中如果涉及的两种货币都是外币，则很难用直接标价法或间接标价法来表示。为了适应全球化的外汇交易发展，国际外汇市场上逐步形成了以美元为基准货币进行标价的市场惯例，即美元标价法，又称纽约标价法。在美元标价法下，各国均以一定单位的美元为标准来计算应该汇兑多少单位的外币，而进行非美元外汇买卖时，则是根据各自对美元的比率套算出买卖双方货币的汇价。注意，除英镑、欧元、澳大利亚元和新西兰元外，美元标价法基本已在国际外汇市场上通行。例如，某日日本东京某银行面对其他银行的询价，报出的货币汇价为：

1USD=108.3600JPY

1GBP=1.3194USD

1USD=1.3230CAD

三种标价方法的基准货币和标价货币见表8-2。

表8-2 **三种标价方法的基准货币和标价货币**

方法	基准货币	标价货币
直接标价法	外币	本币
间接标价法	本币	外币
美元标价法	美元	其他货币

任务二 汇率的计算

根据不同的分类标准，汇率可以分为多种类型，以下为常见的几种分类。

一、根据银行买卖外汇的方向划分

根据银行买卖外汇的方向划分，汇率可分为买入汇率、卖出汇率、中间汇率和现钞汇率。

（一）买入汇率

买入汇率又称买入价，是银行向同业或者客户买进外汇时使用的汇率，因其客户主要是出口商，所以买入汇率又称为出口汇率。一般采用直接标价法时，外币折合本币数额较少的那个汇率是买入汇率，它表示买入一定数额的外汇需要支付多少本币。在间接标价法下则刚好相反，数额较多的那个汇率是买入汇率。

（二）卖出汇率

卖出汇率又称卖出价，是银行向客户卖出外汇时使用的汇率。一般采用直接标价法时，外币折合本币数额较多的那个汇率是卖出汇率，它表示银行卖出一定数额的外汇需要收回多少本币。间接标价法下则刚好相反，数额较少的那个汇率是卖出汇率。

在直接标价法下，外汇买入汇率在前，卖出汇率在后。例如，某日纽约外汇市场上某银行报出的汇率为1英镑=1.5455/1.5457美元，表示该银行买进1英镑外汇时付给对方1.5455美元，而卖出1英镑外汇时向对方收取1.5457美元。

在间接标价法下则相反，外汇卖出汇率在前，外汇买入汇率在后。例如，某日伦敦外汇市场上某银行报出美元兑英镑的汇率为1英镑=1.5455/1.5457美元，则前者表示银行收入英镑、卖出1美元的价格是0.6470英镑（1÷1.5455），后者表示银行支付英镑、买入1美元的价格为0.6469英镑（1÷1.5457）。

（三）中间汇率

中间汇率又称中间价，是银行买入价与卖出价的平均数。中间汇率是不含银行买卖外汇收益的汇率，一般不挂牌公布，常用于对汇率进行分析，以及衡量和预测某种货币汇率变动的幅度和趋势。各国政府规定和公布的官方汇率以及经济理论著作中或报道中出现的汇率一般为中间汇率，商业银行或企业进行内部核算时大多使用中间汇率，企业发生外币业务时，在会计上入账时一般采用中间汇率。

（四）现钞汇率

现钞汇率又称现钞买卖价，是银行买入或卖出外币现钞时所使用的汇率。从理论上讲，现钞买卖价同外币支付凭证、外币信用凭证等外汇形式的买卖价应该相同。但在现实生活中，一般国家都规定不允许外币在本国流通，因此需要把买入的外币现钞运送到发行国或能流通的地区，这需要花费一定的运费和保险费，这些费用需要由客户承担。因此，银行在买入外币现钞时所使用的汇率稍低于其他外汇形式的买入汇率，而银行卖出外币现钞时使用的汇率与其他外汇形式的卖出汇率相同。

例如，2020年1月8日，我国某商业银行外汇牌价显示：美元（100单位）的现汇买入汇率为693.39，现钞买入汇率为687.75，现钞现汇卖出汇率为696.33。

二、根据汇率的计算方法不同划分

根据汇率的计算方法不同划分，汇率可分为基本汇率和套算汇率。

（一）基本汇率

基本汇率是指一种货币对某一关键货币的比率。所谓关键货币，是指在国际贸易或国际收支中使用最多、在各国的外汇储备中占比最大、自由兑换性最强、汇率行情最稳定、普遍为各国所接受的货币。由于美元是国际金融支付中使用较多的货币，所以各国普遍把美元作为制定基本汇率的关键货币。

（二）套算汇率

套算汇率又称交叉汇率，是在基础汇率的基础上套算出的本币与非关键货币之间的比率。目前各国外汇市场上每天公布的外汇汇率都是各种货币兑美元的汇率，非美元货币之间的汇率均须通过该汇率套算出来。

下面介绍几种由基本汇率计算套算汇率的方法。

1.若两种汇率的标准货币相同，则交叉相除。

【例8-1】已知某日外汇行情：

美元兑日元的汇率为USD1=JPY99.05/99.06。

美元兑人民币的汇率为USD1=CNY6.1359/6.1369。

请计算人民币兑日元的汇率。

解：

$$USD1=JPY99.05/99.06$$

$$USD1=CNY6.1359/6.1369$$

人民币兑日元的汇率为：

CNY1=JPY（99.05÷6.1369）/JPY（99.06÷6.1359）=JPY16.1401/16.1443

计算套算汇率时的本质是从银行的角度出发，根据低买高卖的原则，进行外汇之间的买卖。

2.若两种汇率的标价货币相同，则交叉相除。

【例8-2】已知某日外汇市场行情：

美元兑英镑的汇率GBP1=USD1.5452/1.5457。

美元兑欧元的汇率为EUR1=USD1.3148/1.3151。

请计算欧元兑英镑的汇率。

解：

$$EUR1=USD1.3148/1.3151$$

$$GBP1=USD1.5452/1.5457$$

欧元兑英镑的汇率为：

EUR1=GBP（1.3148÷1.5457）/GBP（1.3151÷1.5452）=GBP0.8506/0.8511

3.若一种汇率的标准货币与另一种汇率的标价货币相同，则同边相乘。

【例8-3】已知某日外汇市场行情：

美元兑日元的汇率为USD1=JPY99.07/99.09。

美元兑欧元的汇率为EUR1=USD1.3164/1.3165。

请计算欧元兑日元的汇率。

解：

$$USD1=JPY99.07/99.09$$

$$EUR1=USD 1.3164/1.3165$$

欧元兑日元的汇率为：

EUR1=JPY（99.07×1.3164）/JPY（99.09×1.3165）=JPY130.42/130.45

三、根据外汇买卖成交后交割时间的长短划分

1.即期汇率（spot rate），是指买卖双方成交后，于当时或两个工作日之内进行外汇交割时所采用的汇率。这一汇率一般就是现时外汇市场的汇率水平。

交割（Delivery）：外汇业务中两种货币的对应实际收付行为。

2.远期汇率（forward rate），是指买卖双方成交后，在约定的日期办理交割时采用的汇率。这一汇率是双方以即期汇率为基础约定的，但往往与即期汇率之间有一定的差价，其差价称为升水或贴水。

四、根据国家汇率制度的不同划分

1.固定汇率是规定本币与其他货币之间维持一个固定比率，汇率波动只能限制在一定范围内，由官方干预来保证汇率的稳定。固定汇率不是永不改变的，在纸币流通的条件下经济形势发生较大变化时，就需要对汇率水平进行调整（升值或贬值）。因此，纸币流通条件下的固定汇率制实际上是一种可调整的固定汇率制。

2.浮动汇率是指汇率水平完全由外汇市场供求状况决定，政府不加任何干预的汇率。在现实生活中，汇率对国家的国际收支和经济均衡有重大的影响，因此各国政府

大多会通过调整利率、在外汇市场上买卖外汇以及控制资本移动等形式来控制汇率的走向，这种有干预、有指导的浮动汇率被称为管理浮动汇率。依照干预程度的大小，浮动汇率又可分为较大灵活性的管理浮动汇率和较小灵活性的管理浮动汇率。

五、根据外汇管制程度的不同划分

1.官方汇率又称法定汇率，是外汇管制较严格的国家授权其外汇管理当局制定并公布的本币与其他各种货币之间的外汇牌价。官方汇率通常是指由国家的货币金融机构（如中央银行、外汇管理局、财政部）公布的汇率，凡进行外汇交易都要以官方公布的汇率为准。官方汇率一经制定往往不能频繁地变动，这虽然保证了汇率的稳定，但是汇率较缺乏弹性。

2.市场汇率是外汇管制较松的国家在自由外汇市场上买卖外汇的汇率。市场汇率受外汇供求关系的影响经常波动，官方不规定市场汇率，只通过参与外汇市场活动来干预汇率，以使市场汇率不要过于偏离官方汇率。

财经思考8-1

即期汇率就是市场汇率吗？

即期汇率也称现汇率，是指外汇买卖双方成交当天或两天以内进行交割时使用的汇率，是某货币目前在现货市场上进行交易的价格，通常指中国人民银行公布的当日人民币外汇牌价的中间价。企业发生的外币兑换业务或涉及外币兑换的交易事项，应当按照交易实际采用的汇率（即银行买入价或卖出价）折算。与即期汇率相对应的是远期汇率。

市场汇率是外汇管制较松的国家自由外汇市场上进行外汇交易的汇率，是实际买卖外汇的汇率，在外汇市场上由外汇供求关系自行决定的汇率，它随着市场外汇供求的波动而波动，受市场机制的调节，与之对应的是官方汇率。两者不是一个概念。

任务三　影响汇率的因素及汇率影响分析

一、影响汇率变动的主要因素[①]

外汇汇率的变动，和其他商品价格的变动一样，归根结底是由供求关系决定的。当某种货币的需求大于供给时，买方争相购买，卖方奇货可居，就会导致该种货币升值；当货币供给大于需求时，该种货币必然贬值。

（一）国际收支状况

国际收支，即商品、劳务的进出口以及资本的流入和流出。国际收支状况对汇率的影响归根结底是外汇的供求关系对汇率的影响。当一国国际收支出现顺差时，出口额大于进口额，外汇流入意味着外汇市场对该国货币的需求增加，导致本币升值，外

---

① 孟昊，郭红. 国际金融理论与实务［M］. 4版. 北京：人民邮电出版社，2020.

汇贬值。反之，当一国国际收支出现逆差，出口额小于进口额，外汇流出意味着外汇市场对该国货币的需求下降，从而对外汇的需求相对增加，导致本币贬值，外汇升值。

（二）经济情况

一国经济增长态势好，意味着投资利润高，因此会吸引国外资金流入该国进行直接投资，导致对本币的需求上升，使本币升值，外汇贬值。反之，一国经济衰退，投资利润下降，会使该国资金流出，形成对外汇的需求，导致本币贬值，外汇升值。可见，一国经济持续稳定增长将有利于本币汇率的稳定，乃至升值。

（三）通货膨胀

当一国货币的发行量过多，超过了商品流通中实际需要的货币量时，就会造成通货膨胀。通货膨胀使该国货币所代表的价值量减少，国内物价总水平上升，货币的实际购买力降低，削弱了本国商品在国际市场上的竞争力，会引起出口的减少、进口的增加，从而对外汇市场上的供求关系产生影响，导致该国货币贬值，外汇升值。

同时，一国货币对内价值的下降必定影响其对外价值，削弱该国货币在国际市场上的信用地位。人们会预期该国货币的汇率将趋于疲软，进而把手中持有的该国货币兑换为他国货币，从而导致本币贬值。

（四）利率政策

利率作为金融市场上的"价格"，其变动会直接影响一国的资金流入和流出。如果一国的利率水平相对于他国的利率水平高，就会刺激国外资金流入增加，本国资金流出减少，使本币升值。反之，如果一国的利率水平相对于他国的利率水平低，则会引起本币的贬值。

（五）中央银行对外汇市场的干预

各国货币管理部门为保持汇率稳定，都会采取一定的政策对外汇市场进行干预。在浮动汇率制度下，各国中央银行都尽力协调各国间的货币政策和汇率政策，期望通过影响外汇市场中的供求关系达到维持本币价值稳定的目的。中央银行影响外汇市场的主要手段有调整本国的货币政策，通过利率变动影响汇率，直接干预外汇市场，对资本流动实行外汇管制。

中央银行对外汇市场的干预，虽无法从根本上改变汇率的长期变化趋势，但短期内有利于汇率的稳定。例如，1987年年底，美元持续贬值，为了维持美元汇率的基本稳定，美国、英国、法国、德国、日本、加拿大、意大利七国的财长和中央银行行长发表联合声明，并于1988年1月4日开始在外汇市场实施大规模的联合干预行动，大量抛售日元和联邦德国马克，购进美元，从而使美元汇率回升，维持了美元汇率的基本稳定。因此，中央银行对外汇市场或直接或间接的干预，更多的是未来维持短期内汇率的稳定，调节短期性国际收支逆差。

（六）市场预期和投机因素

在国际金融市场上，短期性资金（即游资）的数额十分庞大。这些巨额资金对世界各国的经济、政治、军事等影响因素高度敏感，一旦出现风吹草动，就会为了保值或攫取高额利润而到处流动，这就给外汇市场带来巨大的冲击，造成各国汇率的频繁动荡。当市场上形成了某种货币将会贬值的预期时，投资者就会立即大量抛售该种货币，造成该种货币贬值的事实；反之，当投资者预期某种货币趋于坚挺时，又会大量买进该种货币，造成其升值。由于公众预期具有投机性和分散性的特点，因而加剧了汇率的短期波动。

另外，投机者往往拥有雄厚的实力，可以在外汇市场上推波助澜，使汇率的波动远远偏离其均衡水平。投机者常常利用市场趋势对某一种货币发动强势攻击，配合舆论媒体的鼓吹报道，过度的投机活动加剧了外汇市场的动荡，妨碍了正常的外汇交易，扭曲了外汇供求关系。

例如，被人称为"国际金融大鳄"的索罗斯在1997年6月下旬发现泰国经济泡沫及短期债务问题严重，并通过媒体预言泰铢将可能贬值20%甚至更多。全世界的投机者认为，这是索罗斯向他们发出"卖掉泰铢，卖掉泰国股票"的号召。泰国政府无能为力，1997年7月2日只得放开泰铢同美元挂钩的汇率，该汇率由1美元兑换25泰铢一下子贬值到1美元兑换40泰铢。国际炒家正是利用了市场上短暂的投机机会进行巨额套利，在外汇市场上兴风作浪，加剧了汇率动荡。

（七）政治因素与突发性因素

政治因素及突发性因素包括政治冲突、军事冲突、选举和政权更迭、经济制裁和自然灾害等。如果全球形势趋于紧张，则会导致外汇市场的不稳定，汇率可能大幅波动。通常意义上，一国的政治形势越稳定，该国的货币市场就越稳定。例如，美国时任总统里根突然遭到刺杀，生死未卜，市场上的投机者们听到这个消息，立即大量抛售美元，买入瑞士法郎和联邦德国马克，令美元汇率大幅下跌。伊拉克战争前夕，美元承受了很大的压力，这使避险货币瑞士法郎的汇率节节上升。2022年2月俄罗斯与乌克兰爆发冲突，之后俄罗斯卢布汇率明显下跌。

二、汇率变动对经济的影响

（一）汇率变动对国际收支的影响

国际收支包括贸易收支、资本流动、外汇储备等多个方面，需要分类探讨汇率变动对不同方面的影响。

1.对贸易收支的影响

理论上，一国货币贬值，即以外币表示的出口商品价格下降。本币表示的进口商品价格上升，有利于出口，不利于进口，从而改善了贸易收支状况。但实际中，贸易收支状况有时并不会产生上述结果，其结果主要受两个因素制约，一个因素是马歇尔-勒纳条件；另一个因素是J曲线效应，也称时滞效应。

2.对资本流动的影响

汇率变动对资本流动的影响在很大程度上取决于人们对汇率进一步变动的心理预期，其对长期资本流动和短期资本流动的影响有所不同。

短期资本流动对汇率变动的反应很敏锐。当一国货币对外贬值时，为了避免持有该国货币可能遭受的损失，人们会将该国货币换成坚挺的货币转移到国外，引起资本外逃。比如俄罗斯卢布在俄乌冲突爆发之后的一段时间内贬值很快，俄罗斯政府实施了一系列政策才将汇率稳定下来。

随着时间的推移，若货币贬值到位，外逃的资本将会回到该国；若货币贬值过头，投资者预期汇率将会反弹，就会纷纷将资本投入该国。因此从长期来看，汇率上下波动的影响可能会充分抵消，对长期资本流动的影响较小。

3.对外汇储备的影响

汇率变动可以改变储备货币的实际价值。如果一国储备货币对本币贬值，则储备货币折算成的本币减少，外汇储备实际价值受损。相反，如果一国储备货币对本币贬值，则外汇储备实际价值增加。

从长期看，储备货币汇率的变动可以改变外汇储备资产的结构。不断升值的外汇在储备资产中的比重不断上升，逐步贬值的外汇在外汇储备中的比重不断下降。而本币汇率的变动则直接影响该国外汇储备的数量。在一般情况下，一国政府实行压低本币汇率的政策，有助于本国国际收支出现顺差和外汇储备增加。反之则会造成国际收支出现逆差、外汇储备减少。

（二）汇率变动对国内经济的影响

一国国内经济的构成较为复杂，下面本书只重点说明汇率变动对几个关键经济变量的影响。

1.对国内物价的影响

汇率变动对国内经济最直接的影响，主要表现为物价的上涨或下跌。

从出口的角度看，本币贬值将有利于扩大出口，增加外汇收入。本币供给增加将导致物价上涨，国际上对国内出口商品的需求增加，但是国内生产力在短期内还来不及调整，这会加剧国内供需矛盾，从而造成物价上涨，容易引发通货膨胀。

从进口角度看，本币贬值会使进口商品的本币价格上升，那么以进口商品为原材料的产品生产成本也会上升，最终推动产品价格上涨；同时，这种原材料的国内替代品的价格也会上涨，进而带动国内同类商品价格的上涨。

2.对国民收入和就业的影响

一国货币贬值，将有利于出口而不利于进口，如果国内存在闲置的生产要素，则会刺激国内出口产品生产规模的扩大，进而带动国内其他行业生产的发展，推动就业水平的提高，增加国民收入。同时，本币贬值减少了进口，导致国内市场对进口产品的需求转向国内的同类产品，使生产进口替代品的部门和企业的收益增加，从而引起资源在国内各部门的重新配置，而这一系列变化会使该国的国民收入总额增加。如果一国的货币升值，则情况正好相反。

3.对国内利率的影响

一国货币贬值，人们往往会产生该国货币会进一步贬值的预期，从而引起短期资本外逃，国内资本供给减少，利率上升。但是，当货币贬值达到一定程度时，则会激发起人们对汇率反弹的预期，可能会导致短期资本流入，国内资本供给增加，利率下降。

（三）汇率变动对国际经济关系的影响

外汇市场上各国货币汇率频繁、不规则地变动，不仅影响着各国对外贸易、国内经济，而且影响着各国之间的经济关系，甚至整个国际货币体系。

1.对国际贸易的影响

汇率变动加深了各国争夺销售市场的斗争，影响国际贸易的正常发展。如果一国实行以扩大出口、改善贸易逆差为主要目的货币贬值，则会对与之进行商品竞争的国家产生紧缩效应，使对方国家货币相对升值，出口竞争力下降，导致其贸易收支恶化。如果是小国，那这种影响比较轻微，但如果是有着强大生产力的大国，这种影响则相对较大，可能会引起对方国家，特别是经济依赖性较强的发展中国家的反抗和报复，轻则直接或隐蔽地抵制该国商品的进入，重则爆发贸易争端和汇率战。货币竞相贬值以促进各自国家的商品出口是国际上很普遍的现象，由此造成各国之间的利益分歧和矛盾也层出不穷，这导致了国际经济关系更加复杂化。

2.对国际货币体系的影响

汇率波动影响了某些储备货币的作用和地位，促进了储备货币多元化的形成。由于某些储备货币发行国的国际收支状况恶化，其货币不断贬值，影响其国际地位。有些国家的情况相反，其货币在国际领域的地位和作用日益加强，进而促进了国际储备货币多元化的形成。历史上英镑、美元的不断贬值致使其原有的国际储备货币地位严重削弱，继而出现了日元、德国马克等货币与其共同充当国际货币的局面。

3.对国际金融市场的影响

汇率波动加剧了国际金融市场上的投机和动荡，促进了国际金融业务的不断创新。由于存在汇率变动，给了外汇交易投机行为一定的空间，这进一步导致国际金融市场动荡与混乱的局面更加恶化。同时由于汇率的起伏不定，加剧了国际贸易与金融的汇率风险，进一步促进了期货和期权、货币互换和欧洲票据等衍生金融工具的出现，使国际金融业务的形式与市场机制不断创新。

育德育人8-1

中美贸易争端谁是赢家？①

2018年7月在时任美国总统特朗普执政期间开始的中美贸易争端，时至今日仍未画上句号。当时，特朗普签署备忘录，实质性打压中美经济相互依赖的基础，先是从关税开始，一环扣一环，然后涉及贸易的方方面面，最后又演变成技术战、人才战、金融战、舆论战，到了一发不可收拾的地步。措施步步升级、招招指向"脱钩"，但两国的贸易额却在2022年创下了历史新高。尽管美国多管齐下，发动关税大战、舆论战，科技战，但贸易争端的初衷——美国有没有达到降低自己贸易逆差，实现贸易再平衡的目的？没有。通过这几年的数据来看，只有在2019年美国的贸易逆差有了小幅的减少，除此之外，美国的贸易逆差都不断创下新高的，并没有实现贸易再平衡的目的。

---

① 凤凰卫视. 5年中美贸易战打到今天，谁是赢家？[EB/OL]. [2023-03-23]. https://baijiahao.baidu.com/s?id=1761167745843017314&wfr=spider&for=pc

逆差无法消弭，美国需要向中国输出元件和设计，从中国进口产品。同时，美元的特性也注定了逆差无法消失。中美贸易争端五年来，不但美国从中国的进口额超过历史上任何一年，美国对华出口也创下了新的纪录。数据显示，2022年美国对华货物出口额增加24亿美元至1 538亿美元；进口额增加318亿美元至5 368亿美元。中美货物贸易总额高达6 906亿美元。在贸易额增加的背后，是双方贸易伙伴地位的下降。

如今，五年过去了，中美进出口贸易额，与以前基本持平。讽刺的是，美中贸易关系基本保持稳定，但双方都增加了与世界其他地区的贸易往来。这是好是坏？

贸易争端没有赢家，中美贸易和中国的科技产业都受到了贸易争端的巨大冲击，中美关系也走入了低谷。中国科技产业也从全球化分工逐渐走向独立自主。

从2022年的贸易数据看，中国已不再是美国第一大贸易伙伴，两国贸易结构的变化更值得人们关注，通过贸易实现技术要素流通的渠道几乎被堵死。曾经是中美携手实现共赢，造福全球，而现在在美国零和博弈思维的影响下，世界经济呈现出碎片化发展的趋势。贸易争端还在继续，时代格局被加速重构。

世界舞台异彩纷呈，你方唱罢我登场。克林顿时代中美之间一度陷入严重危机，小布什时代中国也一度被定位为美国的主要对手。后来国际形势的发展，迫使美国不得不再次调整同中国的关系。但比较肯定的是：在今后很长一段时期，中美将在各个领域开展全面竞争，经济将是竞争最为激烈的领域，贸易争端也将长期化、常态化。

总之，在继续坚持"和平与发展"的时代看法的同时，应该看到中国的外部环境已经发生了很大的变化，中美之间的冲突将会越来越多，危机随时可能爆发，如何管理危机是中国对外政策的巨大挑战。中美贸易争端将会长期化和常态化。中国需要对过去成功的对外经济政策进行调整，以便使中国能够在未来的几十年继续保持平稳发展，为建立人类自由、民主、平等和繁荣的命运共同体作出应有贡献。

三、人民币国际化

人民币国际化，是指在人民币资本项目尚不能自由流通的条件下，通过制度性的安排，使其能够在周边国家和地区流通，逐步成为国际贸易的结算货币，最终使人民币成为具有外汇储备功能的国际货币。

（一）人民币国际化的意义

随着我国与世界各国的经济贸易规模日益扩大，人民币国际化可以减少汇兑风险，有利于与各国建立更加稳定的经贸关系，也有利于中国在更大范围和更高层次上参与国际分工。

1.拥有世界货币的发行和调节权

人民币实现国际化后，中国就拥有了一种国际货币的发行和调节权，对全球经济活动的影响力和发言权也随之增加。拥有国际货币发行权，就意味着拥有制定或修改国际事务处理规则方面的巨大经济利益和政治利益。

2.获得国际铸币税收入

实现人民币国际化后最直接、最大的收益就是获得国际铸币税收入。铸币税指的是货币发行者凭借其发行特权所获得的货币面值与发行成本之间的差额，是源于货币创造而获取的财政收入。

当货币流通超越国界后，就会产生国际铸币税。持有外国货币作为储备，就等于向外国政府缴纳铸币税。美国发行了大量的美元并被各国储备，实际上等同于各国政府向其缴纳了铸币税。

人民币国际化是一把"双刃剑"，如果处理不好将会给国家经济发展和货币政策带来不利影响。人民币国际化使中国的国内经济与世界经济紧密相连，国际金融市场的任何风吹草动都会对中国经济产生影响。特别是货币国际化后，如果本币的实际汇率与名义汇率出现偏离，或者是即期汇率、即期利率与预期汇率、预期利率出现偏离，都将给国际投资者以套利的机会，刺激短期投机性资本的流动，会对中国的金融稳定、经济稳定产生不利影响。

强大的经济实力和保持宏观经济稳定是实现货币国际化的重要基础，健全的金融体系和监管环境是人民币可自由兑换的基本保证。

（二）人民币国际化的现状

随着经济全球化发展进程的不断推进，人民币的国际地位不断提高，人民币国际化取得了长足的发展和进步。中国人民银行发布的《2021年人民币国际化报告》显示，2020年以来，面对复杂而严峻的内外部环境，特别是新冠疫情带来的严重冲击，人民银行坚持以习近平新时代中国特色社会主义思想为指导，坚决贯彻党中央、国务院决策部署，做好"六稳"工作、落实"六保"任务，推动形成以国内大循环为主体、国内国际双循环相互促进的新发展格局，稳慎推进人民币国际化，更好发挥跨境人民币业务服务实体经济、促进贸易投资便利化的作用。人民币的支付货币功能进一步增强，投融资货币功能深化，储备货币功能上升，计价货币功能有新的突破，人民币国际化取得积极进展。①

经常项目和直接投资等与实体经济相关的跨境人民币结算业务取得较快增长，在大宗商品等重要领域及东盟等地区使用人民币进行交易的企业越来越多。人民币汇率弹性增强，双向波动成为常态。为规避汇率风险，更多市场主体倾向于在跨境贸易、投资中选择使用人民币。跨境人民币业务政策框架更为完善，在跨境贸易投资中使用人民币将变得更加便利。

境外投资者积极配置人民币资产，在证券投资等资本项下使用人民币成为人民币跨境收支增长的主要推动力量。我国经济基本面良好，货币政策保持在正常区间，人民币相对于主要可兑换货币有较高利差，人民币资产对全球投资者的吸引力较强。

中国总体按照"周边化—区域化—国际化"三步走的路径逐步推进人民币国际化。在中国资本项下不开放、不可兑换的前提下，人民币国际化的起步是从双边贸易的结算开始的，人民币周边化进程仍在深入。至今，人民币已初步具备人民币亚洲化的基础条件。未来较长的一段时期内，人民币国际化将朝着形成国际货币新体系的方向推进，全球金融市场的稳定性和有效性将得以强化。

① 参考中国人民银行．2021年人民币国际化报告［EB/OL］．［2021-09-18］．http://www.pbc.gov.cn/goutongjiaoliu/113456/113469/4344602/index.html.

财经思考8-2

人民币国际化十年历程①

2019年，人民币国际化走过十年历程。十年来，人民币国际化秉承"促进跨境经贸投资便利化"的宗旨，服务实体经济。经过十年的发展，如今人民币的国际影响力如何？对境内外市场主体的吸引力提升了多少？

2019年4月7日，中国银行发布的2019年度《人民币国际化白皮书》显示，境内外市场主体对人民币的国际货币地位预期向好；超过八成受访境内外工商企业认为，未来十年人民币的国际地位将媲美日元和英镑。

中国银行连续多年调研并公布人民币国际化产品和服务情况，调研对象包括五大洲28个国家和地区3 000多家工商企业和金融机构，并发布《人民币国际化白皮书》。值得注意的是，在历年的《人民币国际化白皮书》调研中，均考察了境内外市场主体对人民币的使用情况。2019年度的调研结果显示，境外被调研对象使用人民币结算的比例明显提升。约有69%的境外受访工商企业在日常经营中打算使用人民币或进一步提升人民币的使用比例，这一占比接近历史最高水平。

不仅如此，人民币资金成为国际流动性的一部分，这是人民币跻身国际融资货币的重要标志。在2019年的调查中，约有82%的境外受访工商企业表示，当美元、欧元等国际货币流动性较为紧张时，将考虑使用人民币作为融资货币，这一比例创了2016年以来的新高，表明人民币作为国际融资货币的吸引力正在逐步显现。

需要看到，人民币跨境使用在规避汇率风险、节省汇兑成本方面的实际效用随着中国对外经贸规模的不断扩大而获得了境内外市场主体越来越广泛的认同。以此为基础，人民币在国际贸易计价结算、投融资、国际官方储备等领域不断取得新进展，2019年人民币跨境使用规模接近20万亿元，是2009年的5 000多倍。跻身国际舞台的人民币，正日益成为中国与其他国家共谋发展、互利共赢的重要桥梁和纽带。

2019年，人民币国际化继续保持较快的发展势头。全年人民币跨境结算规模较2018年同期增长24%；2019年第4季度，衡量人民币跨境使用活跃度的中国银行跨境人民币指数攀升至304点，接近3年来的最高点。

在对人民币国际化参与主体的调查中，约有71%的"一带一路"相关国家受访企业打算使用人民币跨境结算或者提升使用人民币跨境结算比例。境外受访企业中拟提升人民币结算使用比例的企业占比平均为69%，"一带一路"相关国家企业使用跨境人民币的意愿更强。

从受访主体使用跨境人民币的产品特征来看，"一带一路"相关国家企业中使用跨境人民币融资产品、存款产品的客户比例高于境外受访对象的整体水平，使用跨境人民币结算、投资以及相关资金产品的客户比例低于境外受访对象的整体水平。白皮

---

① 参考：（1）中华人民共和国商务部. 人民币国际化十年历程［EB/OL］.［2020-04-09］. http：//kz.mof-com.gov.cn/article/jmxw/202004/20200402953606.shtml.
（2）中国人民银行.2022年人民币国际化报告概要［EB/OL］.［2020-09-23］. http://www.pbc.gov.cn/goutongjiaoliu/113456/113469/4666144/index.html.

书认为，未来可考虑有针对性地加强后三类跨境人民币对"一带一路"相关国家的推广力度，通过更加完善的产品覆盖，使"一带一路"相关国家客户对跨境人民币使用意愿逐步转化为相匹配的跨境人民币业务规模。

2021年以来，人民币跨境收付金额在上年高基数的基础上延续增长态势。2021年，银行代客人民币跨境收付金额合计为36.6万亿元，同比增长29.0%，收付金额创历史新高。人民币跨境收支总体平衡，全年累计净流入4044.7亿元。环球银行金融电信协会（SWIFT）数据显示，人民币国际支付份额于2021年12月提高至2.7%，超过日元成为全球第四位支付货币，2022年1月进一步提升至3.2%，创历史新高。国际货币基金组织（IMF）发布的官方外汇储备货币构成（COFER）数据显示，2022年一季度，人民币在全球外汇储备中的占比达2.88%，较2016年人民币刚加入特别提款权（SDR）货币篮子时上升1.8个百分点，在主要储备货币中排名第五。2022年5月，国际货币基金组织（IMF）将人民币在特别提款权（SDR）中权重由10.92%上调至12.28%，反映出对人民币可自由使用程度提高的认可。

我国金融市场开放持续推进，人民币资产对全球投资者保持较高吸引力，证券投资项下人民币跨境收付总体呈净流入态势。截至2021年末，境外主体持有境内人民币股票、债券、贷款及存款等金融资产金额合计为10.83万亿元，同比增长20.5%。离岸人民币市场逐步回暖、交易更加活跃。截至2021年末，主要离岸市场人民币存款接近1.50万亿元。

下一阶段，中国人民银行将坚持以习近平新时代中国特色社会主义思想为指导，坚决贯彻落实党中央、国务院决策部署，统筹好发展和安全，以市场驱动、企业自主选择为基础，稳慎推进人民币国际化。进一步夯实人民币跨境使用的基础制度安排，满足好实体部门的人民币使用需求，推动更高水平金融市场双向开放，促进人民币在岸、离岸市场良性循环。同时，持续完善本外币一体化的跨境资本流动宏观审慎管理框架，建立健全跨境资本流动监测、评估和预警体系，牢牢守住不发生系统性风险的底线。

思考：2023年上半年的最新统计数据显示，人民币已经超过日元成为全球第四大货币，这对人民币国际化进程有什么意义？

在国际贸易市场上，人民币占据着越来越重要的地位，这是我国国力日益强大的一个见证。人民币成为全球第四大货币，意味着越来越多的国家将使用人民币进行贸易结算，这有助于我们国家的经济发展，也反映了我国国际地位的提升。但是从目前人民币的支付比例来看，与前三大贸易货币仍有较大差距，人民币国际化还有很长的路要走。

项目二

区块链与数字人民币

从前，车马慢，书信也很慢。现在的时代处于信息高速交换的时代。互联网改变了信息传递、信息交互和彼此沟通的方式，也降低了沟通成本。互联网科技快速发展，将带来更多翻天覆地的变化。

案例导入

国务院印发"十四五"数字经济发展规划[①]

2021年12月12日国务院印发《"十四五"数字经济发展规划》，提出到2025年，数字经济迈向全面扩展期，数字技术与实体经济融合取得显著成效，数字经济治理体系更加完善，我国数字经济竞争力和影响力稳步提升。要实现数字经济的长足稳健发展，就要从数字经济运行的秩序基础建设着手。想要高效、稳定且可迭代地搭建起数字世界的底层秩序基础，区块链技术将是很好的解决方案，并且它将成为构建数字世界急需的"新基建"。

显然，区块链技术已成为数字经济发展的关键技术之一，发展区块链技术已被提高到国家发展战略层面！

■ 学习目标

素质目标

1.了解区块链的发展历史，树立良好的世界观，培养创新思维、理性思维；

2.了解我国区块链产业的创新发展，培养爱国主义情怀和科技自信感。

知识目标

1.能够准确掌握区块链的定义；

2.能够解释区块链的常见术语。

能力目标

1.能够描述区块链的底层技术；

2.学会使用数字人民币。

■ 思维导图

本次学习之旅我们将学习到以下内容（如图8-3所示）：

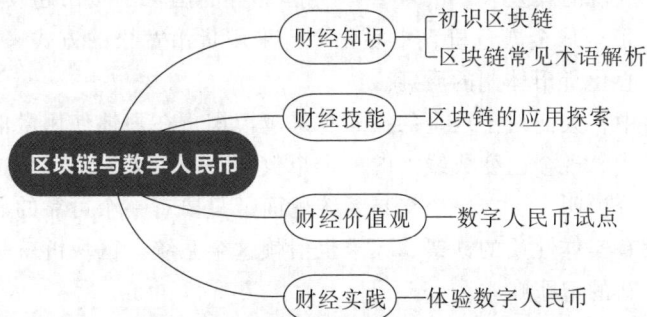

区块链与数字人民币
- 财经知识——初识区块链／区块链常见术语解析
- 财经技能——区块链的应用探索
- 财经价值观——数字人民币试点
- 财经实践——体验数字人民币

图8-3 本项目思维导图

---

① 中华人民共和国国家发展和改革委员会."十四五"数字经济发展规划 [EB/OL].[2022-03-25]. https://www.ndrc.gov.cn/fggz/fzzlgh/gjjzxgh/202203/t20220325_1320207_ext.html

任务一　初识区块链

一、区块链产生的背景

近年来，比特币被炒得沸沸扬扬，区块链也越来越多地被人们提起，那么什么是区块链，比特币和区块链有什么关系呢？区块链技术起源于2008年，由一位化名为"中本聪"（Satoshi Nakamoto）的学者在一个隐秘的密码学邮件组列表中发表的奠基性论文《比特币：一种点对点电子现金系统》中提出，目前尚未形成行业公认的区块链定义。

狭义来讲，区块链是一种按照时间顺序将数据区块以链条的方式组合成特定数据结构，并以密码学的方式保证其不可篡改和不可伪造的去中心化共享总账（Decentralized SharedLedger），能够安全存储简单的、有先后关系的、能在系统内验证的数据。广义上来说，区块链技术是利用加密链式区块结构来验证与存储数据，利用分布式节点共识算法来生成和更新数据，利用自动化脚本代码（智能合约）来编程和操作数据的一种全新的去中心化基础架构与分布式计算范式。

比特币与区块链的关系，简单而言区块链是比特币背后的技术基础，比特币是区块链技术的应用，比特币也是将区块链技术带入大众视野的最大"功臣"。那么区块链是怎么产生的呢？区块链产生的历史背景包括：

1.密码朋克运动的兴起。20世纪70年代之前，密码学被军方所用，加密技术是军方与政府的重要武器。直到1970年，商业公司在某些场合有密码需求，使得密码学进入了民用领域。

2.加密电子货币的失败。1983年，大卫·乔姆（David Chaum）首先提出了加密电子货币的概念，并于1989年建立DigiCash公司，推出电子现金（E-cash）。20世纪90年代，万事达（MasterCard）推出Mondex，维萨（Visa）推出VisaCash等基于智能卡的电子货币。但是加密电子货币以失败告终，其主要原因在于加密电子货币仍然依赖中心化机制防止双花问题[①]。

3.美国次贷危机的爆发。2008年，以美国为首的国家因货币超发、有毒资产[②]证券化等问题引发了全球金融危机，中心化央行采用货币宽松的方式来稀释有毒资产，引发了人们对中心化货币体制的质疑。

在现代生活中，人们对于现金的概念越来越模糊，在习惯使用微信、支付宝等网上支付手段的时代，现金已变成线上的一个个数字，而且大家都确信这些数字确实代表了财富，这充分说明了，在一个交易系统里面，只要有一个可靠的账本，能够把账算明白，哪怕没有实体性质的钞票，大家也信赖这个系统。区块链就是一种不同于传统记账方式的全新的记账账本。

---

① 双花即双重支付，指的是在数字货币系统中，由于数据的可复制性，使得系统可能存在同一笔数字资产因不当操作被重复使用的情况。简单来说，同样一笔钱被花掉两次或者多次。双花问题就是指这类问题。
② 有毒资产包括但不限于：不良资产、无效资产、部分周期性资产。

二、区块链的发展阶段

区块链作为一种全新的去中心化的账本，具有强大的容错能力，使其能够在没有中心化服务器和管理的情况下，安全稳定地传输数据。区块链专家梅兰妮·斯沃恩将区块链发展划分为三个阶段：区块链1.0、区块链2.0、区块链3.0。区块链的演绎历程见表8-3。

表8-3　　　　　　　　　　　　　　　　**区块链的演绎历程**

发展阶段	代表	特点
区块链1.0	比特币	基于区块链的可编程货币。是与转账、汇款和数字化支付相关的密码学的货币应用；产生了影响力比较大的联盟——R3区块链联盟，目前全球70多家机构已经加入了R3区块链联盟，其核心任务是进行区块链技术的概念验证和相关技术标准的制定
区块链2.0	以太坊、超级账本	基于区块链的可编程金融。在经济、市场和金融领域的区块链应用，例如股票、债券、期货、贷款、抵押、产权、智能财产和智能合约。基于区块链可编程的特点，人们尝试将智能合约添加到区块链系统中，形成可编程金融，其中以智能合约为代表
区块链3.0	深入各个领域	区块链在其他行业开始应用，包括法律、零售、物联、医疗等领域，区块链可以解决信任问题，不再依靠第三方来建立信用和信息共享体系，从而提高整个行业的运行效率和整体水平

三、区块链常见术语解析

（一）区块

区块链是由一个个区块组成的，那什么是区块？区块链上的所有交易、数据都以电子形式存储下来，在区块链上存放这些电子数据、电子记录的地方，我们称之为区块，它是组成区块链的基本单元结构。区块链的链式结构如图8-4所示。

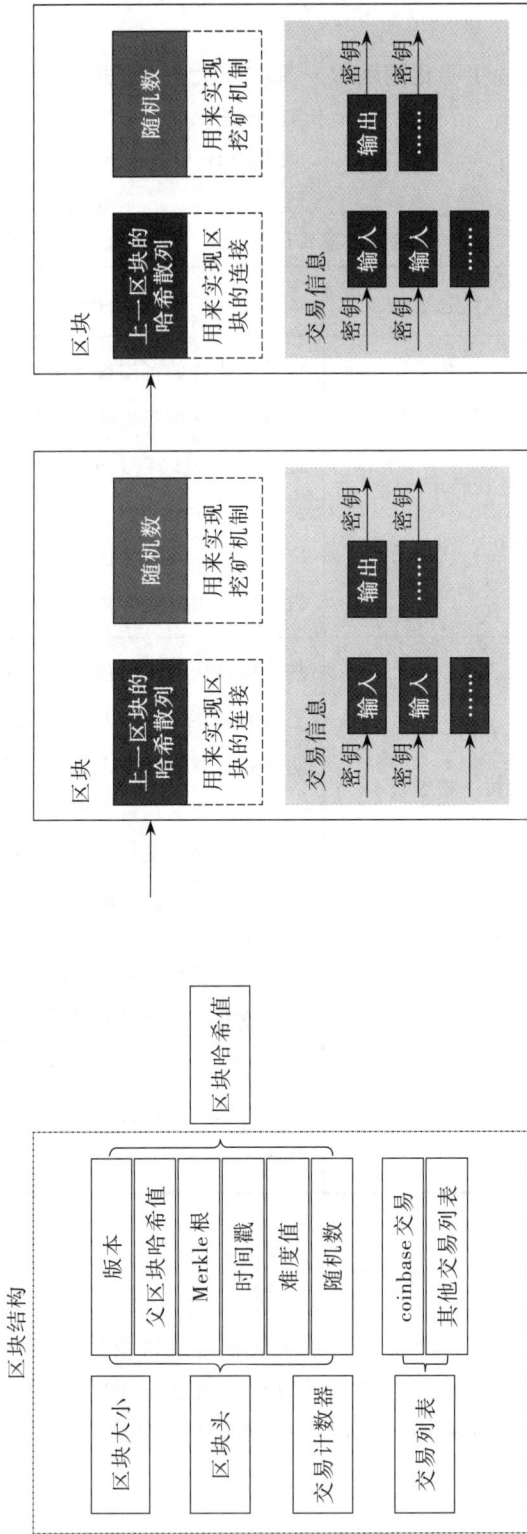

图 8-4　区块链的链式结构①

①　郝红梅，刘全宝. 区块链金融［M］. 西安：西安交通大学出版社，2020.

财经思考 8-3

认识"区块"

通常简易区块工具可以用手机扫码使用，请观察图 8-5 所示的简易区块工具中都包含了哪些要素？

Block

区块高度：	#	1
随机数：	72608	
交易数据：	请输入内容	
Hash值：	0000348bd3ce10ec00ecc29d31ec97cd	

挖矿

图 8-5　简易区块工具图示

（二）哈希算法

哈希（Hash）算法是一种数学函数，它可以在有限时间内，将任意长度的数据压缩为固定长度的二进制字符串，其输出值即称为哈希值。以哈希函数为基础构造的哈希算法在现代密码学中扮演着重要的角色，常用于实现数据完整性和实体认证，同时也构成了多种密码体制和协议的安全保障。区块链也采用了哈希技术，加密哈希值算法的特点有：

1. 同一种加密哈希值算法输出的字符串位数是固定的；

2. 哈希算法是单向的，只能加密不能解密；

3. 相同的输入必然产生相同的输出。无论将数据放入哈希值算法中多少次，它都始终如一产生相同的哈希值。

财经实践 8-1

认识"哈希"

请扫描右侧二维码中的"哈希小工具①"，尝试以下操作

① 在"交易数据"中输入："CJSY"字符后，点击"生成"，观察"Hash 值"；

② 在"交易数据"中输入："CJsY"字符后，点击"生成"，观察"Hash 值"。

哈希工具

---

① 知链科技－小工具平台。

（三）非对称加密

在计算机领域，密码技术种类繁多，密码最初用于对信息进行加密。信息加密可分为对称加密和非对称加密，两者最大的区别在于是否使用了相同的密钥——对称加密中加密和解密使用的是同一个密钥，而非对称加密中加密和解密使用的是不同的密钥（即一对公钥和私钥）。公钥和私钥是成对的，用公钥对数据进行加密，只有对应的私钥才能解密；如果用私钥对数据进行加密，则只有对应的公钥才能解密。

素养拓展 8-1

北宋军队的加密技术——对称加密①

自古军队是使用密码最频繁的组织之一，《武经总要》是北宋官修的一部军事著作，它的作者为宋仁宗时期的曾公亮和丁度。其中记载了一段关于中国古代密码学的应用实例，见表8-4。

表8-4　　　　　　　　　　　　　中国古代密码举例

1请弓	2请箭	3请刀	4请甲	5请枪旗	6请锅幕	7请马	8请衣赐	9请粮料	10请草料
11请车牛	12请船	13请攻城守具	14请添兵	15请移营	16请进军	17请退军	18请固守	19未见贼	20见贼讫
21贼多	22贼少	23贼相敌	24贼添兵	25贼移营	26贼进兵	27贼退兵	28贼固守	29围得贼城	30解围城
31被贼围	32贼围解	33战不胜	34战大胜	35战大捷	36将士投降	37将士叛	38士卒病	39都将病	40战小胜

这套密码的使用方法是：约定一首40字的五言律诗用于保密（作为密码），诗中文字不得重复。比如双方约定以唐代王勃的《送杜少府之任蜀州》作为密码，诗句如下：

城阙辅三秦，风烟望五津。与君离别意，同是宦游人。

海内存知己，天涯若比邻。无为在歧路，儿女共沾巾。

如果军队在战斗时粮食将尽，需要补充，前方将领就从密码本中查出"请粮料"的编码，是9，而《送杜少府之任蜀州》中的第9字是"五"。于是请粮将领就将"五"字写到一份普通公文书牒之中，并在字上加盖印章。指挥机关接到这份公文后，查出盖印章的"五"字，得知"五"字在提前约好的诗中位列第9，再对照密码本上的内容，就得知了前方的情报。

游戏时间：请问加盖印章的"儿"字出现在机关公文中，对应的战斗情况是什么？

（四）挖矿

区块链可以视为一种全新的分布式的记账账本，挖矿就是指记账的过程。在比特币系统中，全网矿工共同参与竞争来争夺记账权，争夺的目的是获得加密数字货币，也就是比特币。因此，我们常说的比特币矿工就是指以计算机为工具，靠计算机的算力工作，获得相应的比特币奖励或者手续费的人或者机构。挖矿好比挖金子，假如金子总量有1 000吨，当只有你一个人挖的时候，很容易挖到金子，但是当挖矿的人越来越多的时候，剩余的金子就越来越少，挖矿成本就越来越高。最终矿工们比的就是挖矿速度，也就是算力！

---

① 蔡传聪，熊剑平. 宋代军事信息保密方法［J］. 保密工作，2021（3）：60-61.

财经思考8-4

比特币的发行机制

请扫描右侧二维码中的"比特币发行机制工具①",体验比特币发行机制模型,注意观察每次分发的奖励金数量的变化。

素养拓展8-2

简易理解区块链——一台创造信任的机器

假如你是一位女性,在2022年2月1日的晚上,你的男朋友对你说:"亲爱的,七夕我送你一条项链作为爱情的见证!"你把这句话截屏发到你俩都在的微信群里,你男朋友就再也无法抵赖,这就是分布式账本的原理。你、你男朋友、截屏信息、说这句话的时间地点等信息会形成一个结构化的信息包,这叫作"区块"。当然你不会把全部信息都放在链上,会去掉无关交易的信息,这就是"信息上链",上链的信息也会有加密部分,如果你想把截屏发到微信群里,那你会把一些私密的对话内容涂黑,这就是"隐私保护"。当然,你得发个红包感谢他们为你点赞并作证。这个红包就是记账的奖励。最后,你的男朋友要赖,你翻出这账本与他对峙,就是区块链的应用特点——不可篡改性。如果在你群里同时有商家或者银行,不要紧,即使他抵赖,到七夕的时候,商家或银行会自动从你男朋友的信用卡中扣款并派人送项链给你!这就是智能合约。由此可见,区块链就是一台制造信任的机器!

任务二 区块链的应用探索

目前区块链已经在包括金融服务、供应链管理、智能制造、文化娱乐、社会公益、教育就业等30多个场景中落地。接下来,我们一起探索区块链的几个典型应用场景(见表8-5)。

表8-5 区块链的应用场景

落地场景	具体场景
金融服务	跨境支付、贸易金融、供应链金融,资产托管、证券、保险
供应链管理	产品溯源、物流跟踪、物流贸易
智能制造	物联网、数字工业、人工智能
文化娱乐	大文旅、游戏、博彩、版权保护
社会公益	能源、医疗、政府、农业、慈善、公共事务
教育就业	学信数据库、学生档案记录、个人职业信用

一、区块链+供应链金融

要了解讨论供应链金融首先我们要了解供应链。以口罩为例,一只口罩的背后即

---

① 知链科技-小工具平台。

是一条完整的产业链（供应链），普通医用口罩是由纺粘无纺布层、熔喷无纺布层、耳带线、鼻梁条等部件组成，根据不同种类还需要添加过滤棉层和活性炭层。看似普通，却涉及化工、纺织、机械、冶金、电子等基础工业门类，涉及原材料、设备、厂房、资金、人力、准入许可、生产周期7大要素。

育德育人8-2
大国担当！2020年3月至2020年年底我国出口口罩2 242亿只[①]

统计数据显示，2020年3月至当年年底，全国海关共验放出口主要疫情防控物资价值4 385亿元，其中口罩出口2 242亿只，价值3 400亿元，相当于为中国以外的全球每个人提供了近36个口罩。其中包括医用口罩650亿只，占口罩出口量的近三成。

2020年的新冠疫情，令我国口罩产量增长了20多倍，从中折射出的是政企通力合作的强大动员能力。与此同时，在疫情关键时刻，各个国家的防控物资都出现了很大缺口，中国发挥自身的实力，与多国开展的抗疫合作有声有色，彰显了大国风范。口罩虽普通，但包含上游原材料生产、中游口罩生产制造、下游口罩销售等多个行业。小小的口罩背后是环环相扣的生产链条和系统完整的工业体系，从中可见，在经济高速发展的条件下，相对于其他国家而言，我国已经形成了较完整的产业链与供应链！

供应链是指以核心企业为中心，通过掌控物流、信息流和资金流，在采购、加工、生产到销售过程中，供应商、制造商、分销商、零售商以及消费者构成整体性的功能网链结构模式。而在供应链的管理中会产生资金流，从而产生融资需求，形成供应链金融。我们从典型的应收账款融资来看，假设A汽车集团为核心企业，其上游企业包括各类汽车零部件企业，比如上游企业B公司是A汽车集团的轮胎供应商。2022年3月初，A企业向B公司采购价值1 000万元的轮胎，约定于B公司交货后1个月内付款。对于B公司来说，完成该订单需要大量资金购买原材料以便生产，从而产生了资金缺口，但对于规模小的轮胎公司而言，从银行获得贷款比较困难，从而给企业的生产经营带来了影响。区块链技术则可以解决轮胎公司融资难的困境，通过建立联盟链的方式，A汽车集团、B公司、银行等机构加入联盟链节点，企业间签订采购订单等业务全部在链上完成，依赖于区块链的分布式记账和不可篡改性，银行可以确认该笔采购合同的真实性，不需要像传统征信模式下按照企业基本面来判断是否提供金融服务，而是基于真实贸易出发，来判断是否放贷，银行在该订单形成的真实贸易场景下将产生确定的未来现金流，借款企业B公司在该订单下的销售收入将直接自动归还到银行的特定账户中，完成还款，形成资金闭环。供应链金融和区块链相结合，为解决中小企业的融资问题提供了一个很好的思路，解决了中小企业的流动资金需求，践行了金融服务实体经济的宗旨。

二、区块链+跨境贸易

在信息时代，依托互联网平台，外贸的新业态、新模式日益增多，而在跨境贸易产业链中涉及的单位较多，包括港口管理单位、物流企业、进出口企业、金融机构等，

[①] 佚名. 全球口罩需求量激增2020我国口罩出口2242亿只［EB/OL］. ［2021-01-18］. https://www.chinairn.com/hyzx/20210118/115226501.shtml.

各方都存在一些痛点。比如：对于港口企业而言，它们无法了解集装箱内货物的情况，这不利于港口堆场，容易存在危险品集装箱瞒报问题。对于物流企业而言，信息无法打通，存在信息孤岛是主要问题，这导致信任无法自证、无法传递；物流数据无法资产化，造成融资难、融资贵。对于进口企业而言，它们存在数据重复申报、效率低下、易出错等问题，这些企业结算流程大多采用纸质单据、靠人工操作，耗时长，货主无法及时查看物流信息。对于金融机构而言，没有科学合理的手段进行数据支撑来识别最佳客户，风控成本较高，而且无法实时了解企业的经营状况，难以把控资金安全。

目前区块链技术在跨境贸易领域已实现了落地运用，依托区块链技术，人们以港口开放性平台为基础，建设了国际贸易全场景区块链从而解决了数据孤岛问题，加强了贸易真实性核验及非法套汇的监管，缩短了进出口企业收付汇的时间，提高了银行和企业的效率，降低了外汇申报的漏报率。

素养拓展8-3

粤港澳大湾区首个智慧港口区块链平台上线①

2019年8月"粤港澳大湾区南沙智慧港口区块链平台"成功上线并全面开放使用，该平台是粤港澳大湾区首个基于区块链分布式记账技术建设的港口平台，可为集装箱班轮船东企业及相关用户提供高信任度、便利、可视化、可追溯的数据检阅及单证存证管理。

该项目由广州港南沙港务海港公司、中国科学院软件研究所、广州易港达信息服务公司、中航科技有限公司等单位合作研发，是广州港集团对航运数字化发展的创新探索。利用区块链不变性、可信性和透明化的技术特点进行数据交互，在"无纸化"创新业务办理场景的基础上，让港口"无纸化"后的单证数据变得不可篡改，增强了数据的可信度，提高了港口物流企业的沟通效率，在丰富港口无纸化的延展性、加快港口无纸化进程的同时，为粤港澳大湾区港口间开放协作奠定了坚实的基础。粤港澳大湾区南沙智慧港口区块链平台如图8-6所示。

图8-6 粤港澳大湾区南沙智慧港口区块链平台

---

① 佚名. 粤港澳大湾区首个智慧港口区块链平台上线 [EB/OL]. [2019-08-08]. http://www.chinaports.com/portlspnews/1386.

三、区块链+财会

会计、审计虽然不是区块链技术应用的中心领域，但区块链技术在会计、审计中的应用可以节省高额的成本。会计、审计行业涉及企业生产经营数据的记录，将区块链技术应用于该领域，可以解决信息不透明、易篡改和可信度不高等问题。区块链技术对于财务、审计人员的影响是巨大的，未来区块链技术将能够满足企业自身的交易需求，并且不需要信任第三方，也不需要中间人的操作。区块链在传输真实数据的基础上还传递价值，这是一种全新的传递价值的方式，未来区块链技术将会更普遍地应用于财会行业。区块链对财务会计领域的影响体现在：

1.区块链将提高财务会计领域的工作效率，区块链分布式账本简化了会计记账流程，实现了自动平账，并且可以减少人工参与，缩短审核、开票、贴票等记账流程，提高效率。

2.区块链将重塑会计生态。会计的记账、审计等工作原来主要依靠人来进行，区块链技术下由人根据业务撰写智能合约，通过规则制定重塑会计生态系统。

3.降低财务风险。区块链下的会计核算由点对点转为点对网，各个节点共同记录、维护，降低了财务风险。

4.加速管理会计落地。区块链将提供重要的数据获取源，成为重要支撑，保障业务数据和财务数据的正确性、时效性、科学性，保证管理决策不会失真，这将推进管理会计加速落地。

素养拓展8-4

全国首张区块链发票问世[①]

2018年8月10日，深圳国贸旋转餐厅开出了全国首张区块链电子发票，标志着深圳成为了全国区块链电子发票首个试点城市，也意味着全国范围内首个"区块链+发票"生态体系的诞生。此次推出的区块链电子发票由国家税务总局深圳市税务局主导、腾讯公司提供底层技术支持，是全国范围内首个"区块链+发票"生态体系应用研究成果，得到了国家税务总局的批准。深圳国贸旋转餐厅、宝安区体育中心停车场、凯鑫汽车贸易有限公司（坪山汽修厂）、Image腾讯印象咖啡店成为首批接入系统的商户。

区块链电子发票可为现有电子发票提供优化方案。在用户层面，优化了发票报销信息不、大部分公司报销需要打印等问题；在企业层面，可优化无法批量查询发票真伪、开票成本高等问题；在税务局层面，可优化长期存在的报销完整、中心化存储、参与方割裂等弊端。

首张区块链发票的诞生意义不凡，我们的生活可能从此而发生改变，不论是从时间、空间，还是从人力、物力、财力方面而言，这都是一次大解放。

---

① 佚名. 全国首张区块链发票来了！[EB/OL]. [2018-08-10]. https://house.focus.cn/zixun/381801bdff917394.html.

四、区块链+司法存证

随着互联网金融的发展，互联网借贷辐射区域广泛，而互联网金融企业通过大数据、人工智能等技术手段进行风险审核，对于大公司而言风控技术相对完善，风险较小。但是对于小公司而言，由于风控技术不成熟，导致违约率提高，因而互联网金融纠纷案件数量大幅增加，以银行、小额贷款公司为代表的金融业机构潜在的借款合同纠纷案件数量超过了100万件。而这些纠纷案件大都比较相似，从而占用了大量的司法资源，海量的互联网金融纠纷向管理部门提出了批量化化解的司法需求。《最高人民法院关于进一步推进案件繁简分流优化司法资源配置的若干意见》（法发〔2016〕21号）提出推进繁简分流，实现简案快审、繁案精审，互联网法院应运而生。以北京互联网法院为例，北京互联网法院秉持"中立、开放、安全、可控"的原则，联合北京市高院、司法鉴定中心、公证处等司法机构，以及行业组织、大型央企、大型金融机构、大型互联网平台等20家单位作为节点共同组建了"天平链"。"天平链"于2018年9月9日上线运行。通过利用区块链本身的技术特点以及制定应用接入技术及管理规范，实现了电子证据的可信存证、高效验证，降低了当事人的维权成本，提升了法官采信电子证据的效率。截至目前，"天平链"已经吸引了来自技术服务、应用服务、知识产权、金融交易等9类23家应用单位的接入。"天平链"的建设及运行，实现了以社会化参与、社会化共治的方式，近期，相关部门着力践行"业务链、管理链、生态链"三链合一的"天平链2.0"新模式，打造了社会影响力高、产业参与度高、安全可信度高的司法联盟区块链[①]。北京互联网法院"天平链"应用框架如图8-7所示。

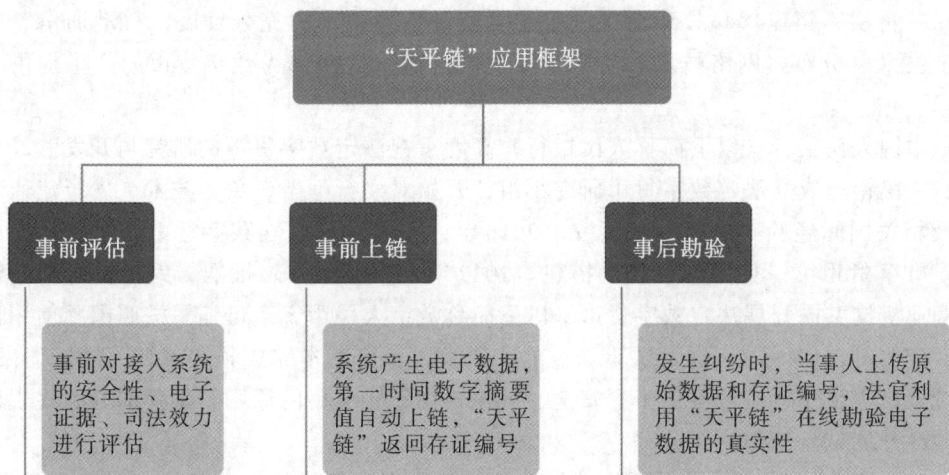

图8-7 北京互联网法院"天平链"应用框架

任务三 认识数字人民币

随着网络技术和数字经济的蓬勃发展，社会公众对零售支付便捷性、安全性、普

---

① 改编自北京互联网法院. 天平链介绍［EB/OL］.［2018-09-06］. https://tpl.bjinternetcourt.gov.cn/tpl/.

惠性、隐私性等方面的需求日益提高。不少国家和地区的中央银行或货币管理部门紧密跟踪金融科技发展成果，积极探索法定货币的数字化形态，法定数字货币正从理论走向现实。

一、数字货币产生的背景

1983年大卫·乔姆（David Chaum）提出电子现金（E-cash）的概念，1998年密码学家戴维（Wei Dai）首次提出分布式技术，并在此基础上提出了匿名的、分布式的电子加密货币系统——B-money，加密数字货币由此产生。2008年中本聪（Satoshi Nakamoto）在《比特币：一种点对点的电子现金系统》（Bitcoin：A Peer-to-Peer Electronic Cash System）一文中首先提出"比特币"的概念，首次提及区块链技术在比特币中的应用问题，并勾画出了比特币系统的基本设计框架。2011年6月，比特币交易平台——比特币中国（BTC China）成立，标志着区块链的中国时代从此开始，但当时数字货币还未得到官方认可。2013年12月，中国人民银行、工业和信息化部、中国银行业监督管理委员会、中国证券监督管理委员会、中国保险监督管理委员会联合印发《关于防范比特币风险的通知》（简称《通知》），《通知》明确了比特币的特点、性质和相关法律界定。2016年R3CEV[①]发布了首个分布式账本实验，并连接了多家银行。

数字货币的产生具有必然性。首先，人类对交易便利性的渴求同现行货币交易中的不便之间存在矛盾，而区块链技术增强了防伪性与信息共享性。其次，数字货币能满足现代商业在传统互联网、移动互联网、跨行政管辖、跨国家等领域的复杂需求。再次，第三次科技革命中电子计算机和信息技术的充分发展，移动通信、区块链技术、分布式网络技术、密码学等发展迅速，这些都为数字货币的产生提供了技术支撑。

中国人民银行（以下简称人民银行）高度重视法定数字货币的研究与开发。2014年，人民银行成立法定数字货币研究小组，开始对发行框架、关键技术、发行流通环境及相关国际经验等进行专项研究。2016年，人民银行成立数字货币研究所，完成法定数字货币第一代原型系统的搭建。2017年末，经国务院批准，人民银行开始组织商业机构共同开展法定数字货币（以下简称数字人民币，字母缩写按照国际使用惯例暂定为"e-CNY"）研发试验。目前，研发试验已基本完成顶层设计、功能研发、系统调试等工作，正遵循稳步、安全、可控、创新、实用的原则，选择部分有代表性的地区开展试点工作。

2019年底，数字人民币开始试点，且试点范围在逐步扩大，相较于2021年6月，2021年12月数字人民币在试点场景、开立的钱包数及交易金额等方面都有进一步扩大，涉及的场景包括公用事业服务、餐饮服务、交通出行、零售商超、证券及政府服务等领域。数字人民币应用场景持续增加创新点，公众接受度也有大幅度提升。数字人民币试点与普及情况见表8-6。

---

① R3CEV是一家总部位于美国纽约的区块链创业公司，R3联盟是由R3CEV公司发起的迄今为止全球最大的金融区块链联盟。

表8-6　　　　　　　　　数字人民币试点与普及情况① 　　　　　金额单位：元

时间	试点场景数（个）	个人钱包（个）	对公钱包（个）	交易笔数（笔）	累计金额
2021年6月	132万	2087万	351万	7 075万	345万
2021年12月	808万	2.61亿	1 000万	1.5亿	875万

二、数字人民币的定义

数字人民币（暂定英文缩写：e-CNY）是人民银行发行的以广义账户体系为基础的数字形式的法定货币。由指定运营机构参与运营，支持松耦合②功能，具体来看，数字人民币具有以下特征：

（一）从货币角度看数字人民币

1.定位于流通中的现金。数字人民币是定位于流通中的现金（即M0）的，与实物人民币具有同等法律地位和经济价值，二者将长期并存。

2.无限法偿性。数字人民币是国家法定货币，任何单位和个人不得拒收。

3.中心化管理。数字人民币由央行进行中心化管理，负责向制定运营机构发行数字人民币并进行全生命周期管理。

4.不支付利息、不收取手续费。数字人民币同实物人民币一样不支付利息，交易不收取手续费。

（二）从账户角度看数字人民币

1.支付即结算。数字人民币与银行卡松耦合，可以脱离银行卡实现诸如转账、支付等交易，并且实现支付即结算。

2.多种钱包可选择。数字人民币钱包分为个人账户和对公账户，载体可分为软钱包和硬钱包。数字人民币钱包的分类见表8-7。

表8-7　　　　　　　　　数字人民币钱包的分类　　　　　　　　　单位：元

项目	一类	二类	三类	四类	五类
余额限制	无	50万	2万	1万	0.1万
单笔限额	无	5万	0.5万	0.2万	0.05万
日累计限额	无	10万	1万	0.5万	0.1万
年累计限额	无	50万	10万	5万	1万

（三）从支付角度看数字人民币

1.可控匿名。数字人民币遵循"小额匿名，大额依法可溯"原则。

2.双离线支付：数字人民币支持双离线支付。在支付媒介和受理终端均离线的情况下也可以完成支付。

---

① 人民银行. 中国数字人民币的研发进展白皮书［EB/OL］.［2021-07-16］. https://www.gov.cn/xinwen/2021-07/16/content_5625569.htm.
② 松耦合是指系统架构中不同的组件之间存在低度的耦合关系，组件彼此间相互独立，如果发生改变，其他相关模块不受影响，即可以分离出来独立开发或替换。

3. 安全性。数字人民币在技术上实现了不可重复花费，不可非法复制及伪造，交易不可篡改。

案例讨论 8-1

数字人民币与支付宝、微信的区别是什么①

数字人民币和支付宝、微信都是数字化的人民币，但存在本质区别。

首先，从定位上看，数字人民币定位于流通中的现金，是现金的电子化形式，而支付宝、微信定位于活期存款（通过余额宝、零钱通等理财产品进行操作）和绑定银行卡支付的其他存款。

在功能方面，数字人民币既是数字货币又是支付工具（既是裁判又是运动员），微信、支付宝只是支付工具（只是运动员），所使用的货币也是央行发行的货币（商业银行存款货币），不是数字形态的人民币。

在使用方面，商家是可以拒绝使用微信和支付宝交易的，如果没有网络微信和支付宝将无法使用，并且使用者在提现过程中可能会产生手续费。而数字人民币全面推广后任何商家将不可拒绝收取数字人民币，且数字人民币在无网络的状态下依然可以使用，在兑换纸币时也不收服务费。可见，数字人民币与微信、支付宝相比具有支付更快、无须网络、无手续费等优势。

三、数字人民币的应用场景

1. 账户流转。此类场景中，实体货币通过银行等金融机构转变为对应的数据流，使用者通过对数据流进行操作即可完成账户流转过程，而不需要实体货币的转移。

2. 消费支付。数字货币的支付流程相对简便，既不需要联网和绑卡，也不需要过多操作，只需要安装数字钱包，将手机碰一碰，就可以完成转账或支付。

3. 跨境投资支付。数字货币的发行主体存在去中心化的特征，有利于金融贸易的自由化、便利化。

4. 替代传统货币。数字货币的安全性、私密性和流通性均高于传统货币，在现有应用场景中可替代传统货币的功能。

5. 规避风险。数字人民币是支持可控匿名的，能在有效防范违法犯罪活动的前提下，满足公众对匿名支付的需求，保护个人隐私，保障信息安全。

四、数字人民币试点

自 2019 年年末以来，人民银行遵循稳步、安全、可控、创新、实用的原则，在深圳、苏州、雄安新区、成都及 2022 北京冬奥会等场景开展数字人民币试点工作，以检验理论可靠性、系统稳定性、功能可用性、流程便捷性、场景适用性和风险可控性。2020 年 11 月开始，增加上海、海南、长沙、西安、青岛、大连 6 个新的试点地区。数字人民币研发试点地区的选择综合考虑了国家重大发展战略、区域协调发展战

---

① 陈耿宣，景欣，李红黎等. 数字人民币［M］. 北京：中国经济出版社，2022.

略以及各地产业和经济特点等因素，目前的试点地区基本涵盖了长三角、珠三角、京津冀、中部、西部、东北、西北等不同地区，有利于试验和评估数字人民币在我国不同区域的应用前景。截至2021年6月30日，数字人民币试点场景已超132万个，覆盖生活缴费、餐饮服务、交通出行、购物消费、政务服务等领域。开立个人钱包2087万余个、对公钱包351万余个，累计交易笔数7 075万余笔、金额约345亿元。在地方政府的积极参与和支持下，相关部门在一些地区开展了数字人民币红包支付活动，实现了不同场景的真实用户试点测试和分批次大规模集中测试，验证了数字人民币技术设计及系统稳定性、产品易用性和场景适用性，增进了社会公众对数字人民币设计理念的理解。

第24届冬季奥林匹克运动会组织委员会（简称北京冬奥组委）园区内，立足科技冬奥、智慧冬奥建设，试点部署无人售货车、自助售货机、无人超市等创新应用场景，并推出支付手套、支付徽章、冬奥支付服装等可穿戴设备。试点用户普遍认为数字人民币有利于进一步提高支付效率，降低支付成本，社会公众、小微商户、企业切实感受到了数字人民币的便利性和普惠性。

育德育人 8-3

以民为本：数字人民币试点范围稳步扩大，惠企利民新功能加速上线①

2022年以来，数字人民币钱包推陈出新，对公业务和个人业务深度融合，一些惠企利民的新功能加速上线。

薪资发放是数字人民币服务中小微企业的其中一项。在雄安新区容东片区某项目工地，工人们正在紧张作业。该工地通过数字人民币结算工资，将每月工资按时足额发放到工人的个人钱包，大大提高了工人领取工资的便利性。

借助成本相对较低、支付即结算等特征，数字人民币还在探索如何在资金管理、进销存管理、贷款融资等方面为企业提供更便利的服务。2022年已有多家银行开始探索通过数字人民币发放贷款：苏州银行落地制造业数字人民币贷款，中国邮政储蓄银行在陕西落地数字人民币汽车消费贷款业务，中国工商银行向苏州一家劳务供应链企业发放数字人民币普惠贷款200万元……

在中国工商银行苏州分行，从数字人民币钱包开立到贷款申请，从受托支付到还款，客户可通过手机在线自助完成。数字人民币在信贷领域的创新突破，有利于提高企业获得金融服务的便捷性，使用贷款资金支付货款更可以做到实时到账。

在加快推进数字政府、新型智慧城市、数字乡村建设的背景下，厦门的数字人民币签约缴税功能已经上线，全国首个"数币+"公积金专窗落户深圳福田，长沙正探索数字人民币应用于税费缴纳和医保、社保缴费……

数字人民币通过"智能合约"技术，将在财政、税收、政务等方面大有可为，为企业和居民提供更为便捷的服务。在预付资金管理领域，数字人民币可有效防范资金挪用，实现透明监管；在财政补贴、科研经费等定向支付领域，数字人民币能限定支

---

① 佚名. 数字人民币试点范围稳步扩大 更多惠企利民新功能加速上线［EB/OL］. ［2022-08-05］. http://www.huizhou.gov.cn/zwgk/hzsz/zwyw/content/post_4724265.html.

付用途，实现对公共资金的全链路监控，提升政府资金效用。

习近平总书记强调："要把满足人民对美好生活的向往作为科技创新的落脚点，把惠民、利民、富民、改善民生作为科技创新的重要方向"①。数字人民币的试点正是本着以民为本的理念稳步扩大、不断发展的。

■ 课后巩固

一、小组讨论

1.选取某一家商业银行，进入官方网站获取最新的外汇报价，分辨买入价、中间价、卖出价的区别。

2.了解人民币兑美元的最新汇率报价，谈谈人民币汇率波动对我国经济可能带来什么影响。

3.请简要阐述区块链的技术原理。

4.请查阅相关资料，简述目前区块链技术能够落地的应用场景有哪些？

5.请解释什么是"数字人民币"，并比较数字人民币与微信、支付宝的差异。

二、技能实训

1.在各大商业银行中任意选取一家，登陆网上银行或者手机银行 App，查找最新的外币汇率报价，预估购买 100 美元、100 英镑、100 港币、100 欧元分别需要多少人民币。

2.请下载数字人民币 App，在菜单栏内找到"数字人民币"功能，点击进入后，完成对数字人民币的体验。

---

① 陈劲，朱子钦. 科技创新要坚持以人民为中心 [EB/OL]. [2019-05-28]. http://www.cac.gov.cn/2019-05/28/c_1124551726.htm.

主要参考文献

[1] 张男星，岳昌君，楚晓琳，等．中国财经素养教育标准框架［M］．北京：科学出版社，2019.

[2] 张男星，方旭，任君庆，等．财经素养教育［M］．北京：中国财政经济出版社，2019.

[3] 徐玖平，牛永革．大学生财经素养教育［M］．北京：科学出版社，2020.

[4] 王彤．新加坡财经素养教育［M］．北京：中国财政经济出版社，2019.

[5] 郑红梅，刘全宝．区块链金融［M］．西安：西安交通大学出版社，2020.